W0261958

Harry Feldmann

Programmieren mit Ada

Programmierung

Vieweg

Harry Feldmann

Programmieren mit

Ada

Ein einführendes Lehrbuch mit Diskette

Die Deutsche Bibliothek – CIP-Einheitsaufnahme

Feldmann, Harry:
Programmieren mit Ada: ein einführendes Lehrbuch; mit
Diskette / Harry Feldmann. – Braunschweig; Wiesbaden:
Vieweg, 1992

Ada is a registered trademark of the U. S. Government (Ada Joint Program Office)

Umschlag: Schrimpf und Partner, Wiesbaden

Gedruckt auf säurefreiem Papier

ISBN 978-3-528-05205-8   ISBN 978-3-322-87793-2 (eBook)
DOI 10.1007/978-3-322-87793-2

VORWORT

Das vorliegende Lehrbuch entstand aus Vorlesungen über die Programmiersprache Ada, die der Verfasser seit 1983 an der Universität Hamburg u.a. für Wirtschaftswissenschaftler gehalten hat.

In diesem Buch wird der mündige Leser angesprochen, der bei Einarbeitung in ein umfangreiches Gebiet nach einer ersten Übersicht, klarem Aufbau, folgerichtigen Regeln und vollständiger Vermittlung der erforderlichen Unterlagen verlangt. Außerdem werden nach der Devise "Das beste an der Theorie sind immer die Beispiele" in den 12 Kapiteln über 40 ausführliche Programm-Beispiele mit Ein/Ausgabe gebracht, die auch auf der mitgelieferten Diskette zu finden sind.

Ada, eine sich selbst dokumentierende höhere Programmiersprache, ist wie seine nächsten Vorgänger PL/I, SIMULA, Pascal, MODULA, ALGOL_68 und C eine universelle Sprache, wie SIMULA, MODULA und SMALLTALK modular strukturiert (Package), hat wie SIMULA, ALGOL_68 und SMALLTALK Sprachelemente zur Simulation paralleler Prozesse (Task) und eignet sich wie PEARL zur Beschreibung von Echtzeit-Prozessen (Time, Duration). Graphik, wie etwa in SMALLTALK, gehört noch nicht zum Ada Standard. Herausgegeben wurde Ada (revised 1983) vom United States Department of Defense auf Grund einer Ausschreibung, die von der Firma Honeywell Bull gewonnen wurde. Der Leiter des Ada Design-Teams war D. Ichbiah.

Das Erfolgsrezept, möglichst viele Leser mit grammatisch orientierter Darstellungsweise zu erreichen, liegt in der gewählten Notation für die Grammatik. Wir verwenden die Originalregeln von Ada (1983), aber nicht in der für Anfänger erfahrungsgemäß schwer lesbaren Formelschreibweise (Backus, Naur), sondern in Form von leicht lesbaren Syntaxdiagrammen (Wirth, vgl. Pascal), die im Buch verteilt und im Anhang A.1 zusammengestellt sind.

Um Sprachbarrieren abzubauen, wurden alle grammatischen Formulierungen von Englisch in Deutsch übersetzt, jedoch scheut sich der Autor nicht, im deutschen Text auch öfter die englischen Fachausdrücke zu benutzen, besonders wenn auf das englischsprachige Syntax-Diagramm Bezug genommen werden soll.

Die Frage, ob Ada auch als Programmiersprache für Anfänger geeignet sei, wird vom Autor auf Grund seiner praktischen Ada Lehrerfahrung ohne Einschränkung bejaht. "Ada für Anfänger" erreicht in den Kapiteln 0 bis 8 den Pascal-Sprachumfang und ist genau so leicht verständlich wie Pascal.

Die Kapitel 0 (Einleitung), 1 (Einfache Datentypen und Ein/Ausgabe), 2 (Einfacher Programmaufbau), 3 (Ausdrücke), 4 (Anweisungen) und 5 (Reihung,ARRAY) sollten vom Leser in der angegebenen Reihenfolge durchgearbeitet werden. Sie vermitteln die Ada-Grundlagen. Darauf folgen die für modernes strukturiertes Programmieren besonders interessanten Sprachmöglichkeiten: Zeiger und Verbund (Kapitel 6), Unterprogrammtechnik (Kapitel 7), Dateien (Kapitel 8), modularer Programmaufbau: PACKAGE, GENERIC (Kapitel 9), Parallele Prozesse: TASK (Kapitel 10) und Maschinennahe Darstellungen (Kapitel 11).

Am Schluß eines jeden Kapitels findet der Leser eine Liste von Testfragen, die entsprechend der Gliederung des Kapitels angeordnet und beziffert sind und ihm eine Kontrolle über seinen Wissensstand ermöglichen. Rechts neben den Fragen sind die Anworten zu finden, die der Leser abdecken und nur im Bedarfsfall einsehen sollte. Außerdem sind im Anhang über 100 Übungsaufgaben (Varianten mitgezählt) genannt, darunter viele nichtnumerische Aufgaben, besonders zur Simulation des Ablaufs von parallelen Prozessen. Als Musterlösungen mögen die in den Kapiteln 0 bis 11 behandelten über 40 ausführlichen Beispiele und die vielen Kurzbeispiele dienen.

Der Leser sollte nie nach einem Buch allein vorgehen. Es könnte passieren, daß ihm einzelne Textstellen unverständlich bleiben und er folglich demotiviert wird. Meist findet er schon im nächsten Buch Hilfe zum Verständnis. Ein Literaturverzeichnis ist im Anhang dieses Skripts zu finden. Die gewählten Bücher sollten nicht vor der Revision von Ada (1983) erschienen sein. Es soll das volle Ada vermittelt werden, keine Subsets, die an Zusatzbezeichnungen wie XYZ-Ada zu erkennen sind. Das Department of Defense wacht über die Einhaltung der Ada Norm. Außerdem sollte etwa alle drei Seiten ein vollständiges Programmierbeispiel mit vollständiger Wiedergabe aller Ein- und Ausgabedaten zu finden sein.

Das Original Reference-Manual für Ada (83a) ist klar gegliedert, aber nur für Fortgeschrittene bestimmt, die gewohnt sind, mit Sprachreports und formalen Sprachregeln umzugehen.

Ada-Ausdrücke sind weitgehend in üblicher mathematischer Formelschreibweise abgefaßt, streng nach Typen getrennt, ggf. mit explizit anzugebenden Konvertierungen, z.B.

```
X:=FLOAT(I)*3.0;
```

Ada-Anweisungen werden, wie in PL/I, stets mit einem Semikolon abgeschlossen. An Stelle veralteter ALGOL_60 Kontrollstrukturen mit BEGIN..END Inflation bietet Ada IF-Anweisungen, die selbst mit END IF abgeschlossen werden, z.B.

```
IF X>Y THEN X:=X-Y;ELSE Y:=Y-X;END IF;
```

und eine eigene modern strukturierte FOR-Schleife, deren Laufparameter nicht mehr außerhalb der Schleife (global) zu vereinbaren ist, sondern nur implizit innerhalb der Schleife (lokal), z.B.

```
FOR I IN 1..9 LOOP put(I);END LOOP;
```

und deren maximal schneller Ablauf nicht gestört werden kann (give a fool no chance): Laufinkrement ist 1 (Nachfolger), Laufparameter und Laufgrenzen können innerhalb der Schleife nicht wirksam verändert werden. Außerdem gibt es für Ada-Schleifen auch die moderne EXIT-Konstruktion, z.B.

```
LOOP...;EXIT WHEN X<0.0;...END LOOP;
```

Die vorhandenen Ein/Ausgabeprozeduren put/get mit nur jeweils einem Argument und optionalen Formatparametern sind einfach zu handhaben.

Alle vorhandenen Operatorzeichen und alle FUNCTION-Namen und PROCEDURE-Namen können neu definiert werden, sofern die alten und neuen Unterprogramme an Hand ihrer Parametertypen und ihres Resultattyps noch klar zu unterscheiden sind (overloading).

Das einheitliche CLASS-Konzept von SIMULA wurde in Ada aufgegliedert in RECORD (Verbund), PACKAGE (kompilierbarer Block) und TASK (parallelle Prozesse), was sicher der Übersichtlichkeit dient. GENERIC-Parameter von PACKAGEs in Ada entsprechen in etwa den VIRTUAL-Parametern von CLASSes in SIMULA.

Für die Verarbeitung von Text flexibler Länge, für numerische Funktionen, Zufallszahlen und zur statistischen Überwachung paralleler Prozesse sind keine Fertigelemente in Ada vorhanden. Hier wird verwiesen auf die Möglichkeit, eigene PACKAGEs schreiben zu können. Der Autor bietet im Anhang des Buches und auf der mitgelieferten Diskette eigene Pakete an: Texter, Numeric, Random, HistoGrm, HistoTst, Transit (A3.2-7).

Meinen Hörern und studentischen Mitarbeitern, insbesondere Herrn M. Hoffmann, D. Nörtemann, A. Poeck, J. Reißig, A. Teichert und P. Wojciechowski bin ich für kritische Durchsicht des Skripts und für Änderungsvorschläge zu Dank verpflichtet. Für klärende Diskussion auftretender Fragen danke ich den Damen und Herren A. Haug (GSE, München), R. Klockenbusch (Vieweg, Wiesbaden), M. Lott (ALSYS, Saint Cloud), R. Meijer, M. Rogers (EG Brüssel), U. Schmitt (SC, Bensheim), A. Schwald (München), E. Seidl, Schenk, Struck (TST, Hamburg), K-H. Witt (Data General, Hamburg) und G. Winterstein (SYSTEAM, Karlsruhe).

H. Feldmann

Starthilfe für Pascal-Umsteiger

Umsteiger von Pascal auf Ada werden angenehm überrascht sein, das verwirklicht zu sehen, was in Pascal als "strukturiertes Programmieren" versprochen, aber mit veralteten ALGOL_60 Kontrollstrukturen nicht verwirklicht werden konnte:

Nicht nur "MAXINT", sondern die Bereichsgrenzen und Genauigkeits-Angaben aller skalaren Typen sind abfragbare Typ-Attribute, z.B. FLOAT'FIRST, FLOAT'SMALL, FLOAT'EPSILON, FLOAT'LAST. Auch Indexgrenzen von ARRAYs sind abfragbar, z.B. A'RANGE oder A'FIRST..A'LAST.

An jeder Stelle, an der ein statement zulässig ist, kann auf Grund der vollständigen Schachtelungsstruktur der Sprache, z.B. IF..END IF; oder LOOP..END LOOP; direkt eine statement-Sequenz eingesetzt werden, auch ohne BEGIN..END Inflation.

IF-Statements sind daher ohne einschränkende Verbote direkt ineinander einsetzbar, auch ohne BEGIN..END Inflation.

FOR-Schleifen-Laufvariable werden nicht mehr vorher außerhalb vereinbart, sondern nur noch innerhalb der Schleife durch Angabe ihres identifier und des durch die Laufgrenzen definierten discrete-Bereichs, entsprechend dem ordinal-Bereich in Pascal.

Umdenken muß der Pascal-Programmierer besonders beim Semikolon:

Das Semikolon ";" ist kein Trennzeichen, sondern Abschluß, z.B. ist auch die Anweisung put(sqrt(X)); vor dem ELSE in IF X>=0 THEN put(sqrt(X)); ELSE put(X); put(" neg."); END IF; anders als in Pascal, korrekt durch Semikolon abzuschließen.

Zwei Semikolons können nicht direkt aufeinanderfolgen, da es kein empty statement wie in Pascal gibt, sondern nur ein explizit zu schreibendes Statement NULL;

Ein abschließendes Semikolon, nicht ein Punkt wie in Pascal, beendet das Programm, z.B. PROCEDURE P..BEGIN..END P;

Perspektiven für objektorientierte Aufsteiger

Objektorientiertes Programmieren ist "in", wie jeder weiß. Aber nur der kundige Leser weiß, daß objektorientiertes Programmieren eine fundierte Ausbildung in einer modular strukturierten Programmiersprache voraussetzt, wie z.B. SIMULA (66), ALGOL_68 (68), MODULA (74), Ada (80), SMALLTALK (80) oder C++ (83).

Aus SIMULA stammen die Grundkonzepte objektorientierten Programmierens, z.B. "object" als "instance" einer "class", synonym "package", oder einer "virtual class". Ein object hat "attributes". Für classes gibt es "prefix" Technik. Es gibt system classes für "linkage of members" und "queue handling" (SIMSET) sowie "(parallel) process(es)" (SIMULATION) u.a.m.

Für process(es) gibt es ein "activate/passivate" Koroutinen-
konzept. SIMULA-Objekte können beliebig viele Vereinbarungen,
z.B. Typen, Konstanten und Funktionen, modular bereitstellen.
In SIMULA programmiert man mit veralteten ALGOL_60
Kontrollstrukturen einigermaßen lesbar objektorientiert.

Aus ALGOL_68 stammt die freie Vereinbarung von Operationen
und der Prioritäten von Operationen. "parallel clause(s)"
werden in primitiver Weise synchronisiert über "sema"(phor)-
Signale. In ALGOL_68 programmiert man mit neuen eigenen
Kontrollstrukturen sehr gut lesbar klauselorientiert.

MODULA ist eine Pascal-Nachfolgesprache, die Anschluß an
modular strukturiertes Programmieren sucht. Ein nach dem Vor-
bild von class (SIMULA) eingeführter "module" besteht aus
einem benutzerzugänglichen "definition module" und einem benutzerverborgenen "implementation module". Das "import/ex-
port" Konzept regelt den Zugriff auf modules. Ein module kann
nicht virtual (SIMULA) veränderbar definiert werden; auch
gibt kein module-Konzept es für paralle Prozesse (SIMULA).
In MODULA programmiert man mit veralteten ALGOL_60
Kontrollstrukturen einigermaßen lesbar modulorientiert.

Aus Ada stammt das "overloading" Konzept für Prozeduren mit
gleichem Namen, aber verschiedenen Parametertypen, sowie die
Aufteilung von "class" (SIMULA) in "package" und "task". Ein
package besteht aus einer benutzerzugänglichen "specification" und einem benutzerverborgenen "hidden body". Das Korouti-
nenkonzept (SIMULA) wird abgelöst durch ein komfortables
"rendezvous"-Konzept für multitasking. Das "generic" Konzept
in Ada entspricht dem virtual Konzept (SIMULA). Besonders
erwähnenswert ist die verläßliche Überwachung der Einhaltung
der Ada-Norm. In Ada programmiert man mit modernsten eigenen
Kontrollstrukturen selbstdokumentierend optimal lesbar paket-
orientiert und prozeßorientiert.

In SMALLTALK wird das prefix-Konzept (SIMULA) zum "inheri-
tance" Vererbungsgesetz, der kontrollierte Zugriff auf ein
object (MODULA, Ada) zur "message" und das Objektkonzept
(aus SIMULA) zum höchsten Prinzip erhoben; Effizienzverluste
durch Interpretertechnik nimmt man in Kauf, z.B. wird auch
eine einfache Addition 2+3 realisiert als "message" an das
"object" 2 mit "selector" + und "argument" 3 . Die class
"SimulationObject" ist der class SIMULATION (SIMULA) nach-
empfunden. Besonders erwähnenswert ist die Aufnahme von gra-
phischen Klassen in den Sprachstandard von SMALLTALK, was
mit der Xerox Abstammung der Sprache zu erklären ist. In
SMALLTALK programmiert man mit veralteten ALGOL_60 Kontrollstrukturen in Kürzelmanier schlecht lesbar objektorientiert und Graphik-objektorientiert.

C++ ist eine bisher noch nicht normierte C-Nachfolgesprache,
die Anschluß an modular strukturiertes Programmieren sucht.
Übernommen wurden aus ALGOL_68 die freie Vereinbarung von
Operationen und aus SMALLTALK das object Konzept. In C++
programmiert man mit veralteten ALGOL_60 Kontrollstrukturen
in Kürzelmanier unleserlich Include-File-orientiert (wie in
C) und objektorientiert.

INHALTSVERZEICHNIS

3 AUSDRÜCKE

6   ZEIGER UND VERBUND

7   UNTERPROGRAMME

8   DATEI (file_type)

9   MODULARER PROGRAMMAUFBAU (PACKAGE)

10   PARALLELE PROZESSE (TASK)

11 MASCHINENNAHE SPRACHELEMENTE

A   ANHANG

A.1   SYNTAX-DIAGRAMME (Feldmann)

A.2   STANDARD-BIBLIOTHEK (Predefined Ada-Library)

A.3   NON-STANDARD-BIBLIOTHEK

Übg   ÜBUNGSAUFGABEN

Lit   LITERATURVERZEICHNIS

Ind   ALPHABETISCHER INDEX

0   EINLEITUNG UND NOTATIONEN

Wir geben zunächst eine Übersicht über die historische Entwicklung der wichtigsten Programmiersprachen, bringen einige kurze und instruktive Programm-Beispiele mit vollständigem Ein/Ausgabeprotokoll und stellen dann die Notationen vor.

0.1   Historische Entwicklung

Das folgende Flußdiagramm gibt dem Leser eine Übersicht über die historische Entwicklung der wichtigsten Programmiersprachen:

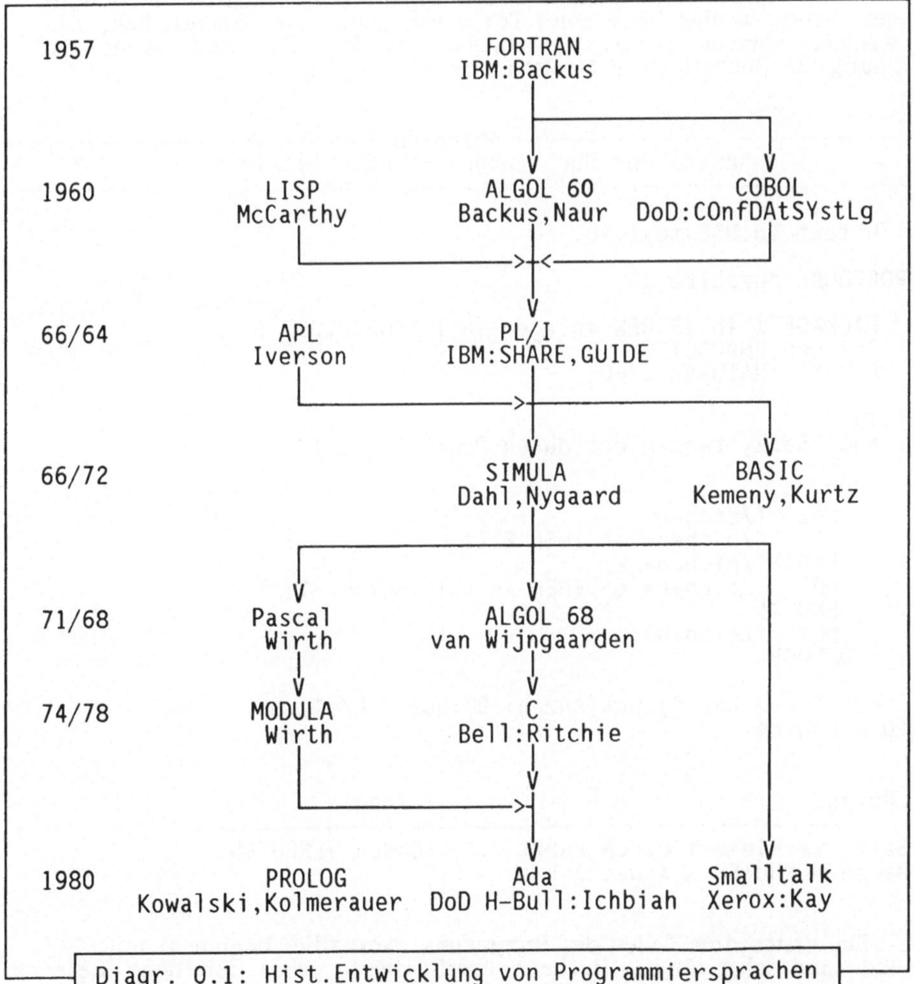

Diagr. 0.1: Hist.Entwicklung von Programmiersprachen

0.2   Einführende Beispiele

0.2.1   Anzahl der Buchstaben E/e im Satz

Die durchschnittliche Anzahl der Buchstaben (nicht nur E) in einem Satz identifiziert den Autor des Satzes so genau wie seine Fingerabdrücke.

Sprachwissenschaftler der Universität Hamburg konnten unsignierte mittelalterliche Fastnachtspiele aus Nürnberg eindeutig Hans Sachs zuordnen, indem sie die Buchstabenhäufigkeiten mit denen bekannter Hans-Sachs-Schriften verglichen.

Auch Sprachen insgesamt haben signifikante Buchstabenverteilungen. Schon wenige Sätze eines Textes genügen, um festzustellen, in welcher Sprache der Text geschrieben wurde. Die Reihenfolge der häufigsten Buchstaben in Deutsch ist e_n_r_i_s_t_d_h_a .

```
---------------------------- AnzahlEe ----------------------------
--         Anzahl der Buchstaben 'E' oder 'e' im Satz          --
------------------------------------------------------------------

WITH text_io;USE text_io;

PROCEDURE AnzahlEe IS

    PACKAGE I_io IS NEW integer_io(INTEGER);USE I_io;
    Zeichen:CHARACTER   ;
    Anzahl :NATURAL   :=0;

BEGIN
    put("Satz, terminiert durch Punkt '.' :");

    LOOP
        get  (Zeichen)                           ;
        IF     Zeichen='.' THEN EXIT              ;
        ELSIF Zeichen='E'
        OR     Zeichen='e' THEN Anzahl:=Anzahl+1;
        END IF                                   ;
        put  (Zeichen)                           ;
    END LOOP                                      ;

    put(" --> hat ");put(Anzahl,0);put(" E/e");
END AnzahlEe;
```

```
| Output                            | Input
|-----------------------------------|------------------
| Satz, terminiert durch Punkt '.' :| Baden VERBOTEN.
| Baden VERBOTEN --> hat 3 E/e      |
```

Die ersten drei Zeilen des Programms AnzahlEe beginnen mit "--" und sind daher für den Rechner überflüssiger, aber für den Leser nützlicher Kommentar (0.3.3).

Für den Aufruf der Ausgabeprozedur put mit CHARACTER, STRING Parametern ist die Verfügbarmachung von text_io, und für den Aufruf von put mit INTEGER Parametern ist die Instantiation von integer_io mit dem speziellen integer Typ INTEGER erforderlich (siehe Ein/Ausgabe 8.3, A.2.G). I_io ist ein selbstgewählter Name. Diese als lästig empfundene Instantiation von integer_io ist der Preis dafür, daß der Benutzer put nicht nur für INTEGER (STANDARD, A.2.C), sondern auch für eigene selbstdefinierte integer-Typen verfügbar machen könnte.

Der (optionale) zweite Parameter 0 in put(Anzahl, 0); ist die Format-Angabe "Minimaldarstellung" für die auszugebende Anzahl.

Nach Prozedur-Baukastenprinzip muß jedes Hauptprogramm selbst als Prozedur vereinbart werden, hier PROCEDURE AnzahlEe IS ... . Der Aufruf eines Hauptprogramms erfolgt implementationsabhängig, z.B. mit einem "PRAGMA MAIN;" oder mit einem System-Befehl "MAIN_PROGRAM" oder wie hier automatisch, falls nur eine Prozedur vorkommt.

Zunächst werden die Variablen Zeichen und Anzahl durch Angabe ihrer Wertemenge CHARACTER bzw. NATURAL vereinbart. Anzahl wird mit dem Wert 0 initialisert.

Hauptteil des Programms ist die unendliche "LOOP ... END LOOP" Schleife mit dem innen gesetzten Abbruchkriterium (in check) "IF Zeichen='.' THEN EXIT...". Der Leser verfolge das zeichenweise Einlesen, Prüfen auf 'E' oder 'e' und Aufsummieren von Anzahl.

An Stelle des Punktes könnten auch andere Textende-Markierungen vorgesehen werden. Man könnte auch einfach auf end_of_file abprüfen unter Verwendung eines vorangesetzten Abbruchkriteriums (precheck) "WHILE NOT end_of_file LOOP...END LOOP".

Das Ende "END AnzahlEe" der Prozedur AnzahlEe, das Ende "END IF" der IF-Anweisung und das Ende "END LOOP" der LOOP-Schleife sind wohl zu unterscheiden.

0.2.2　Turm von Hanoi, rekursive Lösung

Ein Turm von n Scheiben übereinander, nach oben immer kleiner werdend, soll Scheibe für Scheibe von Platz A umgesetzt werden, bis sich der ganze Turm in gleicher Gestalt wie zu Anfang auf Platz C befindet. Zum zwischenzeitlichen Absetzen von Scheiben steht ein Hilfsplatz B zur Verfügung, wo auch mehrere Scheiben aufeinander gestapelt werden können. Es darf aber niemals eine größere Scheibe auf eine kleinere Scheibe gesetzt werden.

1883 erschien der "Tower of Hanoi" als Spielzeug, herausgegeben von "PROF. CLAUS, LI SOU STIAN", ein Anagramm "PROF. LUCAS, SAINT LOUIS" für den französischen Mathematiker Edouard Lucas. Die Original-Beschreibung des Spiels spricht von einem mythischen "Turm des BRAHMA in Benares" aus 64 Goldscheiben, die von den Priestern versetzt werden müssen, jedoch "wird vorher der Tempel zu Staub zerfallen und die Welt wird mit Donnergetöse untergehen".

Berechnet man die Anzahl der Umsetzungen zu (2 hoch 64)-1 = 18.446.744.073.709.551.615 und bedenkt man, daß zwar eine Million= 1.000.000 Sekunden in weniger als zwei Wochen vergeht, aber schon zu einer Billion=1.000.000.000.000 Sekunden mehr als 30.000 Jahre erforderlich sind, so ist zumindest der Zerfall des Tempels unzweifelhaft.

Selbst wenn die Priester sich eine Rechenanlage kaufen würden, könnten sie ihr Problem mit Scheibenanzahl=64 heute und voraussichtlich auch mit künftigen Rechner-Generationen nicht lösen!

Das unten stehende Programm TowHanoi löst das Problem (n=3) rekursiv, d.h. die Umsetzprozedur Hanoi ruft sich selbst auf, wenn auch in jeweils neuer Inkarnation mit neuen Parameterwerten.

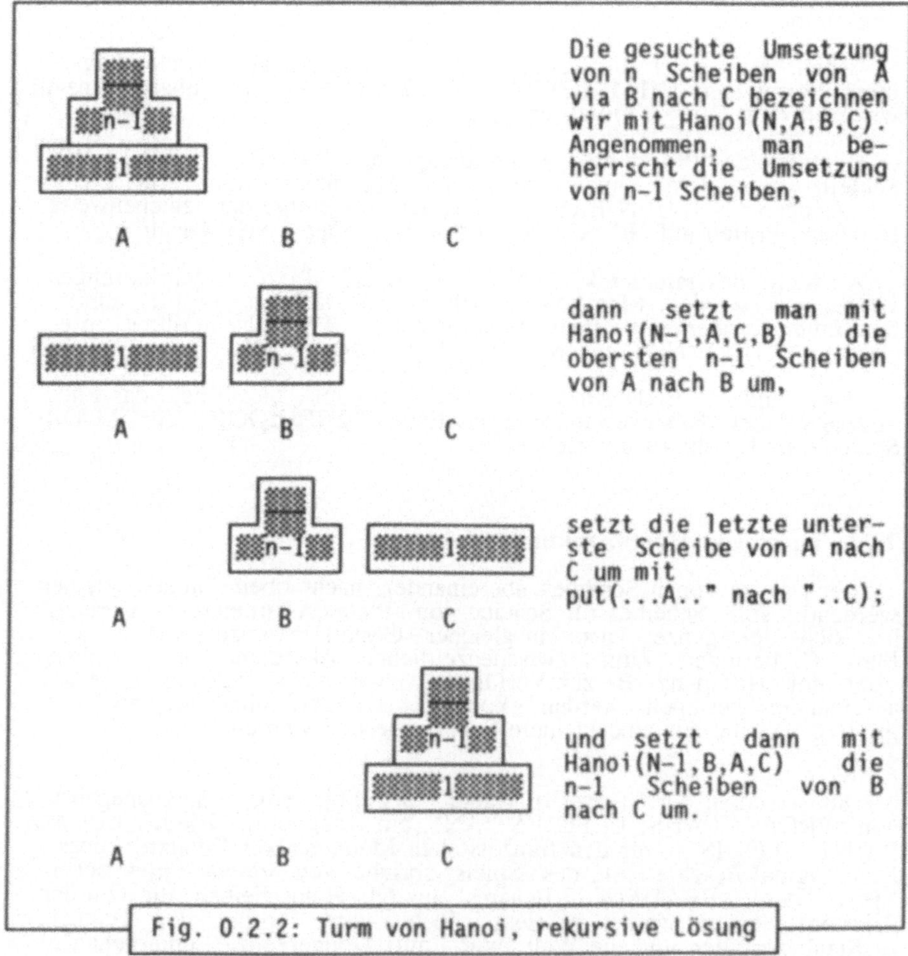

Fig. 0.2.2: Turm von Hanoi, rekursive Lösung

```
-------------------------------- TowHanoi ---------------------------------
--      Spiel     : Turm  von  Hanoi ,   rekursive  Loesung      --
--      Spielregeln: Setze Scheiben 1...N von A via B nach C      --
--               ohne auf kleinere  Scheiben  zu  setzen          --
--------------------------------------------------------------------------

WITH text_io;USE text_io;

PROCEDURE TowHanoi IS

    PACKAGE I_io IS NEW integer_io(INTEGER);USE I_io;
    SUBTYPE CHAR IS CHARACTER;
    N:NATURAL;Anzahl:POSITIVE;I:POSITIVE:=1;

    PROCEDURE Hanoi(N:NATURAL;A:CHAR:='A';B:CHAR:='B';C:CHAR:='C')
       IS
    BEGIN
       IF            N>O THEN
          Hanoi(    N-1       ,A           ,C           ,B        );
          put(      I                                   ,   0 );
          put(      "/"                                          );
          put(      Anzahl                              ,    0 );
          put_line(    " von "&A          &" nach "  &C   );I:=I+1;
          Hanoi(    N-1       ,B           ,A           ,C        );
       END IF;
    END Hanoi;

BEGIN put("N nat:");get(N);Anzahl:=2**N-1;Hanoi(N);END TowHanoi;
```

Output	Input
N nat:	3
1/7 von A nach C	
2/7 von A nach B	
3/7 von C nach B	
4/7 von A nach C	
5/7 von B nach A	
6/7 von B nach C	
7/7 von A nach C	

für N=3 : 2 hoch N − 1 = 7 Umsetzungen

Dieses Einführungsbeispiel mit Rekursion ist besonders gedacht für Sprach-Umsteiger, die bisher nur nichtrekursive Sprachen wie FORTRAN, COBOL oder BASIC (Rekursion ohne Parameter) kannten.

SUBTYPE CHAR IS CHARACTER;   definiert einen kürzeren Namen CHAR für den sonst gleichen Typ CHARACTER.

& ist der Operator für die Katenation (Aneinanderreihung, STANDARD A.2.C) von eindimensionalen Reihungstypen und deren Elementen, wie z.B. hier STRING und CHARACTER. ++ ist der Potenz-Operator für ganzzahlige Potenzen (STANDARD, A.2.C).

Fehlen beim Aufruf einer Prozedur hinten Parameter, so werden die vereinbarten Parameter-Initialisierungen eingesetzt, z.B. wird hier Hanoi(N); zu Hanoi(N,'A', 'B', 'C'); ergänzt. Sind aktuelle Parameter vorhanden, werden die Initialisierungen überschrieben.

Außer diesem eleganten rekursiven Algorithmus gibt es aber auch einen überraschend einfachen nichtrekursiven Algorithmus:

"Man ordne A,B,C im Kreis an, rechtsherum für n gerade, sonst linksherum, und setze dann Scheibe 1 um einen Stab rechtsherum (falls zulässig, sonst nicht), Scheibe 2 um einen Stab linksherum (falls zulässig, sonst nicht), Scheibe 3 um einen Stab rechtsherum (falls zulässig, sonst nicht) u.s.w und wieder von vorn bis zur (2 hoch n)-1 ten Umsetzung".

Der Leser kann Münzen statt Scheiben nehmen und dieses nicht-rekursive Verfahren praktisch durchspielen. Das Verfahren kann mit Stab-Indizes (Reihung 5) und "rechtsherum" bzw. "linksherum" Nachfolgerfunktionen (Unterprogramme 7) programmiert werden.

0.2.3   Tomatensalat, parallele Prozesse

Dieses simple Einführungsbeispiel mit parallelen Prozessen ist besonders gedacht für Sprach-Umsteiger, die bisher nur Sprachen ohne parallele Prozesse wie FORTRAN, COBOL, LISP, ALGOL 60, BASIC, Pascal oder C kannten.

Im PROCEDURE-Hauprozeß TomSalat sind drei TASK-Unterprozesse To,ma,ten vereinbart.Der Hauptprozeß aktiviert zunächst seine drei Unterprozesse in implementationsabhängiger Reihenfolge und dann sich selbst. Danach laufen alle vier parallelen Prozesse implementationsabhängig "parallel" in implementationsabhängiger Geschwindigkeit ab.

```
----------------------------- TomSalat ------------------------------
--              Tomatensalat, parallele Prozesse                   --
---------------------------------------------------------------------

WITH text_io;USE text_io;

PROCEDURE TomSalat IS

    TASK To ;TASK BODY To  IS BEGIN put("To"  );END To      ;
    TASK ma ;TASK BODY ma  IS BEGIN put("ma"  );END ma       ;
    TASK ten;TASK BODY ten IS BEGIN put("ten" );END ten      ;
BEGIN                                   put("Salat");END TomSalat;


   | Output (implementationsabhängig)
   |_________________________________
   |tenmaToSalat
```

Auf Grund der Implementationsabhängigkeiten können bei diesem unsynchronisiertem Ablauf 4! = 24 mögliche verschiede Ausgaben von "TomatenSalat" bis hin zu "SalattenmaTo" erwartet werden.

Zur Synchronisation paralleler Prozesse stehen in Ada ACCEPT-Statements (10.3.1) und als bedingte Anweisungen SELECT-Statements (10.3.3) zur Verfügung. Wir verweisen auf das dem "Tomatensalat" ähnliche simple Beispiel "Schlechte Sitten" (unsynchronisiert, 10.2) und "Gute Sitten" (synchronisiert, 10.3.1) und auf die anspruchsvolleren Beispiele "Parallele Kundenabfertigung" und "Epidemie-Bekämpfung" (10.3.4).

0.3　Schreibweisen

Die je nach Einteilungsprinzip verschiedenartig definierbaren Elemente, aus denen ein Programm zusammengesetzt sein kann, sind die im Anhang A.1 und A.2.C aufgelisteten

```
- Quelltext-Zeichen          (character        , 0.3.1, A.1),
  gleich Kommentar-Zeichen   (siehe comment    , 0.3.3, A.1),
- lexikalische Elemente      (lexical element  , 0.3.1, A.1),
- Textverarbeitungs-Zeichen  (graphic-character, 1.2 ,  A.1),
  gleich ASCII-Zeichen       (siehe CHARACTER  , 1.2 ,A.2.C);
```

0.3.1　Quelltext-Zeichen und lexikalische Elemente

Quelltext-Zeichen (englisch (source) character) eines Programms sind nach Syntaxdiagramm A.1

```
- Groß- und Kleinbuchstaben  ,
- Ziffern                    ,
- Sonderzeichen              , wie z.B. '-' oder '_'
- sonstige Sonderzeichen     , wie z.B. '!',
- Zwischenraum-Zeichen ' '   ,
- Formatsteuerzeichen        , wie z.B. "carriage return".
```

Das Syntaxdiagramm A.1 nennt auch zulässige Ersatzdarstellungen, wie z.B. "...vertical bar...can be replaced by exclamation mark". Ersatzdarstellungen sollen aber nur verwendet werden, wenn die Original-Darstellung nicht verfügbar ist.

Lexikalische Elemente (englisch lexical element) eines Programms sind nach Syntaxdiagramm A.1

```
- Reservierte Worte          , wie z.B. BEGIN         ,
- Bezeichner (identifier)    , wie z.B. K2r           ,
- Zahl-Literale              , wie z.B. 3.14          ,
- Zeichen-Literale           , wie z.B. 'a'           ,
- String-Literale            , wie z.B. "Hallo"       ,
- Begrenzer (delimiter)      , wie z.B. + oder :=     ,
- Kommentare                 , wie z.B. -- bis Zeilenende.
```

Unterstrich (underline) in Bezeichnern ist ein signifikantes Zeichen, z.B.

```
der Bezeichner      F_max
ist verschieden von Fmax
```

Entsprechende große und kleine Buchstaben in Bezeichnern sind gleichbedeutend (kein signifikanter Unterschied). Das gilt auch im Spezialfall von Bezeichnern für reservierte Worte, z.B.

```
die Vereinbarung        NATURAL n;
ist gleichbedeutend mit natural N;
und mit                 Natural n;
```

Jedes lexikalische Element muß in eine Zeile passen. Falls erforderlich, werden Separatoren (englisch separator: Zwischenraum oder Formateffektor oder "end of line") zum Trennen lexikalischer Elemente verwendet. Überflüssige Separatoren werden ignoriert. Ein Separator darf (außer in Zeichen-Literalen oder String-Literalen oder Kommentaren) nicht innerhalb eines lexikalischen Elements gesetzt werden, z.B.

```
korrekt   Y:=X+1;
korrekt   Y := X + 1 ;

inkorrekt Y: =X+1;      (Separator innerhalb delimiter := )
```

0.3.2   Verwendung des Syntaxdiagramms, siehe A.1

Zur Beschreibung der Sprache Ada werden in diesem Buch aus Gründen der besseren Lesbarkeit nicht die im Reference-Manual(83a) verwendeten Regeln in Backus-Naur-Form (ALGOL 1960), wie z.B.

```
identifier      ::= letter {[underline]letter_or_digit}
letter_or_digit ::= letter            |           digit
```

sondern deren gleichwertige graphische Repräsentationen in Form von Diagrammen (vgl. Wirth-Diagramme, Pascal 1971) gewählt, z.B.

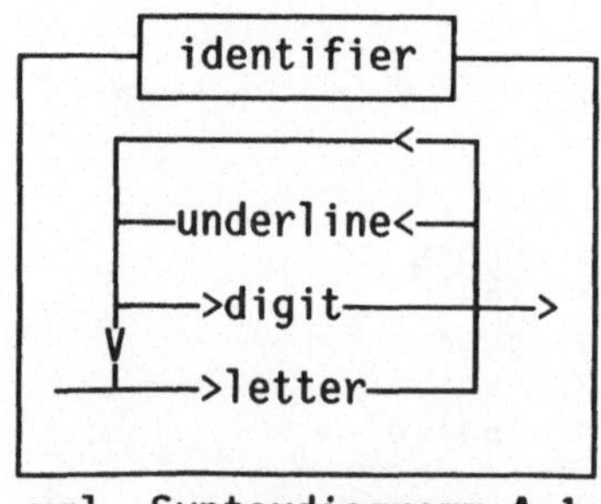

vgl. Syntaxdiagramm A.1

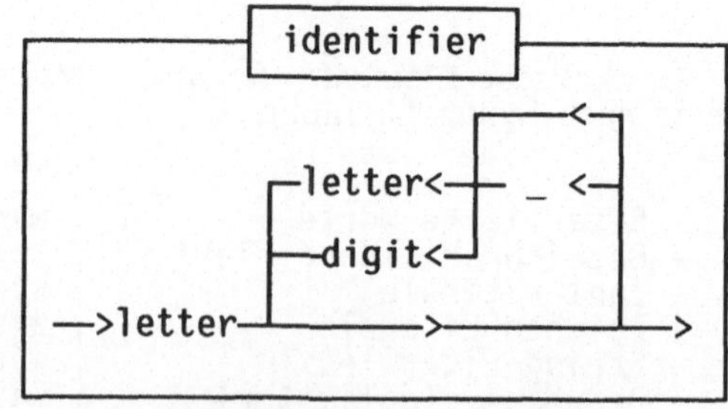

äquivalente Variante

Derartige Syntaxdiagramme sollten auch für den unvorbereiteten Leser wie "Eisenbahn-Gleisbilder" ohne weiteres lesbar sein. Man beginne mit dem Eingangspfeil links und durchlaufe das Diagramm in einem Zug bis zum Ausgangspfeil rechts. Schleifen dürfen beliebig oft durchlaufen werden.

Das linke Diagramm hat nur ein letter- und ein underline-Vorkommen, ist also kompakter als das rechte Diagramm mit zwei letter- und zwei underline-Vorkommen. Im Anhang A.1 finden sich die passenden Anschluß-Diagramme für

```
letter      großer oder kleiner Buchstabe
digit       Ziffer
underline   Unterstrich _
```

Der Leser kann diesen Diagrammen entnehmen, daß ein identifier (deutsch Bezeichner) besteht aus einem letter am Anfang und dann optional weiteren letter oder digit, jeweils optional durch underline getrennt, z.B. korrekt

```
K2r, x, A1, A2, Name, BEGIN, new_line
```

aber inkorrekt (beginnen nicht mit letter, haben äußere oder mehrfache underline oder enthalten unzulässige Zeichen)

```
2R, 1, 1a, 123, 1_te, _BEGIN, END_, n__te, Kuß
```

Die Syntaxdiagramme sind im Anhang A.1 zusammengestellt. Sie enthalten zum Teil verbale Nebenabreden.

0.3.3   Kommentar

Ein Kommentar (englisch comment, A.1), d.h. eine Programm-Erläuterung für den Leser, die für das Programm selbst keine Bedeutung hat, z.B.

```
X:=3.14;    -- Dies ist ein Kommentar (von -- bis Zeilenende)
```

beginnt mit dem ersten doppelten Bindestrich in der Zeile, endet mit Zeilenende, und ist zulässig an jeder Stelle jeder Zeile des Programms, ausgenommen innerhalb eines lexikalischen Elements (siehe 0.3.2). Da nur der erste doppelte Bindestrich in der Zeile als Kommentar-Anfang wirksam wird, kann es keine geschachtelten Kommentare geben.

0.3.4 Pragmas, vordefinierte siehe A.2.B

Ein Pragma (englisch pragma, A.1),   d.h. eine Information für
das Programm oder seine Umgebung, die zusätzlich zum "normalen"
Programmier-Umfang erlaubt ist (meist Anschluß von Bibliotheken
anderer Programmiersprachen oder maschinenabhängige Programmier-
hilfen), ist nach Syntaxdiagramm A.1 von der Form

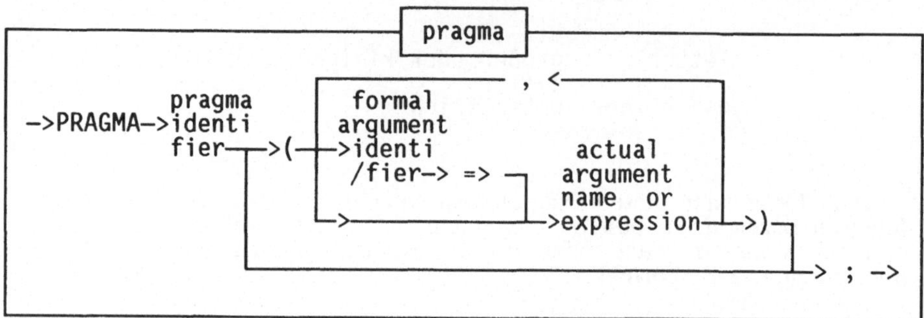

z.B.

```
PRAGMA SUPPRESS (OVERFLOW_CHECK            );
PRAGMA SUPPRESS (INDEX_CHECK, ON => Matrix);
PRAGMA INTERFACE(FORTRAN    , sqrt         );    (11.2.2).
```

Pragmas sind zulässig höchstens an folgenden Stellen:

  - nach jedem semicolon, das
    nicht zur Auflistung von Parametern oder Komponenten dient,

  - an Stellen, wo syntaktisch ein(e)
    ...declaration, ...statement..., ...clause, ...alternative,
    variant, exception handler, compilation unit erlaubt ist.

Die in Ada vordefinierten Pragmas (predefined language pragmas),
wie z.B. das oben genannte Pragma   INTERFACE, sind im Anhang
A.2.B aufgelistet.

Gibt es in der Implementation mehr vordefinierte Pragmas, als im
Anhang A.2.B aufgelistet sind, dann müssen diese im   Anhang A.2.F
genannt werden. Diese zusätzlichen Pragmas dürfen die Richtigkeit
eines Programms nicht beeinflussen und müssen in anderen Implemen-
tationen ohne Fehlermeldung ignorierbar sein.

Alle nicht von der jeweiligen Implementation erkannten Pragmas
werden ohne Fehlermeldung ignoriert, insbesondere falsch plazierte
oder in ihren Argumenten unvorschriftsmäßig besetzte Pragmas. Auch
'vordefinierte' Pragmas dürfen von einer Implementation ignoriert
werden!

0.4   Testfragen

zu	Frage	abdeckbare Antwort
0.1	Welche Sprache(n) aus Diagr. 0.1 ist – Innovation (kein Vorgänger)? – Sackgasse (15 Jhr.kein Nachfolger)? – Sammelbecken(mehr.direkte Vorgänger)?	FORTRAN LISP, APL, PROLOG Basic PL/I, SIMULA, Ada
0.1	Welche Sprache(n) wurde bereits nach 3 Jahren von ihrem Herausgeber durch eine Nachfolgesprache ersetzt?	FORTRAN -> ALGOL_60 Pascal -> MODULA
0.1	Welche Sprache wurde vom DoD (US Department of Defense) herausgebracht und bereits vor etwa 10 Jahren durch eine Nachfolgesprache ersetzt?	COBOL -> Ada
0.3	Welche der folgenden sind Quelltext-Zeichen ((source) character) ? Ä ß § space $ "carriage return"	siehe Syntaxdiagramm A.1 keines alle
0.3.2	Wieviel E in einer Kette erzeugt das folgende Syntax-Diagramm? wieviel_E	1,3,5,.. d.h. ungerade Anzahl von E

```
          ┌──E<──┐
          │      │
   ───────┴──>E──┴────>
```

zu	Frage	abdeckbare Antwort
0.3.3	Was bewirkt eine Programmzeile aus lauter Minuszeichen?	für den Leser ein Kommentar, für den Compiler nichts
0.3.1/3	Ist ein Kommentar ein Separator?	nein (lexik. Elem.)
0.3.3	Kann ein Kommentar sich über mehrere Zeilen erstrecken?	nein
0.3.4	Was bewirkt das selbsterfundene und irgendwo im Programm gesetzte Pragma PRAGMA Goetz_von_Berlichingen; ?	nichts (auch kein Fehler)

1   EINFACHE DATENTYPEN UND EIN/AUSGABE

Wir geben zunächst eine Übersicht über die vorkommenden Typen (englisch type) und deren Einteilung (vgl. Syntaxdiagramm A.1):

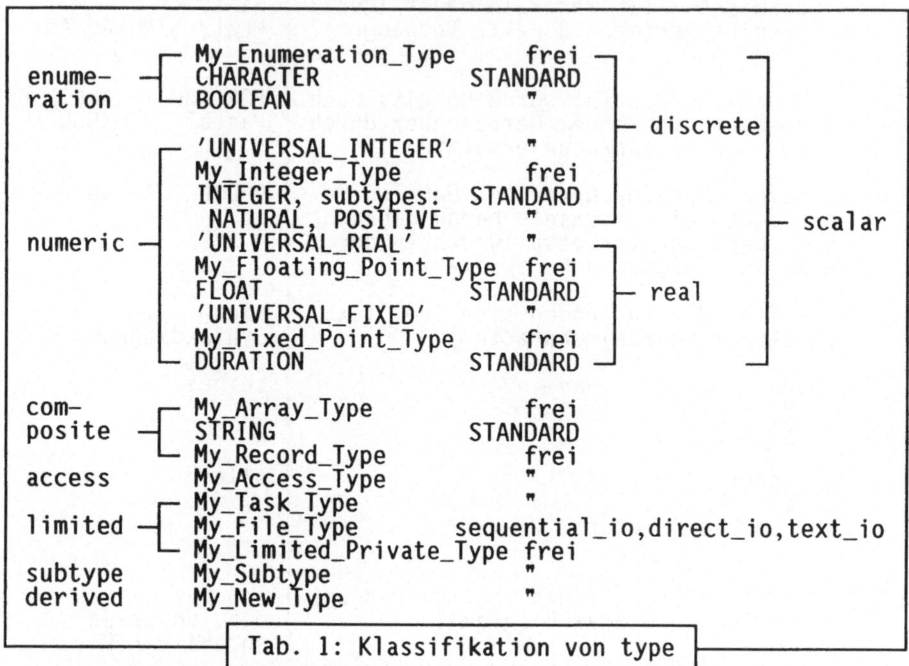

```
enume-    ┌─ My_Enumeration_Type    frei ──┐        ──┐
ration   ─┤  CHARACTER              STANDARD  │          │
          └─ BOOLEAN                   "    ──┤          │
                                             ├─ discrete │
           ┌─ 'UNIVERSAL_INTEGER'      "     │          │
           │  My_Integer_Type         frei   │          │
           │  INTEGER, subtypes:   STANDARD   │          │
           │   NATURAL, POSITIVE       "    ──┘        ──┤── scalar
numeric  ─┤  'UNIVERSAL_REAL'         "    ──┐          │
           │  My_Floating_Point_Type  frei   │          │
           │  FLOAT                STANDARD ──┤─ real    │
           │  'UNIVERSAL_FIXED'        "      │          │
           │  My_Fixed_Point_Type     frei    │          │
           └─ DURATION             STANDARD ──┘        ──┘

com-      ┌─ My_Array_Type            frei
posite   ─┤  STRING                STANDARD
          └─ My_Record_Type           frei
access       My_Access_Type            "
          ┌─ My_Task_Type              "
limited  ─┤  My_File_Type            sequential_io,direct_io,text_io
          └─ My_Limited_Private_Type frei
subtype      My_Subtype                "
derived      My_New_Type               "
```

Tab. 1: Klassifikation von type

In diesem Kapitel werden die einfachen Datentypen scalar und STRING behandelt sowie die Ein- und Ausgabeprozeduren get und put (aus text_io, A.2.H) besprochen und an Beispielen erläutert.

1.1   Aufzählungstypen

Ein Aufzählungstyp (english enumeration type) wird nach Syntax-diagramm A.1 (type declaration) vereinbart in der Form

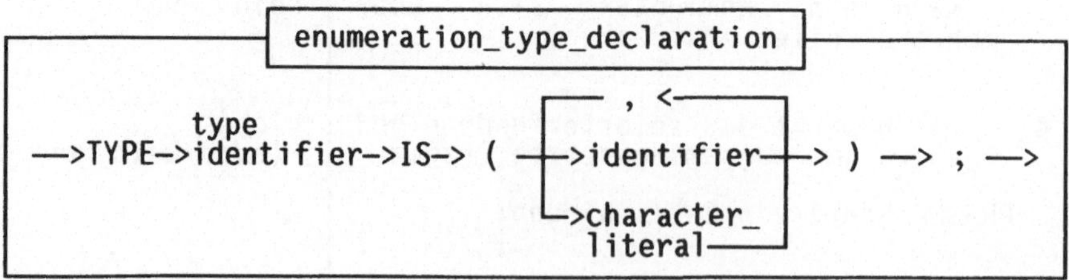

wobei die Elemente, die durch einen Aufzählungstyp aufgelistet werden, voneinander verschieden sein müssen, z.B.

```
TYPE Licht IS
  (Infra_Rot,Rot,Orange,Gelb,Gruen,Blau,Violett,Ultra_Violett);
```

```
     TYPE Rechner IS
       ('0','1','2','3','4','5','6','7','8','9',
        ' ','+','-','*','/','=',
        On,Off,Clear,ClearO,PutMemo,Memo,Bell);
```

Die Vereinbarung des Aufzählungstyps impliziert zugleich die Vereinbarung aller seiner Elemente (identifier und character_literal) als parameterlose Funktionen (designator) mit Ergebnistyp gleich Aufzählungstyp. Auch Subtypen (siehe 2.2.2) können vereinbart werden, z.B.

```
SUBTYPE Sichtbares_Licht IS Licht   RANGE Rot .. Violett;
SUBTYPE Op               IS Rechner RANGE '+' .. '/'     ;
```

Wie man aus den Beispielen Licht und Sichtbares_Licht bereits entnimmt, ist es (anders als in Pascal) gestattet, daß ein Element wie z.B. Rot in zwei verschiedenen Aufzählungstypen vorkommt. Mehrdeutigkeiten beim Aufruf können vermieden werden durch Typisierung (3.1.2), hier z.B. Licht'(Rot) und Sichtbares_Licht'(Rot).

Die für Aufzählungstypen vordefinierten Operationen und Attribute sind in den Übersichtslisten des Anhangs zu finden. Insbesondere ist jeder Aufzählungstyp geordnet, d.h. es bestehen Relationen (A.2.C), es existiert ein erstes und ein letztes Element, und es existieren Nachfolger SUCC und Vorgänger PRED (A.2.A), z.B.

```
Licht'SUCC(Licht'FIRST)=Rot
```

Auch die Positionsnummer (mit 0 beginnend) eines Elements und invers dazu der Elementwert auf einer Position sind als Attribute aufrufbar (Anhang A), z.B. Licht'POS(Rot)=1 und Licht'VAL(1)=Rot. Für alle Typen sind die Tests IN und NOT IN auf Enthaltensein eines Elements in der Typmenge zulässig und standardmäßig vordefiniert (siehe 3.2), z.B.

```
(Infra_Rot NOT IN Sichtbares_Licht)=TRUE
```

Nur für den vordefinierten Aufzählungstyp CHARACTER (1.2, siehe unten) ist get und put bereits in text_io (Character Input-Output siehe Anhang H3) verfügbar. Für selbstdefinierte Aufzählungstypen müssen Ein/Ausgabeprozeduren get, put erst noch durch eine generische Instantiation (9.2.2) verfügbar gemacht werden:

```
PACKAGE My_Enum_Io IS NEW enumeration_io(My_Enum_Type);
```

Für put allein ist der Instantiationsaufwand nicht erforderlich; man kann den Aufruf My_Enum_Io.put(X) in text_io ersetzen durch text_io.put(My_Enum_Type'IMAGE(X)), siehe Attribut IMAGE (A.2.A).

1.2   CHARACTER, siehe A.2.C

Der Typ CHARACTER ist ein standardmäßig (STANDARD, siehe Anhang A.2.C) aus ASCII-Zeichen vordefinierter Aufzählungstyp (vgl. 1.1):

```
TYPE CHARACTER IS

(NUL, SOH, STX, ETX,    EOT, ENQ, ACK, BEL,
 BS , HT , LF , VT ,    FF , CR , SO , SI ,
 DLE, DC1, DC2, DC3,    DC4, NAK, SYN, ETB,
 CAN, EM , SUB, ESC,    FS , GS , RS , US ,

 ' ', '!', '"', '#',    '$', '%', '&', ''',
 '(', ')', '*', '+',    ',', '-', '.', '/',
 '0', '1', '2', '3',    '4', '5', '6', '7',
 '8', '9', ':', ';',    '<', '=', '>', '?',

 '@', 'A', 'B', 'C',    'D', 'E', 'F', 'G',
 'H', 'I', 'J', 'K',    'L', 'M', 'N', 'O',
 'P', 'Q', 'R', 'S',    'T', 'U', 'V', 'W',
 'X', 'Y', 'Z', '[',    '\', ']', '^', '_',

 '`', 'a', 'b', 'c',    'd', 'e', 'f', 'g',
 'h', 'i', 'j', 'k',    'l', 'm', 'n', 'o',
 'p', 'q', 'r', 's',    't', 'u', 'v', 'w',
 'x', 'y', 'z', '{',    '|', '}', '~', DEL);
```

Tab. 1.2a: ASCII-Zeichen CHARACTER

   CHARACTER   ist wie jeder Aufzählungstyp lückenlos geordnet.   Er reicht von Position 0 bis Position 127 und enthält u.a. :

- die lückenlose Menge der control-Zeichen NUL..US, ohne DEL,
- ' ' space character,
- die lückenlos aufsteigende Menge der Ziffern,
- die lückenlos aufsteigende Menge der großen Buchstaben und
- die lückenlos aufsteigende Menge der kleinen Buchstaben,
- das control-Zeichen DEL Delete.

Ein/Ausgabeprozeduren get, put für CHARACTER-Argument sind im Paket text_io (Anhang A.2.F) vordefiniert.

Im nachfolgenden Programm CharList wird die Liste der ASCII-CHARACTER ohne Control-Zeichen ausgegeben. Einige Control-Zeichen lassen sich auf bestimmten Rechner/Druckerkonfigurationen nicht drucken und liefern Systemfehler. Druckbare Control-Zeichen sind z.B. ASCII.LF (Line Feed, Zeilenvorschub) und ASCII.FF (Form Feed, Seitenvorschub). Will man die Namen von Control-Zeichen abkürzen, z.B. als LF, FF, dann muß man USE ASCII; voreinstellen.

Wie man aus dem Beispiel ersieht, wird ein character literal im Programm beidseitig durch Apostroph begrenzt, z.B. 'A', nicht aber auf dem Ein/Ausgabemedium (Taste/Papier), z.B. A.

```
------------------------------ CharList ------------------------------
--            Liste druckbarer (non-control) Character            --
----------------------------------------------------------------------
WITH text_io;USE text_io;

PROCEDURE CharList IS
   PACKAGE I_io IS NEW integer_io(INTEGER);USE I_io;

BEGIN
   FOR I IN 32..127 LOOP
      IF  I    MOD  8 = 0 THEN put(I,4);put(") "   );END IF;
      put(CHARACTER'VAL(I));
      IF (I+1) MOD 32 = 0 THEN new_line            ;END IF;
   END LOOP;

   put(CHARACTER'POS(' '        ),13);put(")   <space>");new_line;
   put(CHARACTER'POS('0'      ), 4);put(")  ..." );
   put(CHARACTER'POS(     '9'), 4);put(")  "    );
   FOR C IN          '0'..'9' LOOP put(C);END LOOP ;new_line;
   put(CHARACTER'POS('A'      ), 4);put(")  ..." );
   put(CHARACTER'POS(     'Z'), 4);put(")  "    );
   FOR C IN          'A'..'Z' LOOP put(C);END LOOP ;new_line;
   put(CHARACTER'POS('A'      ), 4);put(")  ..." );
   put(CHARACTER'POS(     'z'), 4);put(")  "    );
   FOR C IN          'a'..'z' LOOP put(C);END LOOP ;new_line;
END CharList;
```

```
 Output
----------------------------------------------------------------------
  32)   !"#$%&'   40) ()*+,-./   48) 01234567   56) 89:;<=>?
  64)  @ABCDEFG   72) HIJKLMNO   80) PQRSTUVW   88) XYZ[\]^_
  96)  `abcdefg  104) hijklmno  112) pqrstuvw  120) xyz{|}~
           32)   <space>
  48) ...  57)  0123456789
  65) ...  90)  ABCDEFGHIJKLMNOPQRSTUVWXYZ
  97) ... 122)  abcdefghijklmnopqrstuvwxyz
```

Mit deutscher Tastatur, deutschem Bildschirm und mit deutschem Drucker könnte man den Compiler "täuschen", d.h. deutsche Zeichen (DIN 66003, Code-Tabelle 2) unter Beibehaltung des CHARACTER-Codes an Stelle der 8 Original-ASCII-Zeichen darstellen.

| Code | | Zeichen | |
dezimal	binär	ASCII	Deutsch
64	1000000	@	§
91	1011011	[	Ä
92	1011100	\	Ö
93	1011101	]	Ü
123	1111011	{	ä
124	1111100	|	ö
125	1111101	}	ü
126	1111110	~	ß

Tab. 1.2b: Deutsche Zeichen

1.3   BOOLEAN, siehe A.2.C

Der Typ BOOLEAN (George Boole: "The laws of thought", 1847) ist ein standardmäßig (STANDARD, A.2.C) vordefinierter   Aufzählungstyp (vgl. 1.1):

```
TYPE BOOLEAN IS (FALSE,TRUE);
```

left operand	operand right	left AND(THEN) right	left OR (ELSE) right	left XOR right	NOT right
FALSE	FALSE	FALSE	FALSE	FALSE	TRUE
FALSE	TRUE	FALSE	TRUE	TRUE	FALSE
TRUE	FALSE	FALSE	TRUE	TRUE	TRUE
TRUE	TRUE	TRUE	TRUE	FALSE	FALSE

Tab. 1.3: Logische Operatoren

Es stehen alle Operationen etc. für BOOLEAN zur Verfügung,   die auch für Aufzähltypen (siehe 1.1) allgemein zur Verfügung stehen, insbesondere eine Ordnung, z.B. BOOLEAN'FIRST<TRUE. Die Parameter von Unterprogrammen werden in impementationsabhängiger Reihenfolge abgearbeitet. Eine Ausnahme bilden die Kurzauswertungsformen (englisch short circuit control form) x AND THEN y, x OR ELSE y, deren Operanden von links nach rechts - der rechte Operand nur bei Bedarf - abgearbeitet werden. Ein/Ausgabeprozeduren get, put müßten durch eine generische Instantiation (9.2.2) verfügbar gemacht werden:

```
PACKAGE My_Boolean_Io IS NEW enumeration_io(BOOLEAN);
```

Für put allein ist der Instantiationsaufwand   nicht erforderlich; man kann den Aufruf My_Boolean_Io.put(X) in text_io ersetzen durch text_io.put(BOOLEAN'IMAGE(X)), siehe Attribut IMAGE (A.2.A).

1.4   Diskrete und Skalare Typen

Wie man aus der Übersicht (1) entnimmt, werden Aufzählungstypen (enumeration 1.1) und integer Typen (siehe unten 1.5) als diskrete Typen bezeichnet. Diskrete Typen und real Typen (siehe unten 1.6) werden als skalare Typen bezeichnet.

Nur für diskrete Typen D sind die bereits von Aufzählungstypen bekannten Positionsnummern   D'POS(e) eines Elements e und invers dazu der Elementwert D'VALUE(p) auf einer Position p aufrufbar und D'PRED, D'SUCC   verfügbar. Die Positionsnummern beginnen nur im Spezialfall der Aufzählungstypen (siehe 1.1) notwendig mit 0. Alle skalaren Typen S sind geordnet, d.h. es sind die bereits von Aufzählungstypen bekannten Relationen " =, /= , < , <= , > , >= " definiert, es existiert ein erstes Element S'FIRST, ein letztes Element S'LAST und es lassen sich durch RANGE-Einschränkung Untertypen (subtype declaration) vereinbaren.

1.5　Zahlbezeichnungen

Explizit im Programm vorkommende Zahlbezeichnungen (englisch numeric literals) sind von der Form (Syntaxdiagramm A.1, decimal literal)

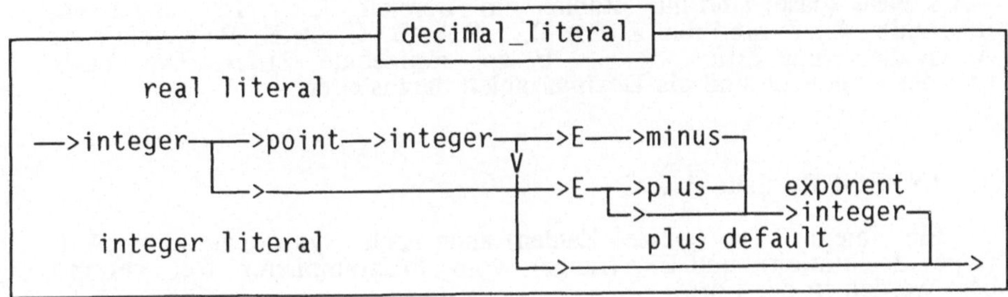

z.B.

```
0   , 123  , 12_3    , 12E3       , d.h. integer literals,
0.0 , 3.14 , 3.14_15 , 314.15E-2 , d.h. real    literals,
```

```
inkorrekt wären    3. ,  .3    , 3E , E3 ,  3E-3 ,
```

oder von der Form (Syntaxdiagramm A.1, based literal)

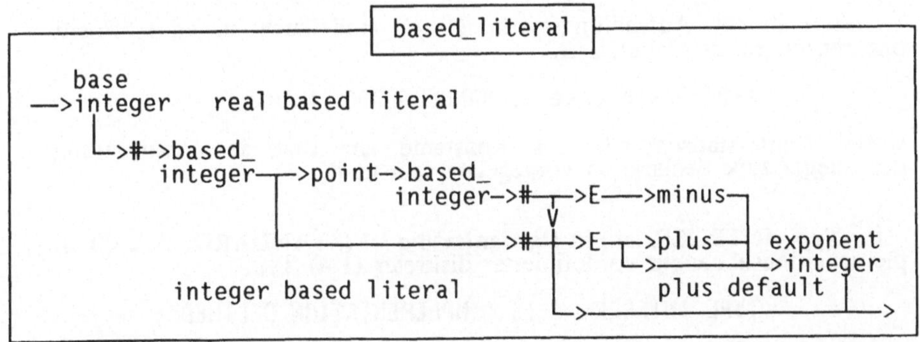

z.B.

```
2#10_10#     , 016#AO#E-1, d.h.integer based literals, Wert 10,
2#10.10#E+2, 1_6#0.A#E1, d.h.real    based literals, Wert 10,
```

```
inkorrekt wären   0#1# ,  17#1# , 16#GZ# ,  3#3#E-3
```

Ein numeric literal (decimal literal oder based literal) ist ein real literal, wenn ein Punkt "." vorkommt, sonst ein integer literal.

Der Exponent E verschiebt den Punkt, der auch implizit als Zahl-Ende gegeben sein kann. Z.B. verschiebt E+2 oder E2 um 2 Stellen nach rechts, d.h. 12E2=1200, und E-2 um zwei Stellen nach links, d.h. 314.15E-2 = 3.14515 . Ein integer literal darf einen nichtnegativen Exponenten haben, aber keinen negativen Exponenten! Underline '_' ändert den Zahlwert nicht, d.h. 1_234 = 1234 .

Als Basis (base) sind nur Zahlen im Bereich 2, ..., 16 zugelassen. Innerhalb #...# sind nur Ziffern 0,...,9,A, B, C, D, E, F zugelassen. A ist die zehnte Ziffer, ... , F die fünfzehnte Ziffer. Die Basis und der Exponent sind als Dezimalzahlen darzustellen.

1.6   INTEGER, siehe A.2.C

Ein integer Typ (ganze Zahlen) kann nach Syntaxdiagramm A.1 (type declaration) und E3 (range) vom Programmierer frei vereinbart werden in der Form

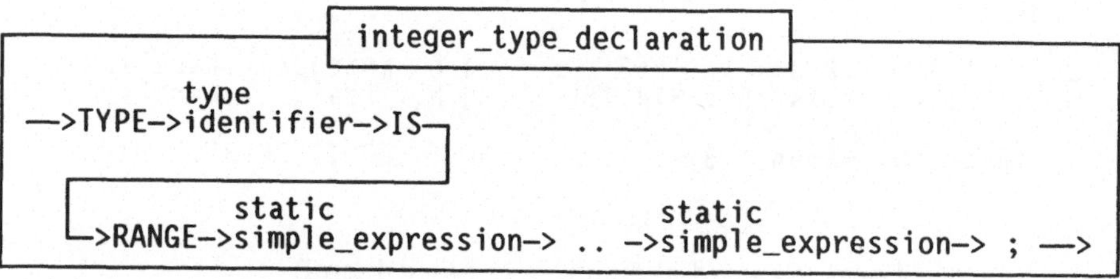

Anders als bei Aufzählungstypen (1, 1) sind auch negative Positionsgrenzen zulässig sind, z.B.

```
        TYPE Geschichte IS RANGE -3000..Heute;                    ,
```

wobei Heute statisch, z.B. als Konstante zur Zeit der Abarbeitung der integer type declaration vorgegeben sein muß.

Der Typ INTEGER ist ein standardmäßig   (STANDARD, A.2.C) implementationsabhängig vordefinierter diskreter (1.4) Typ:

```
        TYPE INTEGER    IS 'IMPLEMENTATION_DEFINED';          ,
```

dessen Elemente ganze Zahlen sind im Bereich (siehe Anhang A.2.A)

```
    INTEGER'FIRST,....,-3,-2,-1,0,+1,+2,+3,...,INTEGER'LAST
```

Die Bereichsgrenzen sind abfragbare rechnerabhängige Konstanten. Alle integer Typen, so auch INTEGER, müssen innerhalb des Maximalbereichs des implementierten Systems (siehe Anhang A.2.D)

```
        system.min_int,...,system.max_int
```

vereinbart sein.

Darüber hinaus können auch implementationsabhängig entsprechende kürzere oder längere ganze Zahlen durch SHORT_INTEGER oder LONG_INTEGER vordefiniert sein. Mit SHORT_INTEGER werden sich im allgemeinen die Rechenzeiten verkürzen, und mit LONG_INTEGER können im allgemeinen größere Rechengenauigkeiten erzielt werden.

Die Bereiche aller dieser vordefinierten INTEGER Typen müssen symmetrisch sein, d.h. FIRST = - LAST. Da INTEGER, SHORT_INTEGER, LONG_INTEGER diskrete Typen sind, gelten die für diskrete Typen (siehe 1.4) vordefinierten Positionierung, Ordnung und Tests "IN", "NOT IN". Sonstige vordefinierte Operationen etc. entnehme man den Übersichtslisten des Anhangs.

Auch Subtypen (siehe 2.2.2) können vereinbart werden, z.B.

```
SUBTYPE Gotik    IS Geschichte RANGE 1100..1400;
SUBTYPE NATURAL  IS INTEGER    RANGE    0..INTEGER'LAST;
SUBTYPE POSITIVE IS INTEGER    RANGE    1..INTEGER'LAST; ,
```

NATURAL und POSITIVE sind standardmäßig vereinbart (Anhang A.2.C).

Sowohl für selbstdefinierte integer Typen als auch für standardmäßig vordefinierte Typen INTEGER, SHORT_INTEGER, LONG_INTEGER müßten Ein/Ausgabeprozeduren get, put erst noch durch generische Instantiation (9.2.2) verfügbar gemacht werden:

```
PACKAGE My_Integer_Io IS NEW integer_io(My_Integer_Type);
```

```
-------------------------------- FakLast --------------------------------
--           Fakultaet-Tabelle bis LONG_INTEGER'LAST            --
------------------------------------------------------------------------

WITH text_io;USE text_io;

PROCEDURE FakLast IS
    PACKAGE  P_Io IS NEW integer_io(POSITIVE     );USE  P_Io;
    PACKAGE LI_Io IS NEW integer_io(LONG_INTEGER);USE LI_Io;
    Fak:LONG_INTEGER:=1;

BEGIN

    FOR N IN POSITIVE LOOP
       Fak:=Fak*LONG_INTEGER(N);
       put("1*...*"                      );
       put(          N,2                 );
       put(              ="              );
       put(              Fak          ,10);new_line;
    END LOOP;

EXCEPTION
    WHEN OTHERS =>                                  new_line;
       put("LONG_INTEGER'LAST="          );
       put(              LONG_INTEGER'LAST,10);

END FakLast;
```

```
| Output
|______________________________________
|
| 1*...* 1           =              1
| 1*...* 2           =              2
| 1*...* 3           =              6
| 1*...* 4           =             24
| 1*...* 5           =            120
| 1*...* 6           =            720
| 1*...* 7           =           5040
| 1*...* 8           =          40320
| 1*...* 9           =         362880
| 1*...*10           =        3628800
| 1*...*11           =       39916800
| 1*...*12           =      479001600
|
| LONG_INTEGER'LAST=2147483647
```

Um ohne Überlauf-Fehlermeldung die Tabelle bis zum größtmöglichen Wert der Fakultät innerhalb LONG_INTEGER'LAST auszugeben, wartet man einfach auf den Überlauf-Fehler in der Multiplikation Fak*LONG_INTEGER(N) und fängt den ausgelösten Fehler in der EXCEPTION (2.2.4) ab. Das Programm endet ohne Fehlermeldung und druckt statt dessen LONG_INTEGER'LAST (Anhang A.2.A).

Bekanntlich ist n-Fakultät die Anzahl aller Permutationen von n Elementen. Zum Beispiel führt das Rundreise-Problem (englisch travelling salesman problem, 11.5) durch $n >= 1$ Städte auf n-Fakultät verschiedene Rundreisen.

1.7   FLOAT, siehe A.2.C

Wie man der Übersicht (1) entnimmt, sind floating point Typen (Gleitkommazahlen) spezielle real Typen (reelle Zahlen). Sie entsprechen dem REAL Typ der ALGOL-Familie (ALGOL 60, SIMULA, Pascal, ALGOL 68).

Ein floating point type kann nach Syntaxdiagramm A.1 (für type declaration, range) vom Programmierer frei vereinbart werden in der Form

```
       ____________________________________________
      |        floating_point_declaration          |___________________
 _____|                                            |                   |
|            type                        static                        |
|  ->TYPE->identifier->IS----->DIGITS->simple_expression-              |
|                                                          |           |
|__________________________________________________________|          |
|          static                        static                        |
|->RANGE->simple_expression-> .. ->simple_expression-                  |
|                                                    |                 |
|->_________________________________________________|                 |
|________________________________________________________> ; -->
```

Nach DIGITS gebe man (in einem statisch zur Übersetzungszeit berechenbaren Ausdruck) die gewünschte Mindestanzahl von gültigen Dezimalstellen vor und nach dem Dezimalpunkt an, d.h.

die gewünschte Mantissenlänge D>0 , eine relative Genauigkeit,

und ggf.nach RANGE (in statisch zur Übersetzungszeit berechenbaren Ausdrücken) die Einschränkung auf den gewünschten Unterbereich der reellen Zahlen, z.B.

```
TYPE Lineal            IS DIGITS  3 RANGE        0.0..30.0 ;
TYPE Mark_und_Pfennig  IS DIGITS 15 RANGE -1.0E12..1.0E12;
TYPE Float_32_Bit      IS DIGITS  7                       ;
```

Auch Subtypen (siehe 2.2.2) können vereinbart werden, z.B.

```
SUBTYPE Lin            IS Lineal DIGITS 2 RANGE 0.0..9.9 ;
```

Das Maximum aller möglichen Mantissenlängen D im implementierten System ist SYSTEM'MAX_DIGITS (siehe Anhang D). Außerdem muß die gewählte Einschränkung RANGE L..R innerhalb eines vordefinierten floating point Typs liegen, z.B. innerhalb FLOAT (siehe unten), nicht nur innerhalb von 'UNIVERSAL_REAL'.

Der Anzahl gültiger Dezimalstellen D im Ada-Programm entspricht im Rechnersystem eine Anzahl gültiger Binärstellen B (die nächste ganze Zahl oberhalb oder gleich D*log(10)/log(2) + 1). Dem Bereich RANGE L..R im Ada-Programm entspricht im Rechnersystem ein Bereich -E..+E (wobei E<=4*B). Auf D, B, E wird im Anhang A Bezug genommen (E ist hier nicht das Exponent-Symbol).

Der Sinn, floating point Typen selbst zu vereinbaren, liegt in der Portabilität von Ada-Programmen von einem Rechner zum anderen, vorausgesetzt, der floating point Typ wird in seinen Grenzen so eingeschränkt, daß er auf beide Rechner paßt. Rundungsfehler würden dann auf beiden Rechnern zu (etwa) gleichen Resultaten führen. Es ist auch möglich, Rundungsfehler abzufangen (Anhang A.2.A/C) und mit EXCEPTION (siehe 2.3) weiterzubehandeln.

Der Typ FLOAT ist ein standardmäßig (STANDARD, Anhang A.2.C) implementationsabhängig vordefinierter skalarer (1.4) Typ:

```
TYPE FLOAT IS 'IMPLEMENTATION_DEFINED';                    ,
```

dessen Elemente reelle Zahlen der Mantissenlänge FLOAT'DIGITS sind im Bereich (siehe Anhang A)

```
FLOAT'FIRST , ... , 0.0 , ... , FLOAT'LAST
```

Infolge der begrenzten Mantissenlänge liegen die FLOAT-Zahlen nicht dicht nebeneinander wie die mathematisch reellen Zahlen. Die kleinste FLOAT-Zahl oberhalb 0 ist FLOAT'SMALL (Anhang A.2.A).

Darüber hinaus können auch implementationsabhängig entsprechende kürzere oder längere Mantissen durch SHORT_FLOAT oder LONG_FLOAT vordefiniert sein. Mit SHORT_FLOAT werden sich im allgemeinen die Rechenzeiten verkürzen und mit LONG_FLOAT können im allgemeinen größere (relative) Rechengenauigkeiten erzielt werden.

Da FLOAT, SHORT_FLOAT, LONG_FLOAT skalare Typen sind, gelten die für skalare Typen (siehe 1.4) vordefinierte Ordnung und Tests "IN", "NOT IN". Sonstige vordefinierte Operationen etc. entnehme man den Übersichtslisten des Anhangs.

Sowohl für selbstdefinierte floating point Typen, als auch für die standardmäßig vordefinierten Typen FLOAT, SHORT_FLOAT, LONG_FLOAT müssen Ein/Ausgabeprozeduren get, put erst noch durch generische Instantiation (9.2.2) verfügbar gemacht werden:

```
PACKAGE My_Float_Io IS NEW float_io(My_Float_Type);
```

Beim nachfolgenden Programm Rundung erkennt man sowohl Verfahrens- (Abweichung vom exakten Pi-Wert) als auch Rundungsfehler (unterschiedliche Summationsergebnisse). Der Rundungsfehler hängt ab von der Genauigkeit SHORT_FLOAT'DIGITS .

```
--------------------------------- Rundung ---------------------------------
--     Rundungsfehler: Summation   der  Leibniz' schen   Reihe   --
--                     Pi=8*( 1/(1*3) +1/(5*7) +1/(9*11) +...)     --
--                     in      verschiedenen         Reihenfolgen  --
---------------------------------------------------------------------------

WITH text_io;USE text_io;

PROCEDURE Rundung IS
    PACKAGE  I_Io IS NEW integer_io(      INTEGER);USE  I_Io;
    PACKAGE SF_Io IS NEW   float_io(SHORT_FLOAT);USE SF_Io;
    N:NATURAL;Pi:SHORT_FLOAT;

BEGIN
    put("N:");get(N);

    Pi:=0.0;
    FOR I IN            0..N LOOP
       Pi:=Pi+1.0/SHORT_FLOAT(4*I+1)/SHORT_FLOAT(4*I+3);
    END LOOP;put(8.0*Pi);new_line;

    Pi:=0.0;
    FOR I IN REVERSE 0..N LOOP
       Pi:=Pi+1.0/SHORT_FLOAT(4*I+1)/SHORT_FLOAT(4*I+3);
    END LOOP;put(8.0*Pi);new_line;

END Rundung;
```

Output (impl.abh.)	Input
N:	5000
3.141384E+00	SHORT_FLOAT muß implementiert sein,
3.141493E+00	z.B. TYPE SHORT_FLOAT IS DIGITS 7;

Bekanntlich ist die Berechnung von Pi mittels der Leibniz'schen Reihe ein monoton wachsendes und sehr langsam konvergierendes Verfahren. Es ist daher nicht zu empfehlen für numerische Berechnungen, aber gut geeignet zur Demonstration von Rundungs-Effekten.

1.8 fixed

Wie man aus der Übersicht (1) entnimmt, sind fixed point Typen (Festkommazahlen) spezielle real Typen (reelle Zahlen). Sie haben einen Dezimalpunkt, aber keinen Exponentteil, und entsprechen dem FIXED Mantissentyp der FORTRAN-Familie (FORTRAN, PL/I).

Ein fixed point type kann nach Syntaxdiagramm A.1 (für type declaration und range) vom Programmierer frei vereinbart werden in der Form

```
             ┌─────────────────────────────┐
             │  fixed_point_declaration     │
             └─────────────────────────────┘
          type                        static
 —>TYPE—>identifier—>IS———>DELTA—>simple_expression—┐
       static                      static
 └>RANGE—>simple_expression—> .. —>simple_expression—> ; —>
```

Nach DELTA gebe man (in einem statisch zur Übersetzungszeit berechenbaren Ausdruck) den gewünschten reellen Abstand zwischen den rellen Festkommazahlen an, der in der jeweiligen Implementation unterschritten werden kann, aber nicht überschritten werden darf, d.h.

die gewünschte Schrittweite d > 0.0 , eine absolute Genauigkeit,

und nach RANGE (in statisch zur Übersetzungszeit berechenbaren Ausdrücken) die Einschränkung auf den gewünschten Unterbereich der reellen Zahlen, z.B.

```
TYPE Volt    IS DELTA 0.3    RANGE 0.0..300.0      ;
TYPE Kassa   IS DELTA 0.01   RANGE 0.0..1000.0     ;
TYPE Analog  IS DELTA 0.001  RANGE -1000.0..+1000.0;
```

Die RANGE-Angabe darf keine Exponenten enthalten und darf nur entfallen in einer Subtyp Vereinbarung (siehe 2.2.2), z.B.

```
SUBTYPE Vlt    IS Volt DELTA 1.0                  ;
```

Das Minimum aller möglichen Schrittweiten d im implementierten System im Spezialfall RANGE -1.0..+1.0 ist system.FINE'DELTA (A.2.D). Außerdem muß die gewählte Einschränkung RANGE L..R innerhalb eines theoretisch vordefinierten (anonymen) fixed point Typs (siehe Anhang A.2.C) liegen, d.h. zur Implementation passen.

Darstellungsfragen, d.h. binäre Darstellung reller Zahlen im Rechnersystem, wurden bereits im Abschnitt 1.7 (FLOAT) behandelt.

Der Sinn, fixed point Typen selbst zu vereinbaren, liegt in der Anwendung auf Rechnersysteme, für die keine Gleitkommaarithmetik zur Verfügung steht, und in der Portabilität von Ada-Programmen von einem Rechner zum anderen, vorausgesetzt, der fixed point Typ wird in seinen Grenzen so eingeschränkt, daß er auf beide Rechner paßt. Rundungsfehler würden dann auf beiden Rechnern zu (etwa) gleichen Resultaten führen. Es ist auch möglich, Rundungsfehler abzufangen (siehe Anhang A,C) und mit EXCEPTION (siehe 2.3) weiterzubehandeln.

Da fixed point Typen skalare Typen sind, gelten die für skalare Typen (siehe 1.4) vordefinierte Ordnung und Tests "IN", "NOT IN". Sonstige vordefinierte Operationen etc. entnehme man den Übersichtslisten des Anhangs.

Für (selbst definierte) fixed point Typen müßten Ein/Ausgabeprozeduren get, put erst noch durch eine generischen Instantiation (9.2.2) verfügbar gemacht werden, z.B.

```
PACKAGE My_Fixed_Io IS NEW fixed_io(My_Fixed_Type);
```

1.9 STRING, siehe A.2.C

Der Typ STRING (deutsch Zeichenkette, Text konstanter Länge) ist ein standardmäßig (STANDARD, siehe Anhang C5) vordefinierter Reihungstyp (vgl. 5.1)

```
TYPE STRING IS ARRAY (POSITIVE RANGE <>) OF CHARACTER;
```

Wie man sieht, sind die Elemente vom Typ CHARACTER. Die Bereichsgrenzen sind innerhalb POSITIVE frei wählbar, dann aber unveränderlich festgelegt, z.B.

```
Textvariable_Laenge_4:          STRING(1.. 4);

Strich_Laenge_80       :CONSTANT STRING(1..80):=(OTHERS => '-');

Hallo                  :CONSTANT STRING       :="Hallo";

Gruss                  :CONSTANT STRING       :=Hallo&","&Hallo;

Leer                   :CONSTANT STRING       :="";
```

Eine ARRAY-Besonderheit (siehe 5.1) ist die Zulässigkeit von Bereichsgrenzen 1..0 für Null-ARRAYs, wie z.B. hier Leer.

STRING-Variable oder -Konstanten können wie alle ARRAY-Objekte indiziert werden. Es kann ein einzelnes CHARACTER-Zeichen herausgegriffen werden, z.B.

```
Hallo(2) = 'a'
```

oder auch eine Teil-Zeichenkette (englisch substring) herausgeschnitten werden (Ausschnitt, englisch slice, 5.2, A.2.E), z.B.

```
Hallo(2..2) = "a"
Hallo(1..2) = "Ha"
```

Sonstige vordefinierte Operationen, Attribute etc. entnehme man den Übersichtslisten des Anhangs, z.B.

```
Textvariable_Laenge_4'LAST  =  4 , d.h. obere  Indexgrenze
Gruss'LENGTH                = 11 , d.h. Textlänge
Leer'FIRST                  =  1 , d.h. untere Indexgrenze
```

Das nachfolgende Programm StrRev revertiert eingegebene Texte der Länge 4 und setzt den revertierten Text in Relation zum ursprünglichen Text.

```
------------------------------- StrRev -------------------------------
--            String Reversion, Ordnung fuer String            --
----------------------------------------------------------------------

WITH text_io;USE text_io;

PROCEDURE StrRev IS

   N       :CONSTANT POSITIVE     :=4;
   Str,Rev:          STRING(1..N)   ;

BEGIN
   put("STRING:");
   FOR I IN 1..N LOOP get(Str(I));Rev(N-I+1):=Str(I);END LOOP;

   put(             Str    );
   IF     Str<Rev THEN put(  " < "  );
   ELSIF  Str=Rev THEN put(  " = "  );
   ELSE               put(  " > "  );
   END IF;
   put_line(                 Rev);

END StrRev;
```

Output	Input (3 Läufe)
STRING:	OTTO
OTTO = OTTO	
STRING:	AMOR
AMOR < ROMA	
STRING:	LIEB
LIEB > BEIL	

Wie man der Übersicht (1) entnimmt, ist STRING kein skalarer Typ. Dennoch sind für STRING standardmäßig (STANDARD, A.2.C) die Ordnungsrelationen " $=$, $/=$, $<$, $>$, $<=$, $>=$ " definiert, z.B. (vgl. obiges Beispiel)

```
Str  =  Rev
```

Ein STRING, der gleich seinem revertierten STRING ist, z.B.

```
"OTTO" = "OTTO"
```
,

heißt 'Palindrom'. Genau genommen ist der Satz

```
"TRUG TIM EINE SO HELLE HOSE NIE MIT GURT"
```

kein Palindrom, da die Zwischenräume revers anders verteilt sind.

In Ada ist eine STRING Katenation a&b (Kette, lat. catena) definiert (Anhang A.2.C), z.B.

```
Hallo & "," & Hallo = "Hallo,Hallo"     , vgl. Hallo oben
```

Explizit im Programm vorkommende Klartexte (englisch string literal, Syntaxdiagramm A.1) werden beidseitig durch Anführungsstriche (englisch quotation) "..." begrenzt, z.B.

```
korrekt    "Hallo"   und    "ueber die" &
                            "Zeile hinaus"
inkorrekt  'Hallo'   oder   "ueber die Zei-
                            le hinaus"
```

Die Anführungsstriche fehlen jedoch bei der Eingabe und bei der Ausgabe, vergleiche OTTO, AMOR, LIEB im obigen Beispiel.

Ein/Ausgabeprozeduren get, put für STRING-Argument sind im Paket text_io (Anhang A.2.H) vordefiniert.

Soll im string literal, das ja von quotation " auf beiden Seiten begrenzt wird, als spezielles graphic character wieder ein quotation " vorkommen, so muss das graphic character (nach wie vor von der Länge 1) aus zwei quotation "" bestehen, z.B.

```
put("Er sagt: ""Hallo""")     druckt     Er sagt: "Hallo"
```

Ähnlich wie in Pascal und Simula, anders als in ALGOL_68, gibt es in Ada keine Textvariablen mit flexibler Textlänge. Das Reference Manual (83a) empfiehlt ein package TEXT_HANDLER (siehe Anhang A.3.1) mit überdimensionierten Texten der Maximallänge MAXIMUM_LENGTH. Der Autor empfiehlt statt dessen ein eigenes Paket Texter (siehe Anhang A.3.2) mit Texten variabler Länge, definiert als Zeiger auf CHARACTER-Listen.

1.10   Einfache Ein/Ausgabe mit get, put

Die einfachen Ein/Ausgabeprozeduren (text_io, Anhang A.2.H)

```
get, put   für   CHARACTER, STRING,
                 integer, float, fixed, enumeration
```

werden nun in ihren wichtigsten Eigenschaften besprochen "ohne Tränen", d.h. ohne an dieser Stelle im Buch bereits auf Dateien (file_type, 8) eingehen zu müssen.

Ähnlich wie in SIMULA, anders als in Pascal und ALGOL_68, haben die normalen Ein/Ausgabeprozeduren get, put nur jeweils einen Parameter. Hinzu kommen maximal drei optionale Format-Parameter.

```
------------------------------- StFormat -------------------------------
--          Standard-Ein/Ausgabe-Formate von get und put            --
------------------------------------------------------------------------

WITH text_io;USE text_io;

PROCEDURE StFormat IS
    PACKAGE  B_Io IS NEW enumeration_io(       BOOLEAN);USE  B_Io;
    PACKAGE  I_Io IS NEW       integer_io(       INTEGER);USE  I_Io;
    PACKAGE LI_Io IS NEW       integer_io(LONG_INTEGER);USE LI_Io;
    PACKAGE  F_Io IS NEW        float_io(       FLOAT);USE  F_Io;

    C:CHARACTER; S:STRING(1..5);
    B:BOOLEAN   ;
    I:INTEGER   ;LI:LONG_INTEGER;
    F:FLOAT     ;

BEGIN

    put("CHARACTER         :");get( C);skip_line;put(C );new_line;
    put("STRING(1..5)      :");get( S);skip_line;put( S);new_line;
    put("BOOLEAN           :");get( B);          put( B);new_line;
    put("INTEGER           :");get( I);          put( I);new_line;
    put("LONG_INTEGER FLOAT:");get(LI);          put(LI)
    ;                         get( F);          put( F);

END StFormat;
```

Output	Input
CHARACTER : ?	?, d.h. CHARACTER
STRING(1..5) : Hallo	Hallo, d.h. STRING(1..5)
BOOLEAN : TRUE	true
INTEGER : 12345	12345
LONG_INTEGER FLOAT: 1234567890 3.14000000000000E+00	1234567890 3.14

Im obenstehenden Programm StFormat werden Variablen aller zulässigen Typen mit get eingelesen und mit put unformatiert, d.h. im Standard-Format wieder ausgegeben.

Es folgt die Tabelle der optionalen Format-Parameter von get und put. Der Parameter ITEM der Eingabeprozedur get muß eine Variable (2.2.3) sein und der Parameter ITEM der Ausgabeprozedur put muß ein Ausdruck (3) sein. Die Format-Parameter WIDTH, BASE, FORE, AFT, EXP, SET sind nichtnegative INTEGER-Ausdrücke (A.2.H), die auch als Variablen vorgegeben sein können.

	Typ des Ein/Ausgabe-Parameters ITEM		
	integer	float (fixed)	enumeration
Eingabe Prozedur get	optional ITEM,WIDTH	optional ITEM,WIDTH	ITEM
Ausgabe Prozedur put	optional ITEM,WIDTH,BASE	optional ITEM,FORE,AFT,EXP	optional ITEM,WIDTH,SET

Tab. 1.10: Optionale Format-Parameter von get,put

WIDTH ist die Gesamt-Zahlbreite, integer>=1, float>=3, bzw. 0

einschließlich führender blanks und ggf. Vorzeichen. Über eine Zeile wird nicht eingelesen, d.h. ein line terminator verkürzt WIDTH .

WIDTH=0 bedeutet nicht Gesamtbreite=0, sondern Eliminierung führender blanks und line terminators und page terminators und dann Abarbeiten des Vorzeichens und der Zahl gemäß Syntax (für integer Minimaldarstellung).

Voreingestellt ist integer'WIDTH für integer-Parameter und 0 für float- und enumeration-Parameter.

BASE ist die 2 <= Zahl-Basis <= 16

Voreingestellt ist 10.

FORE   ist die Zahlbreite-vor-dem-Punkt >= 2

einschließlich führender blanks und ggf. Vorzeichen.
float-Zahlen beginnen mit blanks oder Vorzeichen.

Voreingestellt ist 2.

AFT   ist die Anzahl-der-Ziffernstellen-nach-dem-Punkt >= 1

Voreingestellt ist float'DIGITS-1 .

EXP   ist die Exponentbreite nach dem E >= 2 bzw. 0

einschließlich ggf. Vorzeichen.

Es gibt nach Syntax (real literal, 1.5) keine blanks im
Exponentteil, aber ggf. führende Nullen.
EXP=0 bedeutet Exponentbreite = 0, d.h. die Zahl wird
ohne (E und ohne) Exponent dargestellt, nötigenfalls
durch Änderung von FORE (für real Minimaldarstellung).

Voreingestellt ist 3 .

SET   ist die Zeichentypen-Setzung upper_case oder lower_case

Voreingestellt ist upper_case .

Das folgende Programm IoFormat führt dem Leser die für get/put
zulässigen optionalen Format-Parameter am Beispiel vor:

```
------------------------------- IoFormat -------------------------------
--                 Ein/Ausgabe-Formate von get und put            --
------------------------------------------------------------------------

WITH text_io;USE text_io;

PROCEDURE IoFormat IS
    PACKAGE B_Io IS NEW enumeration_io(BOOLEAN);USE B_Io;
    PACKAGE I_Io IS NEW     integer_io(INTEGER);USE I_Io;
    PACKAGE F_Io IS NEW       float_io(  FLOAT);USE F_Io;

    B:BOOLEAN;
    I:INTEGER;
    F:FLOAT  ;

BEGIN

    put("BOOLEAN          :");get(B                   );skip_line        ;
    put("          10,low=");put(B,10,lower_case );  put_line(",");
    put("INTEGER, 5      :");get(I, 5                  );skip_line        ;
    put("          10,hex=");put(I,10,          16 );  put_line(",");
    put("FLOAT  ,10      :");get(F,10                 );
    put("          2,3,0=");put(F, 2,          3,0);  put_line(",");
    put("          2,2,3=");put(F, 2,          2,3);  put_line(",");

END IoFormat;
```

Output	Input

BOOLEAN   :
         10,low=false   ,
INTEGER, 5   :
         10,hex=   16#A#,
FLOAT   ,10   :
         2,3,0= 3.142,
         2,2,3= 3.14E+00,
	FALSE
	
	      10
	
	31.4159e-1

Einzugebende Zahlen müssen durch mindestens ein Zwischenraumzeichen (space) oder durch Zeilenende voneinander getrennt sein. Spaces vor (dem Zahl-Vorzeichen oder vor) der Zahl gehören zur Zahl und werden überlesen. Ein nachfolgendes space gehört nicht mehr zur Zahl, d.h. beendet das Einlesen dieser Zahl.

Unzulässige Trennzeichen, wie z.B. Komma, würden beim Lesen der nächsten Zahl einen Lesefehler ergeben, da sie nicht zur nächsten Zahl gehören und daher auch nicht gelesen werden können.

Zeilenvorschub, d.h. Sprung von der Stelle der Zeile auf die erste Stelle der nächsten (1-ten bzw. SPACING-ten) Zeile, bzw. Seitenvorschub, d.h. Sprung von der Stelle der Zeile der Seite auf die erste Stelle der ersten Zeile der nächsten Seite wird bewirkt durch die

```
Eingabeprozeduren     skip_line; bzw. skip_line(SPACING);
                      skip_page;

Ausgabeprozeduren     new_line; bzw.  new_line(SPACING);
                      new_page;
```

Abfragbar per Programm sind bezüglich Eingabe

```
end_of_line    , ergibt TRUE nach Zeilenende , sonst FALSE,

end_of_page    , ergibt TRUE nach Seitenende , sonst FALSE,

end_of_file    , ergibt TRUE nach Eingabeende, sonst FALSE,
```

und bezüglich Ausgabe

```
col            , Nummer der aktuellen Stelle,

line           , Nummer der aktuellen Zeile,

line_length    , Zeilenlänge, bzw. 0, falls unbeschränkt,

page           , Nummer der aktuellen Seite,

page_length    , Seitenlänge, bzw. 0, falls unbeschränkt.
```

Setzbar per Programm sind bezüglich Eingabe

```
set_col (standard_input,TO);  setzt auf Stelle TO,
                              kürzere Zeilen werden mit
                              skip_line übersprungen,

set_line(standard_input,TO);  setzt auf Zeile  TO,
                              kürzere Seiten werden mit
                              skip_page übersprungen,
```

und bezüglich Ausgabe

```
set_col (TO); , col <= TO <= line_length
                              setzt auf Stelle TO,

              , 1   <= TO <= col
                              bewirkt new_line und
                              setzt auf Stelle TO,

set_line(TO); , line<= TO <= page_length
                              setzt auf Zeile  TO,

              1   <= TO <= line
                              bewirkt new_page und
                              setzt auf Zeile  TO,

set_line_length(TO),          setzt Zeilenlänge auf TO,
                              TO = 0: unbeschränkte Zeilenlänge,
                              rechnerabhängig voreingestellt,

set_page_length(TO),          setzt Seitenlänge auf TO,
                              TO = 0: unbeschränkte Seitenlänge,
                              rechnerabhängig voreingestellt.
```

1.11 Testfragen

zu	Frage	abdeckbare Antwort
1.2 1.9	Welche der folgenden sind korrekte character literal oder string literal? '' bzw.''A'' bzw. 'in 'DM' Preis' ' ' bzw. ''' bzw. '"' bzw. '^' "" bzw. """" bzw. "'dreifach'""Hoch"""	keine alle, character lt. alle, string liter.
1.3	Kann man FALSE bzw. TRUE im Pro - grammm neu vereinbaren?	ja, siehe A.2.C, kein reserved word, aber kaum sinnvoll

1.5   Welche der folgenden sind korrekte Zahlbezeichnungen? Sind es integer oder real (based) literals?
 	
     E10.10 bzw. 10.E10 bzw. 10E-10
     10E10
     10.10E-10
     10#10.10#E-10
	keine
	ja, integer literal
	ja, real literal
	ja, real based lit.

1.6 Gibt es zwei verschiedene INTEGER-Zahlbezeichnungen (integer literal) mit gleichem Wert?	ja: 1 , 01 , 1E0 universal integer (siehe A.2.C)
1.6 Ist notwendigerweise INTEGER'LAST <= SYSTEM'MAX_INT ?	nein, wäre aber sinnvoll
1.7 Gibt es zwei verschiedene FLOAT-Zahlbezeichnungen (real literal) mit gleichem Wert?	ja: 1.1 , 01.10 , 1.1E0 universal real (siehe A.2.C)
1.8 Gibt es zwei verschiedene fixed point Zahlbezeichnungen (real literal) mit gleichem Wert?	ja: 1.1 , 01.10 universal fixed (siehe A.2.C)
1.9 Ist der folgende Text ein Palindrom? "A MAN A PLAN A CANAL PANAMA"	ja, genau genommen nein,Zwischenräume stimmen nicht
1.9 Was wird ausgedruckt? put(" '3.14159"&"E-4'="",Pi,""");	'3.14159E-4'=",Pi," vorn ein space
1.10 Was wird ausgedruckt? put(31415.9E-4,2,5,0);	3.14159 vorn ein space

2   EINFACHER PROGRAMMAUFBAU

Zu den Stärken von Ada zählen der modulare Aufbau und die Vorab-Übersetzbarkeit von Programmteilen. Darüber soll in den Kapiteln 7 bis 11 ausführlich berichtet werden. Zunächst aber sollte sich der Leser mit dem Aufbau einfacher Programme vertraut machen.

Ein einfaches Ada-Programm - ohne weitere Unterprogramme, ohne Pakete, ohne generische Parameter, ohne parallele Prozesse und ohne separat vorübersetzte Benutzer-Teilprogramme - ist nach Syntaxdiagramm A.1 (program bzw. compilation, subprogram_body, declarative part, frame) von der Form

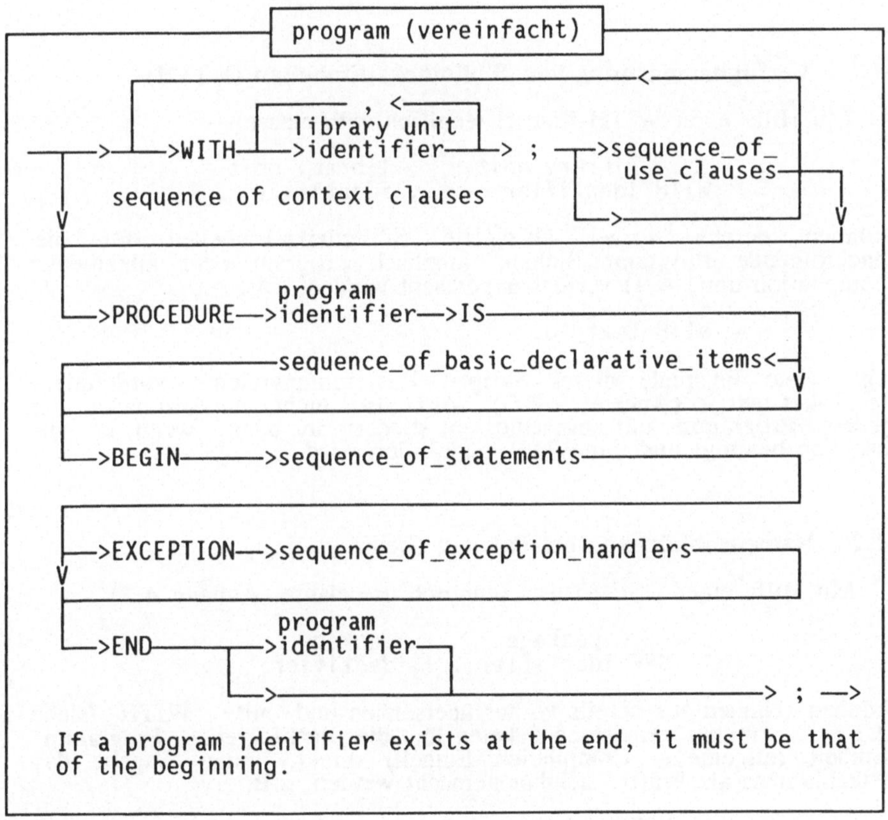

Wie man sieht, muß das Ada-Programm als Unterprogramm in Form einer PROCEDURE geschrieben werden. Gestartet wird das Ada-Programm je nach Implementation z.B. mit "PRAGMA MAIN;" oder mit einem System-Befehl "MAIN_PROGRAM" oder wie hier im Skript automatisch, falls nur eine Prozedur vorkommt.

2.1 Umgebender Kontext

Die Programm-Bibliothek bildet den umgebenden Kontext für das Programm.

Die Ein/Ausgabe-Prozeduren get/put für die verschiedenen Daten-Typen sind in Ada nicht standardmäßig angeschlossen, wie in PL/I, SIMULA, Pascal oder ALGOL 68, sondern nur als Bibliotheksprozeduren vorhanden wie in C, und müssen stets vorher für das Programm mit einer Kontext-Klausel verfügbar gemacht werden.

Eine Kontext-Klausel (englisch context clause) vor dem Programm kann nach obigem Syntaxdiagramm (2, allgemein A.1) außer WITH-Klauseln (2.1.1) auch USE-Klauseln (2.1.2) zur Namensabkürzung bei verfügbar gemachten Paketen enthalten.

2.1.1 Verfügbarmachung von Bibliotheks-Einheiten (WITH)

Mit Hilfe einer WITH-Klausel (englisch with clause)

```
            library unit       library unit
      WITH identifier  ,..., identifier  ;
```

können bereits vorher übersetzte Bibliotheks-Einheiten für die nachfolgende Programm-Einheit (englisch program oder allgemeiner compilation unit, A.1) verfügbar gemacht werden, z.B.

```
      WITH text_io;
```
,

vgl. viele Beispiele dieses Skripts. Das umfangreiche vordefinierte Paket text_io (Anhang A.2.G) wird also nicht standardmäßig bei jedem Programm mit angeschlossen, sondern nur dann, wenn es tatsächlich benötigt und mit WITH angefordert wird.

2.1.2 Namensabkürzung bei Paketen (USE)

Mit Hilfe einer USE-Klausel (englisch use clause, Anhang A.1)

```
            package          package
      USE identifier,...,identifier;
```

können Namen aus bereits vorher übersetzten und mit WITH (siehe 2.1.1) verfügbar gemachten Paketen für die nachfolgende Programm-Einheit (allgemein Compilations-Einheit) direkt, ohne Angabe des Paketnamens als Präfix, sichtbar gemacht werden, z.B.

```
      USE text_io;
```
,

vgl. viele Beispiele dieses Skripts. Z.B. sind die Namen get, put von Ein-, Ausgabeprozeduren nur verfügbar, wenn sie mit USE sichtbar gemacht wurden. Mit WITH allein wären nur Namen text_io.get oder text_io.put zulässig. Eine USE-Klausel kann entweder vor dem Programm im umgebenden Kontext (2.1) oder im Vereinbarungsteil des

Programms als Vereinbarungsgrundelement (2.2) gesetzt werden.

Auch die im nachfolgenden Beispiel UmsatzSt vorkommende generische Instantiation   PACKAGE F_Io IS NEW float_io(FLOAT); zur Verfügbarmachung der Ein/Ausgabe für   FLOAT ist ein Vereinbarungsgrundelement (basic declarative item, 2.2).

Da   float_io   ein   generisches   (9.2) Sub-Paket von text_io ist, muß dieses Sub-Paket erst unter einem neuen Namen, z.B. F_Io,   generisch instantiiert (9.2.2) werden. Der Leser hat das volle Verständnis des Autors, wenn er diese "Anmeldeformalitäten" für einfaches get, put (für FLOAT-Argumente) als lästig empfindet.

```
--------------------------------- UmsatzSt ----------------------------------
--       Umsatz-Steuer, sehr ausfuehrlich zur Demonstration        --
-----------------------------------------------------------------------------

WITH text_io;USE text_io;

PROCEDURE UmsatzSt IS

    PACKAGE F_Io IS NEW float_io(FLOAT);USE F_Io;

    SUBTYPE           DM    IS FLOAT RANGE 0.0..1_000_000.0;
    Umsatz :          DM                                    ;

    SUBTYPE           Proz IS FLOAT RANGE 0.0..       100.0;
    MwSt    :CONSTANT Proz :=                          14.0;

    FUNCTION Steuer(D:DM) RETURN DM IS
    BEGIN
       RETURN D*MwSt/100.0;
    END Steuer;

BEGIN

    put("Umsatz :"); get(Umsatz        );
    put("Umsatz +"); put(MwSt    ,3,1,0);put("% MwSt =");
    put( Umsatz + Steuer(Umsatz),7,2,0);

END UmsatzSt;
```

Output	Input
Umsatz :	2000.00
Umsatz + 14.0% MwSt = 2280.00	

Die Vereinbarung der Funktion Steuer(..) RETURN..IS BEGIN..END; zählt als Unterprogramm-Rumpf (7.1.1) nicht mehr zu den Vereinbarungsgrundelementen, ist also in dem vereinfachten Schema für program (2) noch nicht mit erfaßt. Ein Unterprogramm-Rumpf gehört als later_declarative_item (A.1) an das Ende der Vereinbarungen eines Programms.

2.2   Vereinbarungsgrundelemente

USE-Klauseln wurden bereits im Abschnitt 2.1.2 besprochen. Typ- und Subtyp-Vereinbarungen (2.2.1, 2.2.2), Konstanten- und Variablenvereinbarungen (2.2.3), Alias-Benennungen mit RENAMES (2.2.4) und Ausnahmevereinbarungen mit EXCEPTION (2.3) werden in diesem Abschnitt erklärt, die übrigen Vereinbarungsgrundelemente in später folgenden Kapiteln.

Eine Folge von Vereinbarungsgrundelementen (englisch sequence of basic declarative items) ist nach Syntaxdiagramm A.1 von der Form

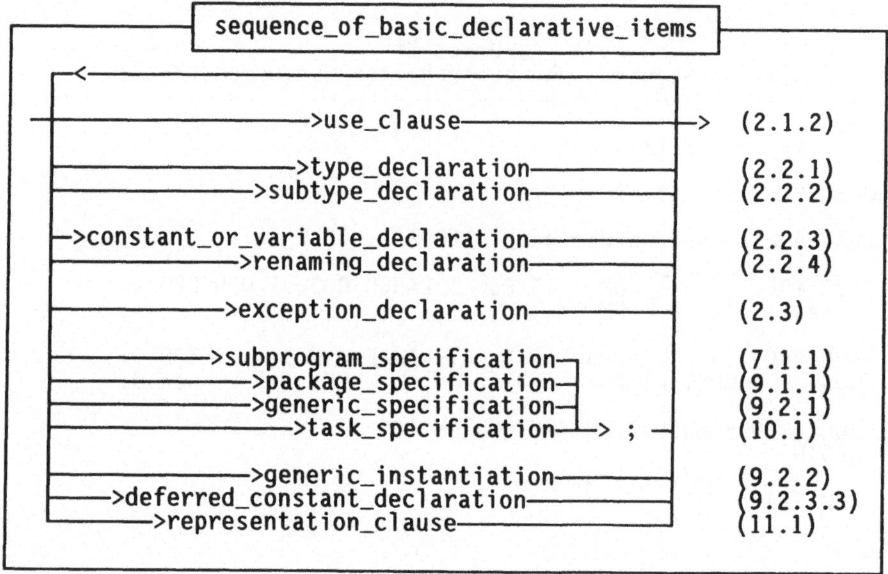

2.2.1 Typvereinbarungen

Im nachfolgenden Syntaxdiagramm für type_declaration erkennt man einige bereits in Kapitel 1 behandelte Typvereinbarungen wieder:

Typ	Beispiel für Typvereinbarung

enumeration	TYPE Rechner IS
	  ('0','1','2','3','4','5','6','7','8','9',
	  ' ','+','-','*','/','=',
	  On,Off,Clear,Clear0,PutMemo,Memo,Bell);

integer	TYPE Geschichte IS RANGE −3000..Heute;
float	TYPE Lineal IS DIGITS 3 RANGE 0.0..30.0 ;
fixed	TYPE Volt IS DELTA 0.3 RANGE 0.0..300.0;

Die übrigen Typvereinbarungen werden in später folgenden Kapiteln behandelt.

Eine Typvereinbarung (englisch type declaration) ist nach Syntaxdiagramm A.1 von der Form

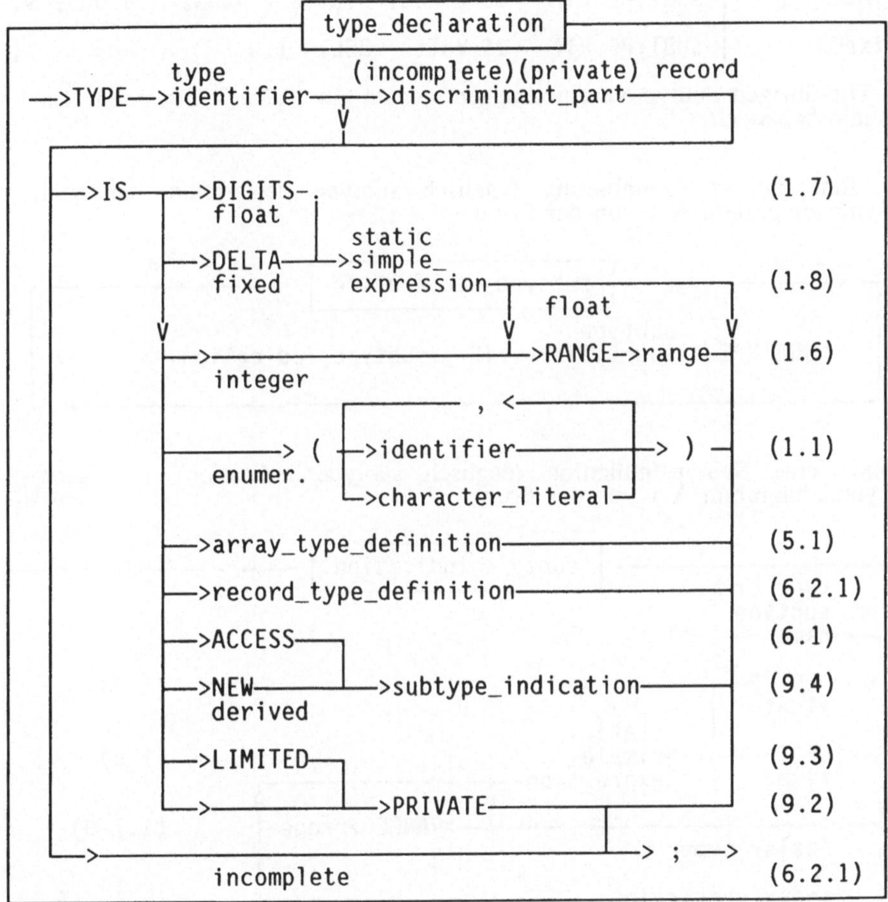

Unvollständige Typvereinbarungen (englisch incomplete type declaration) werden z.B. erforderlich bei rekursiven RECORD-Typvereinbarungen (siehe BinSort, 6.2.1).

2.2.2 Subtyp-Vereinbarungen

Im nachfolgenden Syntaxdiagramm erkennt man einige bereits in Kapitel 1 behandelte Subtyp-Vereinbarungen wieder:

Typ	Beispiel für Subtyp-Vereinbarung
enumeration	SUBTYPE Op IS Rechner RANGE '+'..'/' ;
integer	SUBTYPE Gotik IS Geschichte RANGE 1100..1400;
float	SUBTYPE Lin IS Lineal DIGITS 2 RANGE 0.0..9.9;
fixed	SUBTYPE Vlt IS Volt DELTA 1.0 ;

Die übrigen Subtyp-Vereinbarungen werden in später folgenden Kapiteln behandelt.

Eine Subtyp-Vereinbarung (englisch subtype declaration) ist nach Syntaxdiagramm A.1 von der Form

```
                    ┌─ subtype_declaration ─┐
                          subtype
  —>SUBTYPE—>identifier—>IS—>subtype_indication—> ; —>
```

und eine Subtyp-Indikation (englisch subtype indication) ist nach Syntaxdiagramm A.1 von der Form

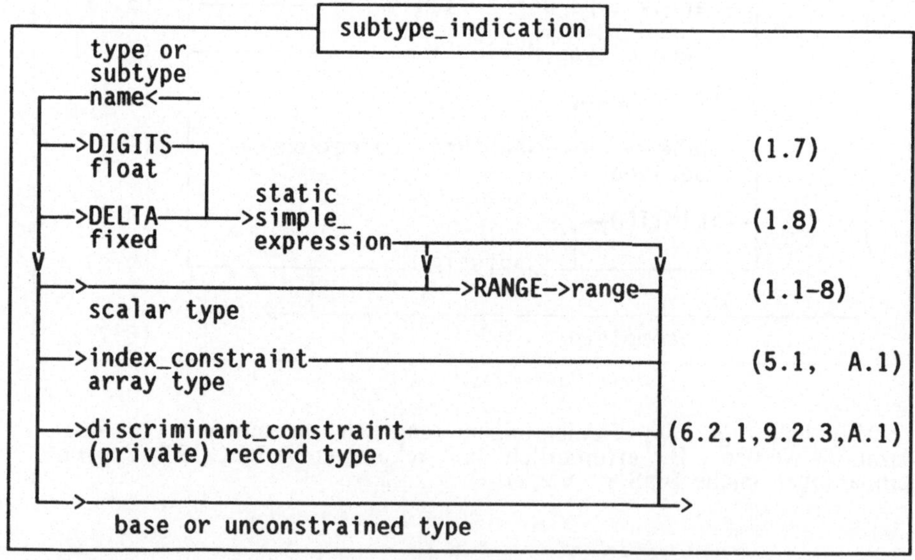

Die Subtyp-Vereinbarung SUBTYPE S IS T; ergibt nur einen neuen Namen S für den alten Basis-Typ T (englisch base type). Subtypen ergeben keine abgeleiteten NEW Typen (9.4).

2.2.3 Konstanten/Variablenvereinbarung, Initialisierung

Der Typ einer Konstanten oder Variablen kann entweder vorher in einer Typ- oder Subtyp-Vereinbarung (2.2.1/2) definiert werden und dieser Typname kann dann in einer Konstanten- oder Variablenvereinbarung verwendet werden, z.B.

```
TYPE  Roulette IS RANGE 0..36;
Kugel:Roulette;Zero:CONSTANT Roulette:=0;
```

oder ein Subtyp kann direkt in einer Konstanten- oder Variablenvereinbarung definiert werden, z.B.

```
Kugel:INTEGER RANGE 0..36;Zero:CONSTANT:=0;
```

Mit Zero:CONSTANT:=0; wird eine benannte Zahl (englisch named number) vom Typ 'UNIVERSAL_INTEGER' (siehe STANDARD, Anhang A.2.C) definiert.

Wie in FORTRAN, PL/I und ALGOL 68 können die Werte der Konstanten oder Variablen bereits bei der Vereinbarung initialisiert werden, ähnlich wie in einer Wertzuweisung (assignment, 4.1.1). Eine automatische Wert-Initialisierung (englisch default initialisation) wie in SIMULA, findet in Ada nur statt bei ACCESS-Typen (NULL, 6.1) sowie in gewisser Weise bei RECORD-Typen mit Diskriminanten (6.2.1) und bei TASK-Typen (10.1).

Eine Konstanten- oder Variablenvereinbarung (englisch in diesem Buch constant or variable declaration, im Ada Manual object declaration) ist nach Syntaxdiagramm A.1 von der Form

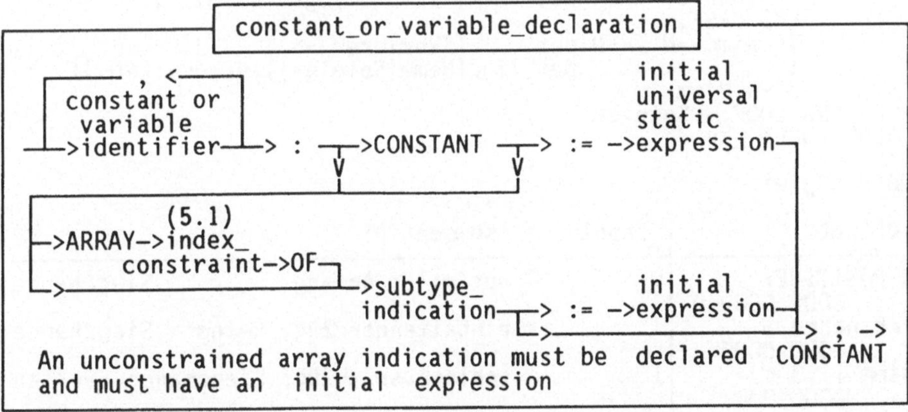

Im nachfolgenden NimSpiel verfolgt der Computer die Strategie, dem "Du"-Spieler 1 oder 1*4+1 oder 2*4+1 ... Münzen übrig zu lassen. Bei "1 Coin" verlierst Du. Die anderen Vorlagen reduziert der Computer auf "1 Coin", indem er in jeder Runde Deinen Zug 1..3 durch seinen (Sieg-) Zug 3..1 zur Summe "4" ergänzt. Die Variablen N, Nimm werden in Variablenvereinbarungen mit Hilfe vorher definierter Subtypen so definiert, daß "Mogeln" entdeckt würde.

```
------------------------------ NimSpiel ------------------------------
-- Spiel      :Nimm Muenzen, Spieler1=Ich(Computer), Spieler2=Du --
-- Spielregel:Du gibst N Muenzen,Ich/Du nehmen 1..3 Muenzen/Zug --
--            Wer zuletzt nimmt ( oder mogelt ) hat verloren. --
----------------------------------------------------------------------

WITH text_io;USE text_io;

PROCEDURE NimSpiel IS

    PACKAGE I_Io IS NEW integer_io(INTEGER);USE I_Io;

    Name:ARRAY(1..2) OF STRING(1..3):=("Ich"," Du");
    Sieg:NATURAL  RANGE 0.. 3;
    Nimm:POSITIVE RANGE 1.. 3;
    N    :POSITIVE          ;

    PROCEDURE Put_Coin(P:POSITIVE) IS BEGIN put("      ");
        FOR   Coin IN 1..P LOOP               put("O"    );
            IF Coin REM 4=0 THEN              put(" "    );END IF;
    END LOOP;END Put_Coin;

BEGIN                   put("N POSITIVE:");get(N   )  ;

    FOR Runde IN 1..N/2+1       LOOP
        FOR Spieler IN Name'RANGE LOOP    Put_Coin(N   )  ;new_line;
            CASE Spieler IS
                WHEN 1      =>Sieg:=(N-1) MOD 4;
                    IF Sieg>0 THEN Nimm:=Sieg;  ELSE Nimm:=1;END IF
                    ;              put("Ich nehme =");put(Nimm)  ;new_line;
                WHEN OTHERS=>put("Nimm 1..3 :");get(Nimm)  ;
            END CASE;
            IF Nimm>=N THEN put     ("Verloren =>")
            ;              put_line(Name(Spieler));RETURN;END IF  ;
            N:=N-Nimm;
        END LOOP;--Spieler
    END LOOP;--Runde

END NimSpiel;
```

Output	Input	Kommentar:
N POSITIVE: 0000 0000 0	9	optimaler Anfang, Siegchance
Ich nehme = 1 0000 0000		hinhaltender Zug, keine Siegchance
Nimm 1..3 : 0000 000	1	schlechter Zug, Siegchance vertan
Ich nehme = 2 0000 0		optimaler Zug, Siegchance gewahrt
Nimm 1..3 : 000	2	ratloser Zug, keine Siegchance
Ich nehme = 2 0		optimaler Zug, Siegchance gewahrt
Nimm 1..3: Verloren => Du	1	erzwungener Zug, keine Siegchance

Falls "Du" dem Computer selbst 1 oder 1*4+1 oder 2*4+1 ... Münzen "zufällig" vorlegst, dann verfolgt der Computer die Strategie, die Anzahl der Münzen durch Wegnahme von nur 1 Coin möglichst groß zu halten, um Dir noch möglichst viel Gelegenheit für einen falschen Gegenzug (d.h. Runden-Summe ungleich 4) zu geben.

Der Standard-Operator a REM b berechnet den ganzzahligen Rest (remainder, 3.2.3) der ganzzahligen Division a/b .

Der Leser verifiziere für sich die Formel "Sieg:=(N-1) REM 4", die ohne Mogeln nur für Sieg>0 befolgt werden kann, d.h. Nimm=Sieg. Für Sieg=0 schaltet man auf Abwarte-Strategie um, z.B. Nimm=1.

Das Beispiel zeigt, daß Ada-Programme durch Einschränkung von Datentypen auf geeignete Subtypen gegen Bereichsüberschreitungsfehler abgesichert werden können.

2.2.4 Synonymvereinbarung (RENAMES)

Eine Synonymvereinbarung (englisch renaming declaration, siehe Vereinbarungs-Grundelemente 2.2) ist nach Syntaxdiagramm A.1 von der Form

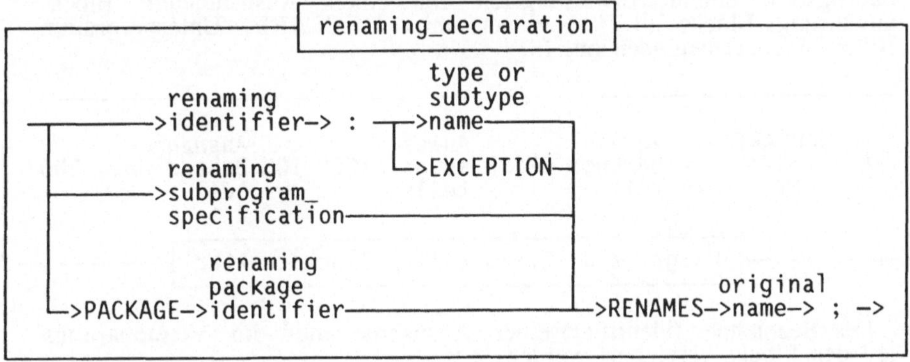

z.B.

```
X          :FLOAT              RENAMES  Pick.Pack.Old_X;
Alarm      :EXCEPTION          RENAMES CONSTRAINT_ERROR;
FUNCTION   Equiv(B1,B2:BOOLEAN)
             RETURN BOOLEAN    RENAMES              "=";
PROCEDURE P(X:FLOAT:=0.0)      RENAMES                Q;
PACKAGE    Pack               RENAMES       Pick.Pack;
PROCEDURE Start               RENAMES     ENTRY_Start;
```

Die neuen Typen müssen zu den alten Typen passen. Mehrdeutigkeiten bei Namen dürfen nicht entstehen.

Eine Funktion kann in eine Operation (beachte 7.6) umbenannt werden und umgekehrt. Ein Prozeß-Eingang ENTRY (10.3) kann nur in eine Prozedur umbenannt werden. Bei umbenannten Unterprogrammen können neue Initialwerte (als default) für die Parameter (7.2) gewählt werden. Der alte Name (original name) bleibt auch erhalten.

Synonymvereinbarungen werden meist als Abkürzungen, siehe oben X statt Pick.Pack.Old_X, verwendet. Bei Paketen können Namensabkürzungen auch mit USE-Klauseln (2.1.2) und bei Typen können Namensabkürzungen auch mit Subtyp-Vereinbarungen (s. 2.2.2) bewirkt werden.

INSPECT-statements wie in SIMULA oder WITH-statements wie in Pascal zur Voreinstellung von Präfix-Namensteilen innerhalb des nachfolgenden statements gibt es in Ada nicht.

2.3 Ausnahme-Vereinbarung,-Auslösung,-Behandlung: EXCEPTION

Die Behandlung von Ausnahmesituationen außerhalb des normalen Programmablaufs an besonders dafür vorgesehenen Programmstellen ist ein wichtiger Aspekt strukturierten Programmierens. Das ON-statement in PL/I ist der Vorläufer des WHEN exception handler in Ada.

Neu in Ada ist die dreigeteilte Blockstruktur mit einem Vereinbarungsteil, einem Anweisungsteil und einem Ausnahmeteil. Blockanweisungs-Blöcke (4.7) beginnen mit DECLARE, Unterprogramm-Blöcke (7.1.1) beginnen mit IS.

```
  ┌─ DECLARE ─┐   Verein-        Anwei-                Ausnahme-
─┤            ├─  barungs  BEGIN sungs  EXCEPTION Behandlungs END;
  └─   IS    ─┘   teil            teil                 teil

          Diagr. 2.3: Dreigeteilte Blockstruktur
```

Der Bezeichner (identifier) einer Ausnahme muß im Vereinbarungsteil des Blocks vereinbart werden, z.B.

```
Alarm:EXCEPTION;
```

damit er im Anweisungsteil des Blocks mit einer Ausnahme-Auslöseanweisung aufgerufen werden kann, z.B. innerhalb eines if-statements

```
IF X<0 THEN RAISE Alarm;END IF;
```

Der Aufruf löst die unter dem gleichen Bezeichner zu findende Behandlung im Ausnahme-Behandlungsteil des Blocks aus, z.B.

```
WHEN Alarm => put("Alarm");
```

und bewirkt anschließend einen Sprung zum END; des Blocks.

Standardmäßig (STANDARD, A.2.C) sind Ausnahmen CONSTRAINT_ ERROR, NUMERIC_ERROR, PROGRAM_ERROR, STORAGE_ERROR, TASKING_ERROR   vordefiniert. Für die vordefinierten generischen Bibliothekspakete sequential_io und direct_io (A.2.G, siehe 8.2.1, 8.2.2) und das vordefinierte Bibliothekspaket text_io (8.3, A.2.H) sind im vordefinierten Bibliothekspaket io_exceptions (A.2.G) Ausnahmen status_error, mode_error, name_error, use_error, device_ error, end_error, data_error, layout_error vordefiniert. Wir erinnern daran, daß Bibliothekspakete erst duch eine WITH-Klausel (2.1.1) verfügbar gemacht werden müssen.

Alle vordefinierten (und nötigenfalls verfügbar gemachten) Ausnahmen werden automatisch bei Eintreten des Ausnahmefalls ausgelöst, sind also automatische Laufzeit-Checks.

Eine vordefinierte Ausnahme A kann innerhalb eines Bereichs unterdrückt (7.7.4) werden durch Setzen des in Ada vordefinierten (A.2.B) Pragmas

                    PRAGMA SUPPRESS(A);

Ausnahme-Vereinbarung (englisch exception declaration), Ausnahme-Auslöseanweisung (englisch raise statement) und Folgen von Ausnahme-Behandlungen (englisch sequence of exception handlers) sind n ach Syntaxdiagramm A.1 (für simple statement und frame) von der Form

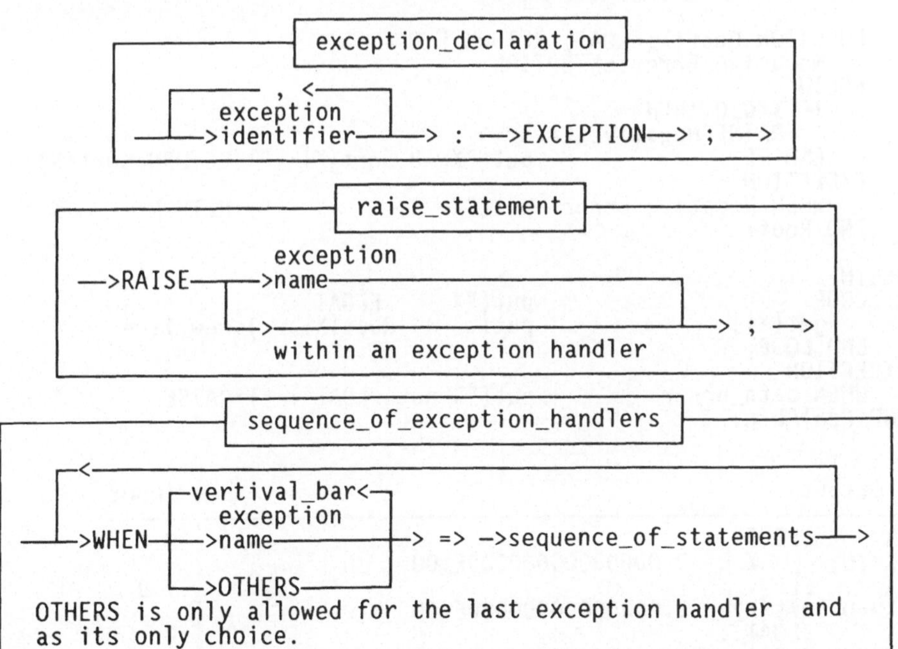

Fehlt für eine vereinbarte und ausgelöste Ausnahme im Ausnahme-Teil der entsprechende Ausnahme-Behandler oder fehlt gar der ganze Ausnahme-Teil einschließlich EXCEPTION, so wird die Auslösung der Ausnahme an den umgebenden Rahmen weitergereicht (englisch propagated) und dort wiederholt; für ein Unterprogramm (7) am Ort des zugehörigen Unterprogramm-Aufrufs, für Pakete (9) am Ort des dem Paket-Rumpf nachfolgenden Vereinbarungs-Elements.

Für Prozesse (10) bewirkt die Ausnahme-Weiterreichung die Terminierung des Prozesses; auch ein Hauptprogramm ist ein (Haupt-) Prozess.

Wie das nachfolgende Beispiel FehlAbfg zeigt, können nicht nur selbstdefinierte Ausnahmen (Negative_Error), sondern auch vordefinierte Ausnahmen (data_error) in Ausnahme-Behandlern abgefangen und auch (mit RAISE) explizit ausgelöst werden.

```
-------------------------- FehlAbfg --------------------------
--                      Fehler-Abfangen                      --
--------------------------------------------------------------

WITH text_io;USE text_io;
WITH Numeric;USE Numeric; -- Sqrt ist vereinbart in Numeric

PROCEDURE FehlAbfg IS

    PACKAGE F_Io IS NEW float_io(FLOAT);USE F_Io;

    X                 :FLOAT      ;

    FUNCTION Root(X:FLOAT) RETURN FLOAT IS
        Negative_Error:EXCEPTION;
    BEGIN
        IF X<0.0 THEN
            RAISE Negative_Error;
        END IF;                 put("X>=0,Sqrt(X)= ");RETURN Sqrt(X);
    EXCEPTION
        WHEN Negative_Error=>put("X< 0,      X = ");RETURN      X ;
    END Root;

BEGIN
    LOOP                        put("X       FLOAT : ");
        get(X);                 put(        Root(X)  );new_line      ;
    END LOOP;
EXCEPTION
    WHEN data_error          =>put("X not FLOAT : ");RAISE         ;
END FehlAbfg;
```

Output	Input
X FLOAT :	−9.0
X< 0, X = −9.00000000000000E+00	
X FLOAT :	9.0
X>=0,Sqrt(X)= 3.00000000000000E+00	
X FLOAT :	9
X not FLOAT : Exception never handled: data error	

Bezüglich Ausnahmebehandlung bei Rendezvous von parallelen Prozessen verweisen wir auf Kapitel 10.

Implementationsabhängige Einschränkungen für automatische Auslösung vordefinierter Ausnahmen, z.B. im Fall mehrfach genauer Zwischenrechnungen, sind zulässig, müssen aber im Anhang F dokumentiert werden.

Im Hinblick auf die Portabilität sollte man den Ablauf von Ada-Programmen freihalten von implementationsabhängigen Ausnahmebehandlungen.

2.4 Testfragen

zu	Frage	abdeckbare Antwort

2.1   Welche der folgenden sind korrekte Ada-Programme und was wird dann ausgedruckt ?

keines:

```
PROCEDURE Empty IS;
```
BEGIN..END   fehlt

```
PROCEDURE Empty IS;BEGIN END;
```
NULL;   "

```
PROCEDURE Empty IS;BEGIN put("");END;
```
WITH text_io;   "
USE   text_io;

```
PROCEDURE Empty IS
  BEGIN text_io.put("");END;
```
WITH text_io;   "

```
USE text_io;WITH text_io;
  PROCEDURE Empty IS BEGIN put("");END;
```
WITH text_io;   "

```
WITH text_io;USE text_io;
  PROCEDURE Zero  IS BEGIN put( 0);END;
```
MY_integer_io..."

alle:

```
PROCEDURE Empty IS BEGIN NULL;END;
```
nichts

```
WITH text_io;USE text_io;
  PROCEDURE Empty IS BEGIN put("");END;
```
das leere Wort

```
WITH text_io;
PROCEDURE Zero IS
  PACKAGE My IS
     NEW text_io.integer_io(INTEGER);
  BEGIN My.put(0);END;
```
0

2.2.1/2 Welche der folgenden sind korrekte
         Typ- oder Subtyp-Vereinbarungen ?

    TYPE Reell IS FLOAT;   keine

    TYPE T IS DELTA 0.1;

    TYPE Add_Op IS (+ , -);

    TYPE Add_Op IS ("Plus","Minus");

    SUBTYPE Reell IS FLOAT;   alle

    SUBTYPE S IS T DELTA 0.1;

    TYPE Add_Op IS ('+','-');

    TYPE Add_Op IS (Plus,Minus);

2.2.3   Können auch Konstanten mit ":="   ja (müssen)
         initialisiert werden?

2.2.3   Wo ist UNIVERSAL_FLOAT 0.0 zulässig?

    Zero:CONSTANT   :=0.0;   ja

    I   :INTEGER   :=0.0;   nein

2.2.4   Ist eine Alias-Bennung mit RENAMES   nein, basic decla-
         ein statement?   rative item

2.3   Läuft ein ausgetestetes Programm   im allgemeinen :ja,
         schneller, wenn Ausnahme-Tests   mit implementationsab -
         SUPPRESS ausgeschaltet werden?   hängig ggf. nicht,
                                                siehe 2.3 am Schluß

2.3   Was würde vom Programm FehlAbfg   X<0,X=
         ausgedruckt, wenn die Ausnahme-   (Programm beendet)
         Behandlung des Unterprogramms

         EXCEPTION WHEN Negative_Error =>
             put("X<0,X=");RETURN;

         in den Ausnahme-Teil des Hauptpro -
         gramms verlagert würde?

3 AUSDRÜCKE

Ein Ausdruck (englisch expression) ist eine Formel aus elementaren Primärausdrücken und darauf angewandten Operatoren mit vorgegebenen Prioritäten zur Berechnung eines Wertes.

Wir geben zunächst eine Übersicht über die vorkommenden Ausdrücke und deren Einteilung (siehe auch Syntaxdiagramm A.1):

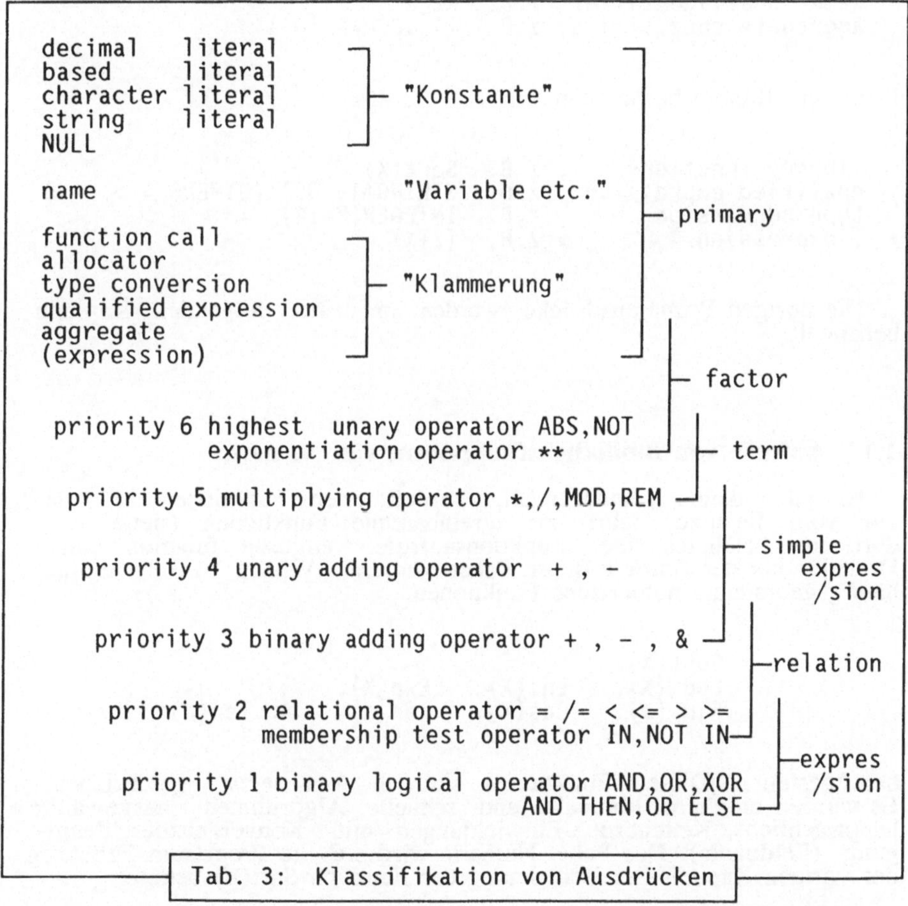

Tab. 3: Klassifikation von Ausdrücken

Die Klassifikation der Ausdrücke und die Setzung der Prioritäten der Operatoren wird im Syntaxdiagramm A.1 mit Hilfe der syntaktischen Begriffe primary, factor, term, simple expression, relation, expression durchgeführt.

Die Operatoren sind im vordefinierten Paket STANDARD (Anhang A.2.C) vordefiniert und dort unter Angabe ihrer Parameter- und Ergebnis-Typen spezifiziert.

3.1 Primärausdrücke

In der obigen Übersicht erkennt man einige bereits in den Kapiteln 0,1 behandelte Primärausdrücke (englisch primary) wieder:

```
decimal literal       , z.B.   314.15E-2
based   literal       , z.B.   1_6#AO#E-1
string  literal       , z.B.   "Hallo"
name, spez.identifier, z.B.   K2_R
aggregate,spez.string, z.B.   (1..80 => '-')
```

In diesem Kapitel besprechen wir

```
library functions     , z.B.   Sqrt(X)
qualified expression  , z.B.   STRING(1..80)'(OTHERS = > '-')
type conversion       , z.B.   INTEGER(3.14)
( expression )        , z.B.   (1+X)
```

Die übrigen Primärausdrücke werden in später folgenden Kapiteln
behandelt.

3.1.1   Aufrufe von Bibliotheksfunktionen, vgl. Numeric

Es gibt keine standardmäßig vordefinierten Funktionen in Ada,
nur vom Benutzer selbst zu vereinbarende Funktionen (siehe 7.3,
dort auch Näheres über Funktionsaufrufe, englisch function call).
Deshalb hat der Autor z.B. im Paket Numeric (Anhang A.3.3) einige
häufig gebrauchte numerische Funktionen

```
Sqrt(X),
Log (X);   Ln (X),   Exp(X),
Sin (X),   Cos(X),   Tan(X),   ArcTan(X)
```

bereitgestellt. Diese Funktionen sind in Ada selbst geschrieben.
Es wurden möglichst kompakte und schnelle Algorithmen ausgewählt;
hauptsächlich Kettenbruch-Entwicklungen mit Konvergenzbeschleuni-
gung (Feldmann). Das Paket Numeric wird z.B. im Programm FehlAbfg
des vorigen Kapitels zur Berechnung der Funktion Sqrt(X) benutzt.

Das nachfolgende Programm RoulFreq benutzt das ebenfalls vom
Autor stammenden Paket Random (Anhang A.3.4), das z.B. folgende
häufig gebrauchte Zufallsfunktionen bereitstellt:

```
Draw,                 Roul(First,Length),
Draw(Probability),    Roul(Probability_Histogram),
Pois_Come(Rate),      nExp_Wait(Rate)
```

```
------------------------------ RoulFreq ------------------------------
--        Roulette-Haeufigkeiten,        First=0, Length=37      --
--    oder Wuerfel -Haeufigkeiten, setze First=1, Length= 6      --
--    oder Muenzen -Haeufigkeiten, setze First=0, Length= 2      --
----------------------------------------------------------------------

WITH text_io;USE text_io;
WITH Random ;USE Random ; -- Roul ist vereinbart in Random

PROCEDURE RoulFreq IS

   PACKAGE I_Io IS NEW integer_io(INTEGER);USE I_Io;

   First :CONSTANT                  NATURAL :=         0 ;
   Length:CONSTANT                  POSITIVE:=        37 ;
   Frequ :ARRAY(First..First+Length-1) OF NATURAL :=(OTHERS=> 0);
   Result:                          NATURAL             ;

BEGIN

   FOR Game IN 1..Length*100 LOOP
      Result:=Roul(First,Length);
      Frequ(Result):=Frequ(Result)+1;
   END LOOP;

   FOR Numb IN Frequ'RANGE LOOP
      put(Numb,5);put(":");put(Frequ(Numb),3);
      IF (Numb+1) REM 5 = 0 THEN new_line;END IF;
   END LOOP;

END RoulFreq;
```

```
| Output
|
|     0:100     1:100     2:103     3: 98     4: 92
|     5:101     6:102     7: 96     8: 99     9:103
|    10:102    11: 99    12: 98    13:106    14:102
|    15: 98    16: 97    17:100    18: 98    19:104
|    20: 97    21:103    22: 99    23:101    24:100
|    25: 98    26: 99    27:104    28: 95    29:104
|    30:101    31:103    32:103    33: 98    34:102
|    35: 97    36: 98
```

Die Funktion Roul(First, Length) erzeugt eine Sequenz von
INTEGER Pseudo-Zufallszahlen im Bereich First..First+Length-1.
Diese können im Falle First=0, Length=37 als Roulette-Zahlen
0..36, im Falle First=1, Length=6 als Würfel-Augen 1..6 und im
Falle First=0, Length=2 als Münzwürfe 0..1 gedeutet werden.

Im Vorgriff auf Kapitel 5 (Reihung) wurde die Häufigkeit Freq
als eindimensionaler ARRAY aus NATURAL-Werten mit einem Index-
Bereich 0..36 vereinbart. Freq(3) wäre z.B. die Häufigkeit der
Roulettezahl 3 , diese wird zunächst mit dem Wert 0 initialisiert
und hat zum Schluß laut Output den Wert 98 . Immer wenn eine neue
Roulettezahl Result:=Rand(First,Length); berechnet wird, wird die
entsprechende Häufigkeit Freq(Result) um 1 hochgezählt.

Schließlich werden die aus 3700 Würfen resultierenden Roulette-Frequenzen ausgedruckt, ca. 100 pro Roulettezahl.

Eine fertige Frequenz-Berechnungsfunktion Freq(Reihe) stellt der Autor im Paket HistoGrm (Anhang A.3.5) bereit.

Ein bekannter (notwendiger aber nicht hinreichender) Test der Vertrauenswürdigkeit einer Pseudo-Zufallszahlen-Sequenz ist der im Paket HistoTst (Anhang A.3.6) vom Autor bereitgestellte Chiquadrat-Test von Pearson. Dieser Test spricht der obigen verwendeten Roul-Funktion eine Vertrauenswahrscheinlichkeit von 0.93 (sehr gut) aus.

Bei Wiederholung des Programmlaufs ergibt sich immer die gleiche Pseudo-Zufallszahlen-Sequenz. Andere Zufallszahlen-Sequenzen erhielte man z.B. durch "leeren Vorlauf" einer bestimmten Anzahl von Roul-Aufrufen .

3.1.2 Typisierung und Typ-Konvertierung

Ein (explizit) typisierter Ausdruck (englisch qualified expression) ist nach Syntaxdiagramm A.1 (für primary und component-association, vgl. aggregate Kapitel 5 und 6) von der Form

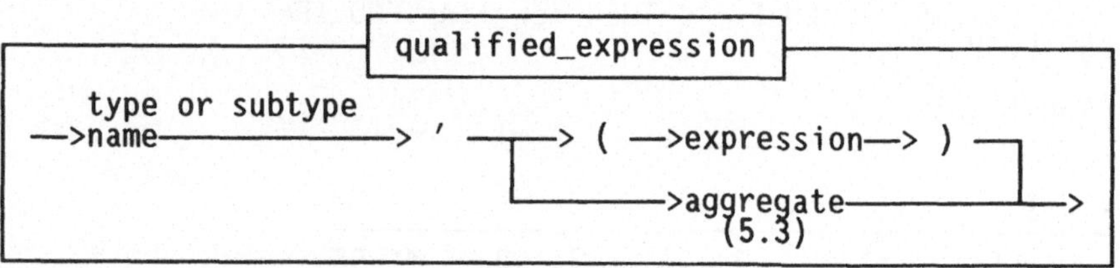

Ausdrücke müssen explizit typisiert werden, wenn sie sonst vom Compiler nicht eindeutig identifiziert werden könnten, z.B.

```
Licht'(Rot)  oder aber  Sichtbares_Licht'(Rot)     (1.1)
Strich:CONSTANT:=STRING(1..80)'(OTHERS => '-');    (1.9)
```

Eine (explizite) Typ-Konvertierung (englisch type conversion) ist nach Syntaxdiagram A.1 (für primary) von der Form

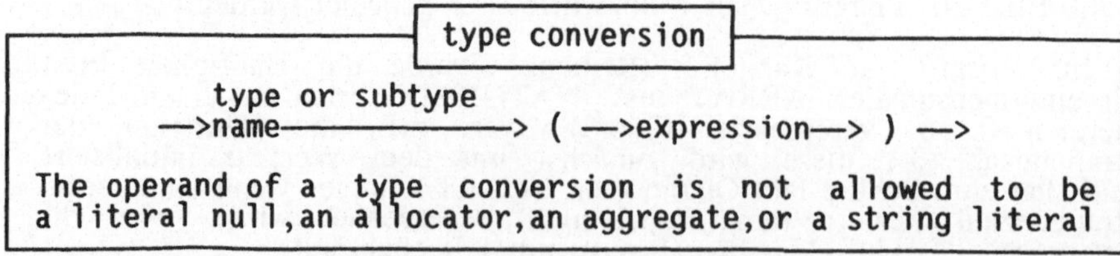

Explizite Typ-Konvertierung ist nur zugelassen innerhalb

```
- numerischer Typen      , 1  , z.B. FLOAT(1)               ,
- gleichdimension. Felder, 5  , z.B. DUTZEND(HUNDERT(1..12)),
- abgeleiteter Typen     , 9.4, z.B. BOOLEAN(RED_BOOLEAN)   .
```

Bezüglich der expliziten Konvertierung von Reihungstypen (siehe 5) und abgeleiteter Typen (siehe 9) verweisen wir auf später folgende Kapitel.

Man kann zwischen beliebigen numerischen Typen (vgl. 1) konvertieren.

Bei Typ-Konvertierung von real zu integer wird zum nächsten integer gerundet. Falls aber der real Wert "genau" (es können Rundungs-Ungenauigkeiten bei real Zahlen auftreten!) zwischen zwei integer Werten liegt, kann implementationsabhängig auf- oder abgerundet werden.

Mathematisch können explizite Typ-Konvertierungen als Funktionen gedeutet werden.

3.1.2.1 Konvertierungs- und Rundungs-Funktion INTEGER(f)

Implementationsabhängig wird "aufgerundet", d.h. INTEGER(0.5)=1, oder "abgerundet", d.h. INTEGER(0.5)=0. Wir nehmen hier den wahrscheinlicheren Fall an, daß "aufgerundet" wird.

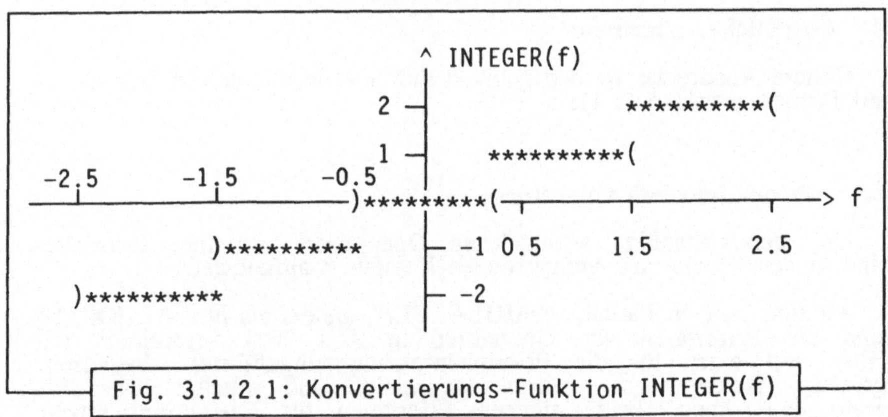

Fig. 3.1.2.1: Konvertierungs-Funktion INTEGER(f)

Nach dieser definierenden Darstellung ist z.B.

```
INTEGER(-0.7)=-1, INTEGER(0.4)=0, INTEGER(0.5)=1
```

Das Argument f vom Typ FLOAT wird explizit konvertiert in den aufgerundeten Funktionswert INTEGER(f) vom Typ INTEGER.

3.1.2.2   Konvertierungs-Funktion FLOAT(i)

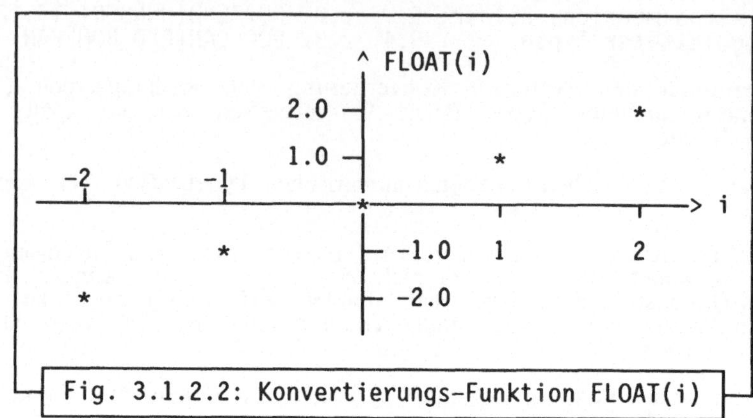

Fig. 3.1.2.2: Konvertierungs-Funktion FLOAT(i)

z.B.

```
FLOAT(-1)=-1.0,  FLOAT(0)=0.0,  FLOAT(1)=1.0
```

Das Argument i vom Typ INTEGER wird explizit konvertiert in den Funktionswert FLOAT(i) vom Typ FLOAT .

3.2   Ausdrücke, allgemein

Höhere Ausdrücke werden gebildet durch Anwendung von Operatoren auf Primärausdrücke (3.1).

3.2.1   Prioritäten von Operatoren

Die standardmäßig vorhandenen Operatoren und ihre Prioritäten sind in der Tabelle am Anfang dieses Kapitels 3 aufgelistet.

Ähnlich wie in Pascal, SIMULA, PL/I, anders als in ALGOL_68, sind die Prioritäten von Operatoren in Ada "fest verdrahtet" mit Hilfe von extra für die Prioritätensetzung eingeführten Begriffen: primary, factor, term, simple expression und relation. Der Programmierer kann keine eigenen Prioritäten für Operatoren setzen. Auch bei Änderung von Operatoren durch overloading (7.2.3) bleiben die Prioritäten erhalten.

Es gibt in Ada sechs verschiedene Prioritäten für die Abarbeitung von Operatoren; von der niedrigsten Priorität 1 bis zur höchsten Priorität 6. Durch Einschließung einer Operation in Klammern (primary 3.1) erhält die Operation stets die höchste Priorität 6.

Operatoren verschiedener Priorität werden in der Reihenfolge der Prioritäten abgearbeitet, beginnend mit der höchsten Priorität, z.B.

```
0.0 IN FLOAT AND 0.0 NOT IN INTEGER      ergibt TRUE
- 1 - 2 = - 3                            ergibt TRUE
- 1 ** 2 * 3                             ergibt  - 3
ABS - 1 ** 2 - 3                         ergibt  - 2

inkorrekt wäre    - 1 + - 2              - 2 kein term
```

Operatoren gleicher Priorität werden in Schriftreihenfolge, d.h. von links nach rechts, abgearbeitet, z.B.

```
8 / 4 / 2                                ergibt 1

inkorrekt wäre 8 ** 4 ** 2               8**4 kein primary
```

In der Mathematik übliche waagerechte Bruchstriche und Bruchstriche verschiedener Länge (Vorrang-Änderung) werden in Ada durch den Operator "/" und durch Klammerung (Vorrangänderung) ersetzt.

Die standardmäßig zur Verfügung stehenden Operatoren sind im vordefinierten Paket STANDARD (Anhang A.2.C) aufgelistet. Man unterscheidet sie nach Typ ihrer Operanden und ihres Resultats, z.B. ist in Ada

```
1  /3   = 0
1.0/3   = 0.3333333E+00
1.0/3.0 = 0.3333333E+00

1  /3.0    ergibt Fehlermeldung
```

Man beachte dabei, daß es zwar verschiedene integer Typen und verschiedene real Typen geben kann, aber nur integer literals vom Typ UNIVERSAL_INTEGER und nur real literals vom Typ UNIVERSAL_REAL. Den ausgeschriebenen Zahlen sieht man also den individuellen Typ nicht an. Sie sind universell verwendbar innerhalb aller verschiedenen integer Typen bzw. aller verschiedenen real-Typen.

Wir besprechen nun im einzelnen den MOD und den REM Operator.

3.2.2   Modul-Operator a MOD b

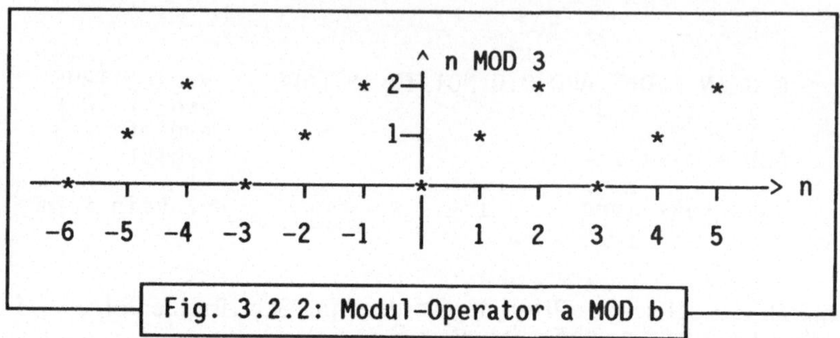

Fig. 3.2.2: Modul-Operator a MOD b

Wie man am Beispiel n MOD 3 sieht, ergibt der   Modul-Operator
für natürliche (nichtnegative) n den Divisionsrest von n/3, z.B.

0 MOD 3 =0, 1 MOD 3 =1, 2 MOD 3 =2, 3 MOD 3 =0, 4 MOD 3 =1

Es gilt die Identität (Vorzeichen sign ist keine Ada-Funktion):

a MOD b = sign(b)*a MOD ABS b * sign(b), z.B. 1 MOD(-3)=-2,

d.h. der rechte Operand b bestimmt das Vorzeichen von a MOD b.

3.2.3   Remainder-Operator a REM b

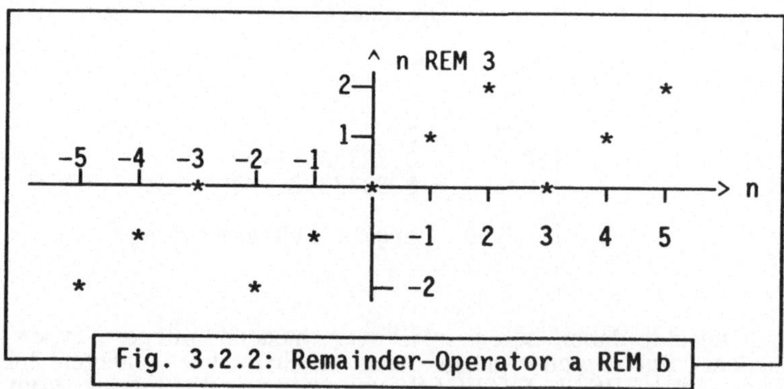

Fig. 3.2.2: Remainder-Operator a REM b

Wie man am Beispiel n REM 3 sieht, ergibt der Remainder-Operator   für natürliche (nichtnegative) n   den   Divisionsrest (englisch:
remainder of division) von n/3, genau wie der Modul-Operator,   z.B.

0 REM 3 =0, 1 REM 3 =1, 2 REM 3 =2, 3 REM 3 =0, 4 REM 3 =1

Die Unterschiede zum Modul-Operator im Falle negativer Operanden entnehme man den obigen beispielhaften Darstellungen.

Es gilt die Identität (Vorzeichen sign ist keine Ada-Funktion):

a REM b = ABS a REM ABS b * sign(a),   z.B. 1 REM(-3)=+1,

d.h. der linke Operand a bestimmt das Vorzeichen von a REM b .

3.3   Testfragen

zu	Frage	abdeckbare Antwort
3	Ist ein simple expression stets ein expression? (oder umgekehrt?)	ja (umgekehrt nein)
3	Welche der folgenden sind korrekte Ausdrücke (expression) und was ist dann das Ergebnis? +(-1) 1+(-2) 1<2 AND 2<3 AND 3<4 1 IN 1..3 AND 2 IN 1..3 + - 1 1 + -2 1<2<3 AND 2<3<4 1..2 IN 1..3	alle: =-1 =-1 =TRUE =TRUE keines
3.1	Ist ein decimal literal ein Primärausdruck (primary)?	ja
3.1.2	Welche der folgenden sind korrekte Ausdrücke (expression) und was ist dann das Ergebnis? INTEGER(TRUE) INTEGER'(1.0) INTEGER(INTEGER'(1.0)) INTEGER(0.6) INTEGER'(INTEGER(0.6)) INTEGER(INTEGER'(1))	keines alle 1 1 1
3.2.1	Was ist das Ergebnis? 81 /9/3 3 /9/81 3.0/9	3 0 3.3333333E-01

3.2.2/3	Setze Klammern um die Operationen
	
	sign(b)*a MOD ABS b * sign(b)
	  ABS a REM ABS b * sign(a)
		((sign(b)*a)MOD(ABS b))
		    *sign(b)
		((ABS a)REM(ABS b))
		    *sign(a)

3.2.2/3	Was ist das Ergebnis? 2 MOD(-3) 2 REM(-3)	-1 2

4 ANWEISUNGEN

Eine Anweisung (englisch statement) ist eine Tätigkeit (englisch action), die statisch vorprogrammiert ist und dynamisch bei Erreichen der betreffenden Programmstelle ausgeführt wird. Alle Anweisungen enden mit einem Semikolon.

Ähnlich wie in Pascal, anders als in ALGOL_68 und C, hat eine Anweisung insgesamt keinen Wert und unterscheidet sich dadurch von einem Ausdruck (3).

Wir geben zunächst eine Übersicht über die vorkommenden Anweisungen und deren Einteilung (siehe auch Syntaxdiagramm A.1):

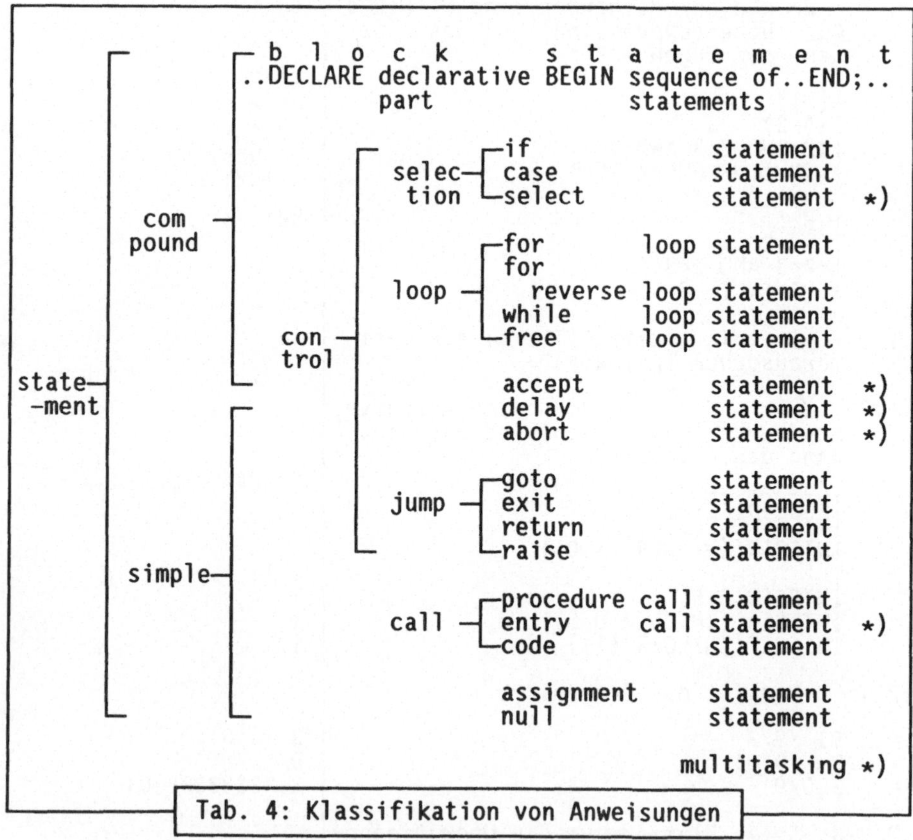

Tab. 4: Klassifikation von Anweisungen

An Stelle einer Anweisung kann stets eine Folge von Anweisungen ohne zusätzlich erforderliche BEGIN...END Klammern geschrieben werden. Dementsprechend gibt es im Syntaxdiagramm A.1 auch nur sequence_of_statements und nicht das einzelne statement. Das gleiche gilt auch für sequence_of_ ... declarative_items und sequence_of_ exception_handlers (vgl. Kapitel 2).

Das raise_statement für Ausnahme-Behandlung war bereits in Kapitel 2 besprochen worden, die für Unterprogramm-Aufruf benötigten Anweisungen procedure_call und return werden in Kapitel 7, die für Steuerung paralleler Prozesse (multitasking) benötigten Anweisungen werden in Kapitel 10, und das code_statement für Anschluß von Maschinencode-Prozeduren wird in Kapitel 11 besprochen.

4.1 Assignment Statement

Eine Wertzuweisung (englisch assignment statement) ist nach Syntaxdiagramm A.1 (simple statement) von der Form

```
           ┌─────────────────────────┐
           │   assignment_statement   │
           └─────────────────────────┘
   variable
  ──>name────────> := ────> expression ────> ; ────>
```

in der Bedeutung (H. Feldmann, ALGOL-68-Bulletin, Dec. 74) von

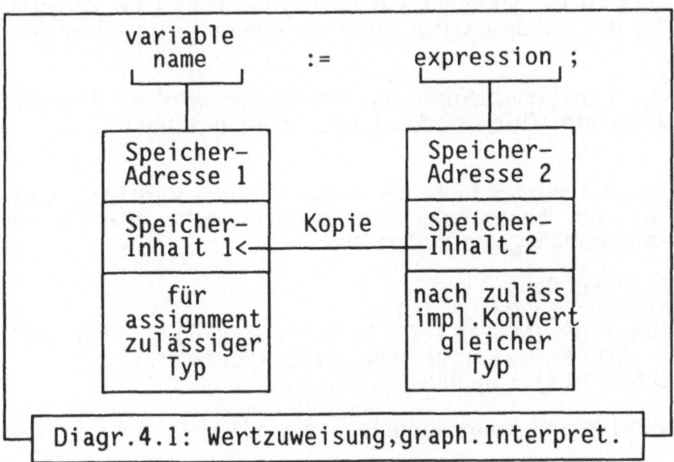

Diagr.4.1: Wertzuweisung,graph.Interpret.

Ein assignment statement ersetzt den jeweiligen Wert (Speicherinhalt) der linken Seite durch eine Kopie des Werts (Speicherinhalt) der rechten Seite unter folgenden Bedingungen:

11)   Die linke Seite muß ein Variablenname sein, z.B.

```
einfache Variable: F:FLOAT          ;BEGIN F    :=3.14;
Zeiger-      "   : F:ACCESS FLOAT;BEGIN F    :=NULL;
indizierte   "   : S:STRING(1..6);BEGIN S(1):='S' ;
selektierte  "   : R:RECORD
                        INTEGER K;
                     END RECORD  ;BEGIN R.K :=1    ;
```

l2)   Der Typ der linken Seite darf nicht limitert (9.3) sein,
        also z.B. kein FILE-Typ und kein TASK-Typ.

r1)   Die rechte Seite muß ein Ausdruck (siehe 3) sein .

r2)   Der Typ der rechten Seite muß gleich dem Typ der linken
        Seite oder ein Untertyp des Typs der linken Seite sein.

lr1)   Ist die rechte Seite vom Typ UNIVERSAL_INTEGER bzw.
        UNIVERSAL_REAL,so wird in den integer- bzw. real-Typ der
        linken Seite implizit konvertiert (falls möglich, 3.1.2).

lr2)   Im Falle von Reihungen oder Ausschnitten wird der Typ
        der rechten Seite zu einem Untertyp des Typs der linken
        Seite implizit konvertiert (falls möglich, siehe 5).
        Bei überlappenden Reihungen oder Ausschnitten wird erst
        die rechte Seite und dann die linke Seite ausgewertet.

lr3)   Unzulässig ist die Änderung von Diskriminanten eines
        RECORD-Typ-Objekts per Assignment an eine Zeigervariab-
        le, die auf dieses RECORD-Typ-Objekt zeigt (siehe 6).

lr4)   Bei Funktionsaufrufen mit overloading wird die Variable
        links mit Hilfe des Ausdrucks rechts bestimmt (7.3).

lr5)   Im übrigen geschieht das Aufsuchen der Variablen links
        und die Abarbeitung des Ausdrucks rechts in implemen-
        tationsabhängiger Reihenfolge, z.B.

```
...I:INTEGER:=1   ;
A:ARRAY(1..2) OF INTEGER;
FUNCTION INCREMENT(I:IN OUT INTEGER) RETURN INTEGER IS
    BEGIN I:=I+1;RETURN I;END INCREMENT;
BEGIN A(I):=INCREMENT(I);...
```

        bewirkt implementationsabhängig A(1):=2; oder A(2):=2;

        Leonardo aus Pisa, der Sohn des Bonaccio, verfaßte im 13-ten
Jahrhundert das Buch 'Liber Abacci', aus dem die nachfolgende Aufgabe stammt.

        Das Programm Fibonac berechnet die Vermehrung unsterblicher
(Kaninchen-)Paare. Fib(N) ist die Anzahl von Paaren zur Zeit N.
Die rekursive Formel Fib(0)=0, Fib(1)=1, Fib(N)=Fib(N-2)+Fib(N-1),
N>=2, wird aufgelöst in eine repetive WHILE-Schleife mit zwei
Wertzuweisungen.

        Die erste Wertzuweisung Fib1:=Fib0+Fib1; berechnet die neue
n-te Population und die zweite Wertzuweisung Fib0:=-Fib0+Fib1; die
neue (n-1)-te Population.

```
------------------------- Fibonac -------------------------------
-- Fibonacci , Leonardo Pisano (aus Pisa),Filius Bonacci,13.Jh. --
--   -Zahlen    1 Paar wird  nach  1 Zeiteinheit  fruchtbar  und --
--              gebiert dann nach je 1 Zeiteinheit 1 neues Paar: --
--              Fib(0)=0,Fib(1)=1,Fib(N)=Fib(N-2)+Fib(N-1), N>=2 --
-----------------------------------------------------------------

WITH text_io;USE text_io;

PROCEDURE Fibonac IS

    PACKAGE I_io IS NEW integer_io(INTEGER);USE I_io;

    Fib0:NATURAL:=0;Fib1:NATURAL:=1;

BEGIN

    FOR N IN NATURAL LOOP
        IF N>=2 THEN
            Fib1:= Fib0+Fib1;
            Fib0:=-Fib0+Fib1;
        END IF;        put(                    N,12);
        IF N =0 THEN put(              Fib0, 6)
        ;            ELSE put(         Fib1, 6);
        END IF;                                   new_line;
    END LOOP;

EXCEPTION
    WHEN OTHERS =>                            new_line
        ;            put("NATURAL'LAST="   )
        ;            put( NATURAL'LAST , 5);new_line;

END Fibonac;
```

```
| Output
|
|            0      0
|            1      1
|            2      1
|            3      2
|            4      3
|            5      5
|            6      8
|            7     13
|            8     21
|            9     34
|           10     55
|           11     89
|           12    144
|           13    233
|           14    377
|           15    610
|           16    987
|           17   1597
|           18   2584
|           19   4181
|           20   6765     (Fortsetzung nächste Seite)
```

```
          21  10946
          22  17711
          23  28657

NATURAL'LAST=32767
```

Um ohne Überlauf-Fehlermeldung die Tabelle bis zur größtmöglichen Fibonacci-Zahl innerhalb NATURAL'LAST auszugeben, wartet man einfach auf den Überlauf-Fehler in der Addition Fib0+Fib1 und fängt den ausgelösten Fehler in der EXCEPTION (2.2.4) ab. Das Programm druckt dann NATURAL'LAST (Anhang A.2.A) und endet ohne Fehlermeldung.

4.2   NULL Statement

Eine NULL-Anweisung (englisch null statement) ist nach Syntaxdiagramm A.1 (simple statement) von der Form

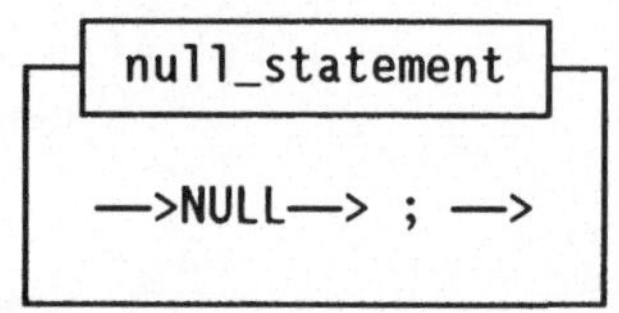

und hat keinen weiteren Effekt, als Übergang zur nächstfolgenden Anweisung. Da in Ada aus Gründen der übersichtlichen Programmstruktur leere (empty) Anweisungen unzulässig sind, z.B.

```
    inkorrekt:    IF X > 0 THEN PUT(X);ELSE      ;END IF;
```

benutzt man NULL-Anweisungen als Lückenbüßer, z.B.

```
    korrekt:    IF X > 0 THEN PUT(X);ELSE NULL;END IF;
```

falls man nicht besser auf andere Programmkonstruktionen ausweicht, z.B.

```
    IF X > 0 THEN PUT(X);        END IF;
```

4.3   IF Statement

Eine IF-Anweisung (englisch if statement), auch logisch bedingte Auswahl oder -Verzweigung genannt, ist nach Syntaxdiagramm A.1 (compound statement) von der Form

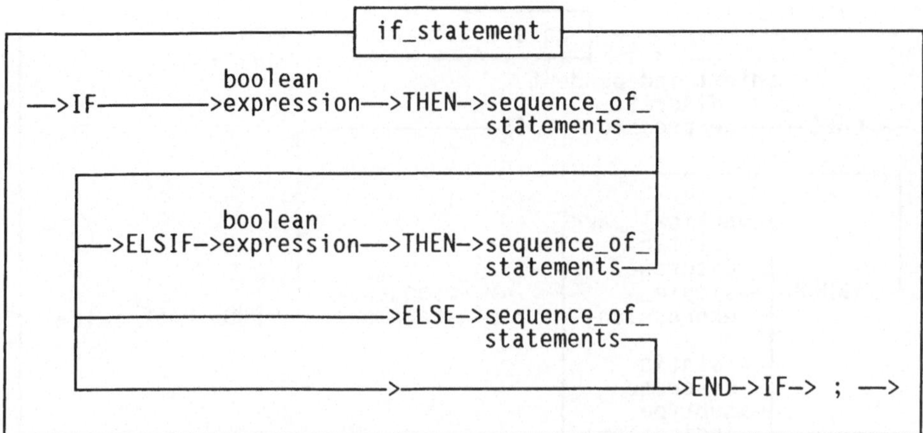

z.B.

```
IF    I>0 THEN PUT("pos.");
ELSIF I=0 THEN PUT("null");
      ELSE PUT("neg.");END IF;
```

Bedeutung einer IF-Anweisung ohne ELSIF, mit ELSE (Langform):

Je nachdem, ob der Wert des (logischen) Ausdrucks nach IF TRUE (wahr) oder FALSE (falsch) ist, wird nur die Anweisungsfolge nach THEN durchlaufen oder es wird nur die Anweisungsfolge nach ELSE durchlaufen.

Bedeutung einer IF-Anweisung ohne ELSIF, ohne ELSE (Kurzform):

Eine IF-Anweisung in Kurzform ohne ELSE ist äquivalent einer Langform mit einem NULL statement (4.2) nach ELSE.

Bedeutung einer IF-Anweisung mit (mehreren) ELSIF (Schachtelung):

Eine IF-Anweisung mit (ggf.mehreren) ELSIF ist äquivalent einer Langform, in der nach ELSE als Anweisung(sfolge) wieder eine IF-Anweisung eingesetzt wird (ggf. mehrfache Schachtelung). ELSIF statt ELSE IF spart ein abschließendes END IF.

4.4   CASE Statement

Eine CASE-Anweisung (englisch case statement), auch diskret bedingte (diskrete Typen siehe 1.4) Auswahl oder Verzweigung genannt, ist nach Syntaxdiagramm A.1 (compound statement) von der Form

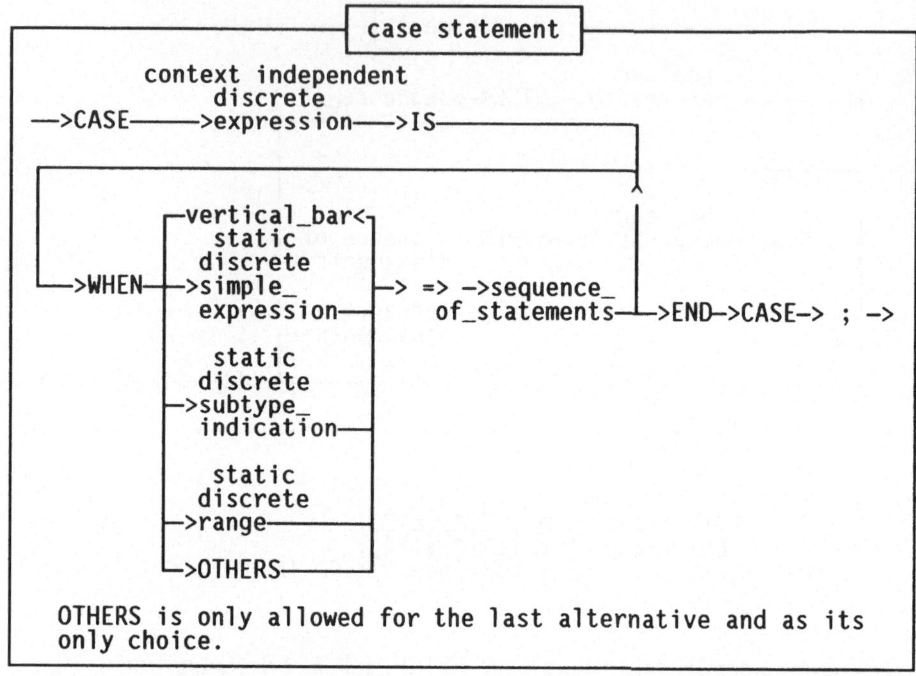

Bedeutung der CASE-Anweisung:

Je nachdem, mit welchem der verschiedenen Ausdrücke nach WHEN (ggf. mehrere durch ! getrennt) oder OTHERS (höchstens einmal und nur am Schluß) der Wert des (diskreten) Ausdrucks nach CASE übereinstimmt, wird nur die Anweisungsfolge nach dem betreffenden WHEN oder OTHERS durchlaufen. Die Auswahl OTHERS steht für alle Werte, die nicht in anderen (voranstehenden) WHEN Auswahl-Alternativen erfaßt wurden.

Kein diskreter Wert (nach CASE) darf mehrere zugehörige Auswahl-Alternativen (nach WHEN oder OTHERS) besitzen (Eindeutigkeit).

Jeder diskrete Wert (nach CASE) muß eine zugehörige Auswahl-Alternative (nach WHEN oder OTHERS) besitzen (Vollständigkeit) .

OTHERS muß z.B. auch gesetzt werden, wenn eine Teilmenge aus der INTEGER-Menge ausgewählt werden soll (vgl. WochTag unten).

Die CASE-Anweisung im nachfolgenden Programm WochTag druckt zu einer aus dem Datum berechneten Wochentag-Nummer 1,...,7 den zugehörigen Wochentag-Namen "Montag",...,"Sonntag" aus.

```
----------------------------- WochTag -----------------------------
--      Bestimmung des Jahres- und Wochentags aus dem Datum      --
--              Gregorianischer Kalender  1582 ... 2099           --
-------------------------------------------------------------------
WITH text_io;USE text_io;
PROCEDURE WochTag IS
    PACKAGE  B_io IS NEW enumeration_io(      BOOLEAN);   USE  B_io;
    PACKAGE  I_io IS NEW       integer_io(      INTEGER);   USE  I_io;
    PACKAGE LI_io IS NEW       integer_io(LONG_INTEGER);   USE LI_io
    ;                                            C  :CHARACTER;
    SUBTYPE     TAG IS POSITIVE RANGE     1.. 31; Tg  :      TAG;
    SUBTYPE  JAHRTAG IS POSITIVE RANGE     1.. 366;
    SUBTYPE    MONAT IS POSITIVE RANGE     1.. 12; Mo  :    MONAT;
    SUBTYPE GREGJAHR IS POSITIVE RANGE 1582..2099; Jahr: GREGJAHR;

    MoLen       :ARRAY(BOOLEAN,MONAT) OF TAG:=(
       (31,28,31,30,31,30,31,31,30,31,30,31),  --FALSE Normaljahr--
       (31,29,31,30,31,30,31,31,30,31,30,31)); --TRUE  Schaltjahr--

    FUNCTION Schalt(Jahr:GREGJAHR) RETURN BOOLEAN IS BEGIN
       RETURN (Jahr REM 4=0 AND Jahr REM 100/=0) OR Jahr REM 400=0;
    END Schalt;

    FUNCTION Jahr_Tag(Tg:TAG;Mo:MONAT;Jahr:GREGJAHR) RETURN JAHRTAG
       IS T:JAHRTAG:=Tg;J:BOOLEAN:=Schalt(Jahr);-- 1..365 Normal --
    BEGIN                                       -- 1..366 Schalt --
       FOR M IN 1..Mo-1 LOOP T:=T+MoLen(J,M);END LOOP;RETURN T;
    END Jahr_Tag;

    FUNCTION Greg_Tag(Tg:TAG;Mo:MONAT;Jahr:GREGJAHR)
       RETURN LONG_INTEGER IS                   -- 577449..766644 --
       T:      LONG_INTEGER := LONG_INTEGER(Jahr_Tag(Tg,Mo,Jahr));
       J:      LONG_INTEGER := LONG_INTEGER(Jahr-1            );
    BEGIN RETURN        J*365    + (J/4-J/100)+J/400 + T;
    END Greg_Tag;      -- Vorjahre + Schaltjahre     + lfd.Jahr --

    FUNCTION Woch_Tag(Tg:TAG;Mo:MONAT;Jahr:GREGJAHR) RETURN STRING
    IS BEGIN CASE ((Greg_Tag(Tg,Mo,Jahr)-1) REM 7)+1 IS
          WHEN 1=>RETURN "Montag     ";WHEN 2=>RETURN "Dienstag  ";
          WHEN 3=>RETURN "Mittwoch   ";WHEN 4=>RETURN "Donnerstag";
          WHEN 5=>RETURN "Freitag    ";WHEN 6=>RETURN "Samstag   ";
          WHEN OTHERS                  =>RETURN "Sonntag    ";
    END CASE;END Woch_Tag;

BEGIN
   put("Tg.Mo.Jahr:");get(Tg,2);get(C);get(Mo,2);get(C);get(Jahr);
   IF Tg>MoLen(Schalt(Jahr),Mo)THEN RAISE CONSTRAINT_ERROR;END IF;
   put("Schaltjahr=");put(Schalt(      Jahr) );new_line;
   put("Greg_Tag  =");put(Greg_Tag(Tg,Mo,Jahr),0);new_line;
   put("Jahr_Tag  =");put(Jahr_Tag(Tg,Mo,Jahr),0);new_line;
   put("Woch_Tag  =");put(Woch_Tag(Tg,Mo,Jahr) );new_line;
END WochTag;
```

Output	Input	Output (Fortsetzung)
Tg.Mo.Jahr: Schaltjahr=FALSE	31.12.1999	Greg_Tag =730119 Jahr_Tag =365 Woch_Tag =Freitag

Der Gregorianische Kalender mit seinen Schaltjahr-Regeln gilt nur im Bereich 1582...2099 . Vorher galt der Julianische Kalender; für die Zeit nachher reichen die Schaltjahr-Regeln nicht mehr aus, um die Jahreszeiten korrekt zu erfassen.

4.5 Schleifen

Eine Schleife, bzw. Schleifen-Anweisung (englisch loop statement), bewirkt, daß eine Anweisungsfolge wiederholt durchlaufen wird, bis die Schleifenende Prüfung (englisch loop check) oder der Schleifen Heraussprung (englisch loop exit) auf Abbruch entscheiden. Eine Schleife kann nach Tabelle 4 und Syntaxdiagramm A.1 (compound statement) im einzelnen sein:

- FOR-Schleife, d.h.Schleife mit discrete-type Laufparameter, z.B.

```
FOR I IN 1..9 LOOP PUT(I,1);END LOOP;        druckt 123456789
```

- WHILE-Schleife, d.h. Schleife mit BOOLEAN-type Prüfung, z.B.

```
I:INTEGER:=9;BEGIN
   WHILE I>0 LOOP PUT(I,1);I:=I-1;END LOOP;druckt 987654321
```

- freie Schleife, d.h. Schleife ohne Schleifenende Prüfung, ggf. mit Schleifen Heraussprung, z.B.

```
I:INTEGER:=0;BEGIN
   LOOP I:=I+1;PUT(I,1);
      EXIT WHEN I=9   ;END LOOP;        druckt 123456789
```

Aus dem Syntaxdiagramm A.1 (compound statement) entnimmt man, daß alle drei Formen des loop statements optional mit einem vorangesetzten identifier: benannt werden können. Wenn ein solcher identifier existiert, muß er am Anfang und am Ende gesetzt sein. Gemeint ist nicht ein Sprungziel (label) vor der Schleife, auch nicht der Laufparameter (loop parameter) in einer FOR-Schleife.

Diese Benennung, z.B. "Schleife: ", ist signifikant, d.h. das Vorhandensein der zugehörigen Benennung END LOOP Schleife; wird vom Compiler abgeprüft. Schleifenbenennungen können nicht mit "GOTO Schleife;", wohl aber mit "EXIT Schleife;" (Sprung über das Ende der Schleife hinaus) angesprungen werden.

4.5.1 FOR Statement

Eine FOR-Schleife (englisch for loop statement) ist nach Syntaxdiagramm A.1 (compound statement) von der Form

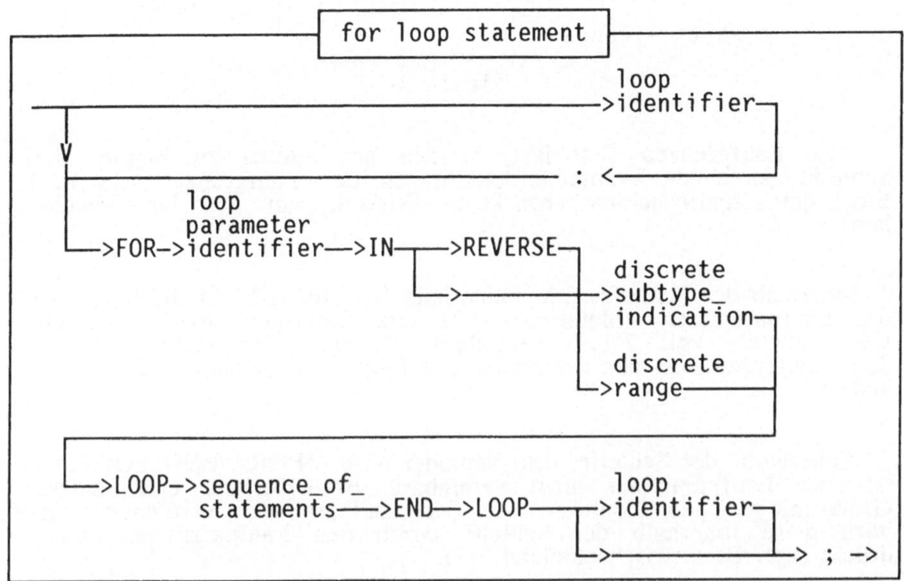

z.B.

```
FOR I IN          1..9 LOOP PUT(I,0);END LOOP; druckt 123456789
FOR I IN REVERSE 1..9 LOOP PUT(I,0);END LOOP; druckt 987654321
```

Bedeutung der normalen FOR ... IN ... Schleife:

Gibt man den Namen (identifier nach FOR) und die Laufgrenzen (subtype indication oder range first..last nach IN) des Laufparameters an, so vereinbart die normale FOR-Schleife den Laufparameter selbst mit dem diskreten (1.4) Typ der Laufgrenzen und erhöht ihn, ausgehend von der unteren Laufgrenze first, vor jedem weiteren Schleifendurchlauf jeweils um "1" (successor SUCC, A.2.A) im Sinne der Ordnung des diskreten Typs, bis zum Erreichen von last einschließlich.

Aufwärts-Treppe   +1   -> last
                    +1
               +1
first >-

Bedeutung der reversen FOR ... IN REVERSE ... Schleife:

Gibt man den Namen (identifier nach FOR) und die Laufgrenzen (subtype incication oder range first..last nach IN) des Laufparameters an, so vereinbart die reverse FOR-Schleife den Laufparameter selbst mit dem diskreten (1.4) Typ der Laufgrenzen und erniedrigt ihn, ausgehend von der oberen Laufgrenze last, vor jedem weiteren Schleifendurchlauf jeweils um "1" (predecessor PRED, A.2.A) im Sinne der Ordnung des diskreten Typs, bis zum Erreichen von first einschließlich.

Abwärts –Treppe

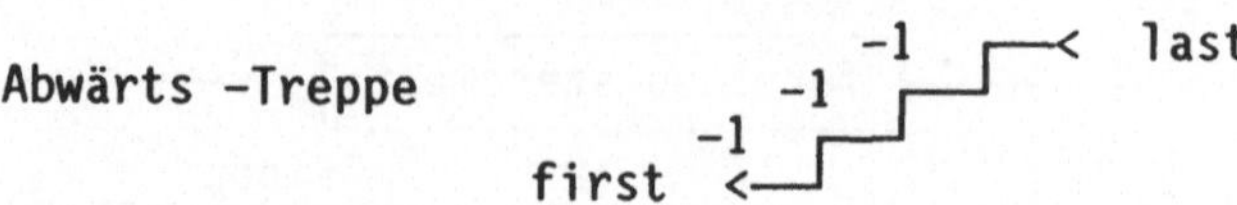

Die Laufgrenzen first, last. werden nur einmal zu Beginn der
Schleife berechnet. Eventuelle Änderungen der Laufgrenzen aus dem
Block der Schleife heraus haben keine Wirkung auf den Schleifenab-
lauf!

Innerhalb der Schleife, d.h. innnerhalb "LOOP...END LOOP; ",   ist
der Laufparameter (identifier) wie eine Konstante (bzw. wie ein
IN-Parameter, vgl. 7.1.1) vereinbart. Daher ist es nicht möglich,
den Laufparameter aus der Anweisungsfolge der Schleife heraus zu
ändern!

Außerhalb der Schleife, d.h. vor oder nach "FOR...END LOOP; ",
ist der Laufparameter nicht vereinbart. Ist außerhalb eine andere
Größe mit gleichem identifier wie der Laufparameter vereinbart, so
wird diese innerhalb der Schleife durch den Laufparameter unterdrückt (vgl. Bereichsschachtelung 7.7).

Man beachte, daß auch bei Verwendung von REVERSE "normale" Bereiche mit first$<=$last, z.B. 1..3, und keinesfalls "reverse" Bereiche mit first$>$last, z.B. 3..1, angegeben werden müssen, um
einen nichtleeren Schleifenlauf zu bewirken!

Wird durch Laufgrenzen first$>$last ein sogenannter "leerer Bereich" (englisch null range) für den Laufparameter angegeben, dann
wirkt die ganze Schleife wie eine leere Anweisung (null statement
4.3), z.B.


```
FOR I IN            1..0 LOOP PUT(I,0);END LOOP;   druckt nichts
FOR I IN REVERSE 1..0 LOOP PUT(I,0);END LOOP;   druckt nichts
```


Das nachfolgende Beispiel ShelSort enthält sowohl FOR-Schleifen
(dieser Abschnitt 4.5.1) als auch WHILE-Schleifen (nächster Abschnitt 4.5.2).

In diesem Beispiel wird eine Reihe der Länge RowLen (ARRAY
siehe 5) von Worten der Länge StrLen (STRING siehe 1.9) nach dem
Verfahren von Shell (1950) sortiert. Zur Vereinfachung des Bei-
spiels wird die zu sortierende Reihung R global und nicht als formaler Parameter in die Prozeduren GetR, PutR, ChangeR und SortR
eingebracht (Parameterübergabe siehe 7.2).

Für die dynamische ARRAY-Vereinbarung von R mit vorher einlesbaren Grenzen RowLen und StrLen verwendet man eine Block-Anweisung
(4.6) mit neuem Vereinbarungsteil nach DECLARE.

```
--------------------------------- ShelSort ---------------------------------
-- Shell-Sort:     Shell (1950), Ordnen durch Distanzpaar-Tausch --
--(bin.Bubble-S.) mit fortlaufd. (binaerer) Distanz-Halbierung, --
--                 Speicher: nur 1 Hilfsspeicher fuer den Tausch --
----------------------------------------------------------------------------

WITH text_io;USE text_io;

PROCEDURE ShelSort IS
    PACKAGE I_io IS NEW integer_io(INTEGER);USE I_io;
    RowLen,StrLen:POSITIVE;
BEGIN
    put("RowLen:");get(RowLen);skip_line;
    put("StrLen:");get(StrLen);skip_line;

    DECLARE
        R:ARRAY(1..RowLen) OF STRING(1..StrLen);

        PROCEDURE GetR IS
        BEGIN FOR I IN R'RANGE LOOP
            put(I,0);put("/");put(R'LAST,0);put(":");
            put("STRING(1..");put(StrLen,0);put("):");
            get(R(I));skip_line;END LOOP;END GetR;

        PROCEDURE PutR IS
        BEGIN FOR I IN R'RANGE LOOP put_line(R(I));END LOOP;END PutR;

        PROCEDURE ChangeR(I,J:INTEGER) IS
            S:CONSTANT STRING(1..StrLen):=R(I);
        BEGIN R(I):=R(J);R(J):=S;END ChangeR;

        PROCEDURE SortR IS                        J:INTEGER
            ;                                     Dist:NATURAL:=RowLen-1;
        BEGIN
            WHILE Dist >= 1 LOOP
                FOR I IN R'FIRST..R'LAST-Dist LOOP  J:=I;
                    WHILE J>=R'FIRST AND THEN R(J)>R(J   +Dist) LOOP
                        ChangeR(J,J+Dist);        J:=J-Dist;
                    END LOOP;
                END LOOP;                         Dist:= Dist/2;
            END LOOP;
        END SortR;

    BEGIN GetR;SortR;PutR;END;

END ShelSort;
```

Output	Input
RowLen:	6
StrLen:	4
1/6:STRING(1..4):	Ford
2/6:STRING(1..4):	AUDI
3/6:STRING(1..4):	BMW5
4/6:STRING(1..4):	Opel
5/6:STRING(1..4):	190E
6/6:STRING(1..4):	Golf

(Fortsetzung nächste Seite)

```
Output (Fortsetzung)

190E
AUDI
BMW5
Ford
Golf
Opel
```

Sortieren nach Shell (1950) wird durch wiederholten "Distanzpaar-Tausch" (ChangeR) ausgeführt, beginnend mit der größtmöglichen Distanz Dist:=RowLen-1; , dann fortlaufend mit halbierter Distanz Dist:=Dist/2; , sofern noch Dist >= 1 . Die fortlaufende Distanzhalbierung wird in der Prozedur SortR durch eine WHILE-Schleife beschrieben :

```
WHILE Dist >= 1 LOOP ... Dist:=Dist/2;END LOOP;
```

Darin geschachtelt findet man eine weitere WHILE-Schleife zum "Nachsortieren nach links", um eventuell nach einem Distanzpaar-Tausch links von I entstehende Unordnung wieder zu bereinigen:

```
WHILE J>=R'FIRST AND THEN R(J)>R(J+Dist) LOOP
    ChangeR(J,J+Dist);J:=J-Dist;
END LOOP;
```

Diese WHILE-Schleife übernimmt auch den normalen Distanzpaartausch an der laufenden Stelle J=I. Der Durchlauf I selbst wird in der umgebenden FOR-Schleife hochgezählt.

AND THEN ist die Kurzauswertungsform (1.3) der Operation AND, deren Operanden von links nach rechts - der rechte Operand nur bei Bedarf - abgearbeitet werden. Wenn J zu klein wird und nicht mehr im zulässigen Bereich R'RANGE liegt, wird der rechte Operand gar nicht erst abgearbeitet und somit ein "range error" bei der Berechnung von R(J) vermieden.

Ein Distanzpaar-Tausch ChangeR(I, J+Dist) vertauscht die Werte von R(I) und R(I+Dist). Man benötigt dazu (vgl. Programm Tausch, 7.2.2) einen STRING-Zwischenspeicher S für den Wert von R(I). S ist CONSTANT innerhalb der Tauschprozedur ChangeR.

Durch Vorsortieren mit dopelter Distanz entfallen viele Sortierungen mit einfacher Distanz. Das Verfahren "Shell-Sort" ist schneller als das Verfahren "Nachbar-Tausch" (Übungsaufgaben), das nur mit der Distanz 1 arbeitet und größenordnungsmäßig n*n Vergleiche benötigt: n Vergleiche für jeden Durchlauf und n Durchläufe, um nach links nachzusortieren.

Da "Shell-Sort" mit einem Durchlauf (und wenigen Nachsortierschritten) pro Distanz auskommt, und bei binärer Distanzverfeinerung nur log2(n) verschiedene Distanzen auftreten, benötigt "Shell-Sort" größenordnungsmäßig n*log2(n) Vergleiche, ebenso wie die anderen bekannten Binär-Verfahren "Bin-Sort" (6.2.1), "Merge-Sort" und "Quick-Sort" (Übungsaufgaben Übg). Sortiert man z.B. n=1024 Worte, so ist ein Binärverfahren wie "Shell-Sort" etwa um den Faktor n/log2(n)=1024/10=102,4 mal schneller als ein Elementarverfahren wie "Nachbar-Tausch"!

4.5.2 WHILE Statement

Eine WHILE-Schleife (englisch while loop statement) ist nach Syntaxdiagramm A.1 (compound statement) von der Form

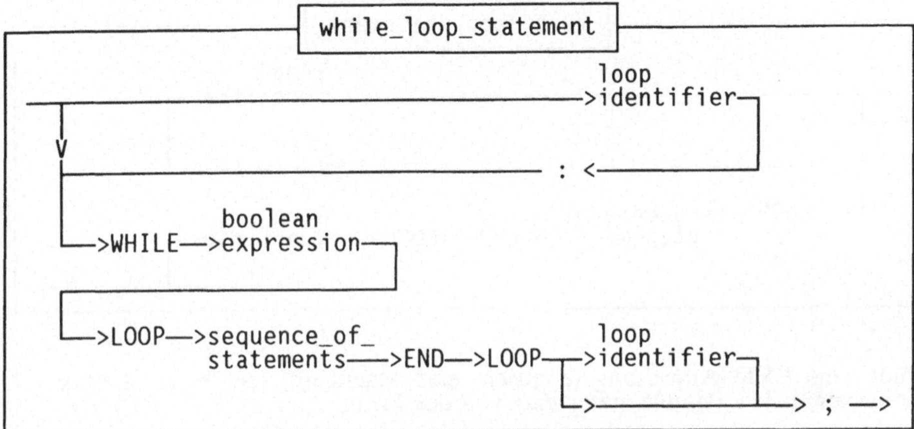

z.B.

```
I:INTEGER:=9;BEGIN
    WHILE I>O LOOP PUT(I,1);I:=I-1;END LOOP;druckt 987654321
```

Wie bei der FOR-Schleife handelt es sich auch bei der WHILE-Schleife um eine wiederholt durchlaufene Anweisungsfolge mit vorangestellter Abbruch-Prüfung (englisch pre-check). Die WHILE-Schleife besitzt jedoch keinen selbst vereinbarten Laufparameter.

Ergibt die Prüfung, d.h. der boolean expression innerhalb WHILE...LOOP, den Wert TRUE, dann wird die Anweisungsfolge der Schleife innerhalb LOOP...END LOOP noch einmal durchlaufen, ergibt die Prüfung den Wert FALSE, dann wird die Schleife abgebrochen .

WHILE-Schleifen können verwendet werden etwa für die Konstruktion von Schleifen mit Zeigern (6,1) als Laufparametern, z.B.

```
Z:Zeiger:=AnfangZ;BEGIN...
    WHILE Z/=NULL LOOP...;Z:=Nachfolger(Z);END WHILE;...
```

oder für die Konstruktion von Schleifen mit nichtlinear inkrementierten Laufparametern (vgl. ShelSort oben), z.B.

```
I:INTEGER:=8;        BEGIN...
    WHILE I >= 1     LOOP...;I:=I/2;        END WHILE;...
```

oder für die Abfrage von Ereignissen, die aus der Anweisungsfolge der Schleife heraus beeinflußt werden (end_of_file siehe text_io, A.2.H), z.B.

```
WHILE NOT end_of_file LOOP ... END WHILE;
```

4.5.3 Freie Schleife, EXIT Statement

Eine freie Schleife (englisch free loop statement) ist nach Syntaxdiagramm A.1 (compound statement) von der Form

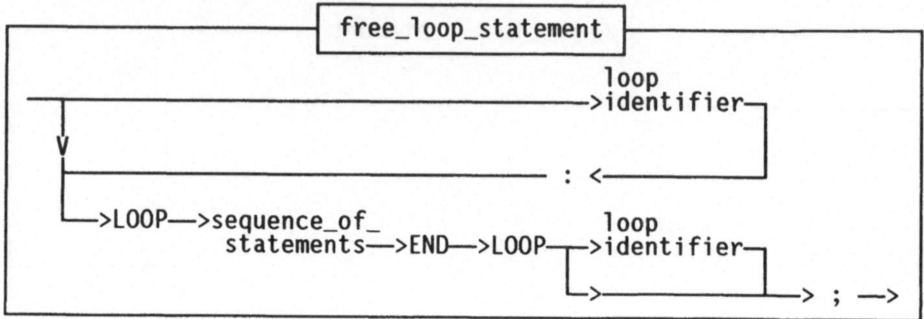

und eine EXIT-Anweisung (englisch exit statement) ist nach Syntaxdiagramm A.1 (simple statement) von der Form

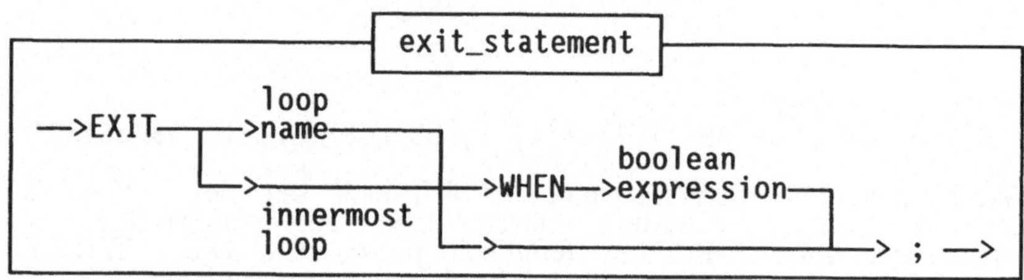

Eine freie Schleife besitzt zunächst keine Prüfung auf Abbruch, würde also die Anweisungsfolge innerhalb "LOOP...END LOOP" unbegrenzt oft wiederholen. Ein Abbruch kann erreicht werden

etwa durch eine EXIT-Anweisung, die einen Sprung an das Ende der Schleife bewirkt, z.B.

```
LOOP...;EXIT WHEN end_of_file;...END LOOP;
```

oder durch eine RETURN-Anweisung (7.3) bei Schleifen in Unterprogrammen (7.1) bzw. ACCEPT-Anweisungen (10.3.1), die einen Sprung an das Ende des umgebenden Unterprogramms bzw. der ACCEPT-Anweisung bewirkt, z.B.

```
LOOP...IF Fehler(Eingabe) THEN RETURN...;END IF;...END LOOP;
```

oder durch eine GOTO-Anweisung (4.6), die einen Sprung an den Anfang der mit dem Sprungziel (label markierten Anweisung innerhalb des umgebenden Blocks (4.6) bewirkt , z.B.

```
LOOP...IF Wert<0 THEN GOTO Negative;END IF;...END LOOP;
```

Die Setzung aller dieser Abbruch-Prüfungen innerhalb der Anweisungsfolge der Schleife (englisch in-check) ist nicht nur bei freien Schleifen, sondern auch bei den bereits besprochenen FOR- und WHILE-Schleifen möglich.

Das nachfolgende Beispiel Primzahl enthält eine freie Schleife mit RETURN-Statement und eine FOR-Schleife mit EXIT-Statement.


```
----------------------------- Primzahl -----------------------------
--      IsPrim, Funktion zur Pruefung auf Primzahl-Eigenschaft     --
--                  Groesste POSITIVE Primzahl                     --
--------------------------------------------------------------------

WITH text_io;USE text_io;
WITH Numeric;USE Numeric; -- sqrt ist vereinbart in Numeric --

PROCEDURE Primzahl IS

   PACKAGE I_io IS NEW integer_io(INTEGER);USE I_io;

   FUNCTION IsPrim(N:POSITIVE) RETURN BOOLEAN IS
      FIRST:POSITIVE:=3;LAST:POSITIVE:=POSITIVE(sqrt(FLOAT(N)));
   BEGIN
      IF          N REM 2      = 0
      AND THEN    N            > 2      THEN RETURN FALSE     ;END IF;
      LOOP
         IF          N REM FIRST = 0
         OR ELSE FIRST          > LAST THEN RETURN FIRST>LAST;END IF;
         FIRST:=FIRST+2;
      END LOOP;
   END IsPrim;

BEGIN
   put("Groesste POSITIVE Primzahl=");
   FOR N IN REVERSE POSITIVE LOOP
      IF IsPrim(N) THEN put(N,0);new_line;EXIT;END IF;
   END LOOP;
END Primzahl;
```


```
| Output
 ___________________________________
|Groesste POSITIVE Primzahl=32749
```


Zur Prüfung einer natürlichen Zahl N auf Primzahleigenschaft untersucht man, ob N ganzzahlig durch Divisoren $1 < Div < N$ teilbar ist, d.h. N REM Div $= 0$.

Zur Beschleunigung des Verfahrens beschränkt man sich auf $Div = 2$ und sonst nur ungerade Div. Außerdem braucht man nicht bis zu Div gleich $N-1$, sondern nur bis zu Div gleich POSITIVE(sqrt(N)) zu suchen: Gibt es oberhalb der Wurzel aus N einen Teiler DivOben, so muß bereits unterhalb der Wurzel aus N ein Teiler DivUnten zu finden sein mit DivUnten*DivOben$=N$.

4.6   Block-Anweisung (DECLARE)

Eine Block-Anweisung (englisch block statement) ist nach Syntaxdiagramm A.1 (block-statement, frame) von der Form

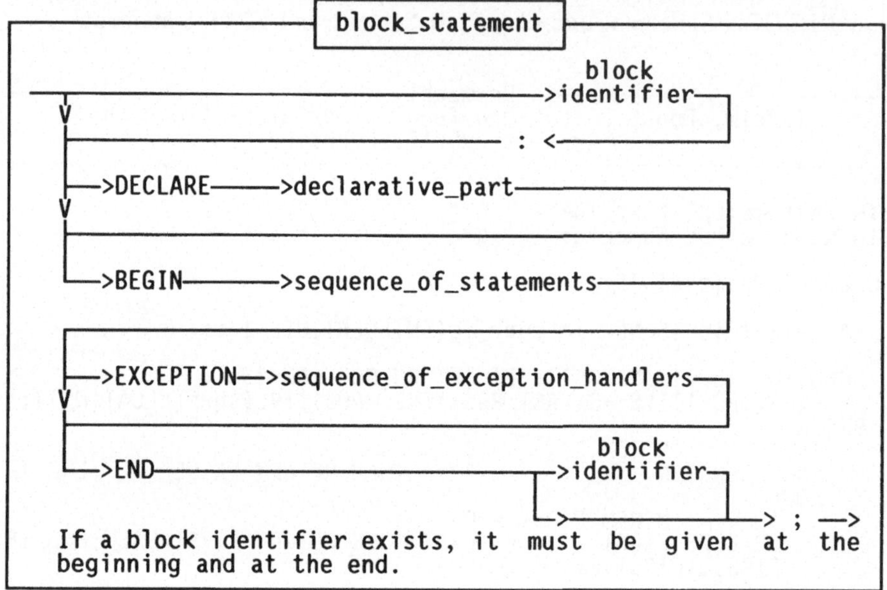

z.B.

```
DECLARE
    R:ARRAY ARRAY(1..RowLen) OF STRING(1..StrLen);
    PROCEDURE GetR...;PROCEDURE PutR...;PROCEDURE SortR...;
BEGIN
    GetR;SortR;PutR;
END;                                  (vgl. ShelSort, 4.5.1)
```

Neu in Ada ist die dreigeteilte Blockstruktur mit einem Vereinbarungsteil, einem Anweisungsteil und einem Ausnahmeteil (2.3).
Blöcke von Block-Anweisungen beginnen mit DECLARE, Blöcke von Unterprogrammen (7.1.1) beginnen mit IS.

Vereinbarungsteile (englisch declarative part) wurden in Grundzügen in 2.2 behandelt, weitere Vereinbarungen in nachfolgenden Kapiteln, Bereichsschachtelung in 7.7. Folgen von Anweisungen (englisch sequence of statements) werden nachfolgend in 4.7 behandelt. Folgen von Ausnahme-Behandlern (englisch sequence of exception handlers) wurden in 2.3 behandelt.

4.7 Folgen von Anweisungen, Label, GOTO Statement

In Ada kann, wie in anderen Programmiersprachen, z.B. ALGOL_68, die moderner als ALGOL_60 strukturiert sind,

> an jeder Programmstelle, an der eine Anweisung (engl.
> statement) syntaktisch zulässig ist, auch eine Folge
> von Anweisungen (sequence of statements) ohne zusätzliche 'Klammern' BEGIN...END geschrieben werden (A.1).

Das gleiche gilt auch für Vereinbarungen (allerdings getrennt nach basic declarative items und later declarative items, A.1) und für Ausnahme-Behandlungen (A.1). Nur ein Block-Rahmen (englisch frame), z.B. einer Block-Anweisung (4.6) oder eines Unterprogramms (7.1), hat eine BEGIN...END 'Klammerung'. Alle anderen Programmkonstruktionen, die Anweisungen enthalten, sind sowieso beidseitig begrenzt, z.B.

```
IF ...THEN sequence_of_statements END IF  ;
FOR...LOOP sequence_of_statements END LOOP;
```

Dementsprechend kommt im Syntaxdiagramm A.1 der Begriff statement überhaupt nicht vor, sondern nur sequence_of_statements! Das macht moderne strukturierte Programmiersprachen übersichtlich und vermeidet die z.B. aus Pascal bekannten 'Doppelklammern' THEN BEGIN, und die übliche BEGIN...END Inflation.

Eine Folge von Anweisungen (englisch sequence of statements), die mit Folgen von labels (deutsch Marke oder speziell Sprungziel) markiert sein kann, ist nach Syntaxdiagramm A.1 von der Form

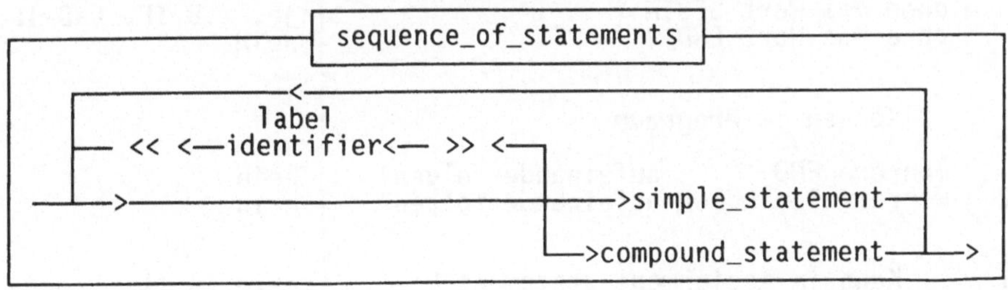

z.B.

```
<<Sequence>>
   <<Simple>>                       put("Statement");
   <<Compound>>FOR I IN 1..2 LOOP put("Statement");END LOOP;
```

Ein Label kann einfach als Marke, d.h. ähnlich wie ein Kommentar, verwendet werden, oder als Sprungziel für ein GOTO-Statement dienen.

Eine GOTO-Anweisung (englisch goto statement) ist nach Syntaxdiagramm A.1 (simple statement) von der Form

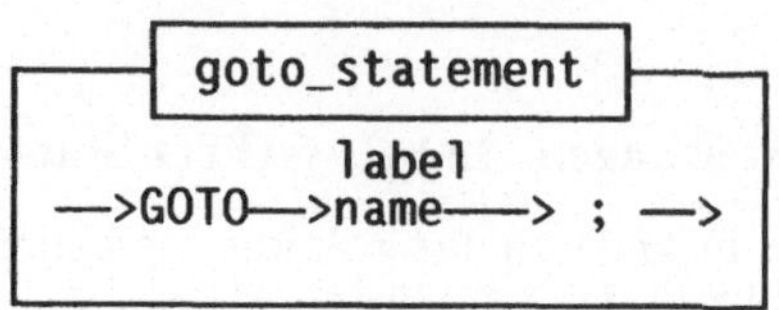

und bedeutet Sprung von der Sprunganweisung zu der durch das label bezeichneten Zielanweisung.

Die nächste umgebende Folge von Anweisungen, welche die Zielanweisung umschließt, muß auch die Sprunganweisung enthalten, d.h. es sind Vorwärts- und Rückwärtssprünge in einer Folge von Anweisungen zulässig, auch Sprünge aus inneren Folgen, z.B. aus einer Schleife (z.B. Fehlerausgänge), aber nicht Sprünge in innere Folgen, z.B. in eine Schleife. Unzulässig sind auch GOTO-Sprünge in oder aus Teilen von Ausnahme-Behandlern EXCEPTION...END (2.3) und GOTO-Sprünge in oder aus Programm-Einheiten: Unterprogramme (7), Pakete (9), parallele Prozesse (10).

Es wird dringend empfohlen, keine GOTO-Anweisungen zu benutzen (Dijkstra 1960: "Goto considered harmful"). Programme mit GOTO werden wegen ihrer Unübersichtlichkeit als "Spaghetti-Programme" charakterisiert.

4.8   Testfragen

zu	Frage	abdeckbare Antwort
4	Gibt es in Ada compound statements	(A.1)
	ohne das Wort BEGIN ? ohne das Wort END ?	ja, z.B.IF..END IF; nein
	Können im Programm	
4	mehrere END aufeinanderfolgen?	nein
4.2	mehrere Semikolon aufeinanderfolgen?	nein
4.1	Kann im assignment statement V:=S; S wieder ein assignment statement sein?	nein (A.1), keine mehrfachen Anweisungen in Ada
4.1	Welche Werte haben A und B ?	
	A:='B';B:=A;A:='A';	'A' UND 'B'

4.3   Welche der folgenden sind korrekte
       (bedingte ?) Anweisungen?

```
IF X>0 THEN Y:=X;ELSE Y:=-X;END IF;     alle
Y:=X;      IF X<0 THEN Y:=-X;END IF;

IF X>0 THEN Y:=X ELSE Y:=-X END IF;     keine
Y:=IF X>0 THEN X;ELSE    -X;END IF;       keine bedingten
                                          Ausdrücke in Ada
```

4.3   Bestimme den Wert von I in

```
I:=0;IF 1<2 THEN NULL;ELSIF
        3<4 THEN NULL;ELSE I:=5;END IF;     I=0

I:=0;IF 1>2 THEN NULL;ELSIF
        3>4 THEN NULL;ELSE I:=5;END IF;     I=5
```

4.5/6 Was wird in den folgenden Block –
       Anweisungen ausgedruckt?

```
DECLARE I:INTEGER:=1;
BEGIN FOR I IN 2..3 LOOP NULL;END LOOP;
        PUT(I);                              1
END;


DECLARE I:INTEGER:=1;
BEGIN
     WHILE I REM 2 /= 0 LOOP
        LOOP I:=I+1;put(I);                  234...
              EXIT WHEN I REM 2 /= 0;
        END LOOP;
     END LOOP;
END;
```

4.5/7 Welche der folgenden sind korrekte
       (freie Schleifen-) Anweisungen?

```
<<A>>  HA  :LOOP PUT("HA");END LOOP HA;    alle
<<A>><<HA>> LOOP PUT("HA");END LOOP    ;

  A  <<HA>>:LOOP PUT("HA");END LOOP HA;    keine
<<A>><<HA>> LOOP PUT("HA");END LOOP HA;
  A :  HA  :LOOP PUT("HA");END LOOP HA;
```

4.7   Darf GOTO "auseinander"-geschrieben   nein (A.1),
       werden als GO TO ?   GO und TO keine
                                              reservierten Worte

       Können im Programm

4.7   Semikolon END aufeinanderfolgen?   ja

4.7   END Semikolon aufeinanderfolgen?   ja

5   REIHUNG (ARRAY)

Reihungen von Elementen gibt es in einer (Vektor),   zwei (Matrix)
oder mehr Dimensionen. Die Anzahl der gewünschten Dimensionen und
die Indexgrenzen in jeder Dimension sind bei der vollständigen Vereinbarung einer Reihung festzulegen. In Ada gibt es auch vorläufig
unvollständige (unconstrained) Reihungstypen.

Indexgrenzen für Reihungen können in Ada ähnlich wie in ALGOL_60/
68 und SIMULA, anders als in Pascal, dynamisch,   d.h. mit einlesbaren Grenzen vereinbart werden.

Wie in Programmiersprachen durchweg üblich, müssen die Elemente
einer Reihung alle vom gleichen Typ sein. Auch sind (eine Ausnahme
macht nur   ALGOL_68), einmal vereinbarte Indexgrenzen inflexibel,
d.h. können nicht mehr nachträglich geändert werden,   bilden also
"Rechtecksbereiche".   Die Identifizierung der Komponenten geschieht
zur Laufzeit durch Berechnung der Indizes.

5.1   Reihungstyp, Komponente, Ausschnitt

Eine Reihung wird entweder durch eine vorhergehende Reihungstyp-
Vereinbarung oder   direkt in einer Konstanten- oder Variablenvereinbarung mit Reihungstyp-Definition vereinbart.

Eine Reihungstyp-Vereinbarung (englisch array type declaration)
ist nach Syntaxdiagramm A.1 (type declaration) von der Form

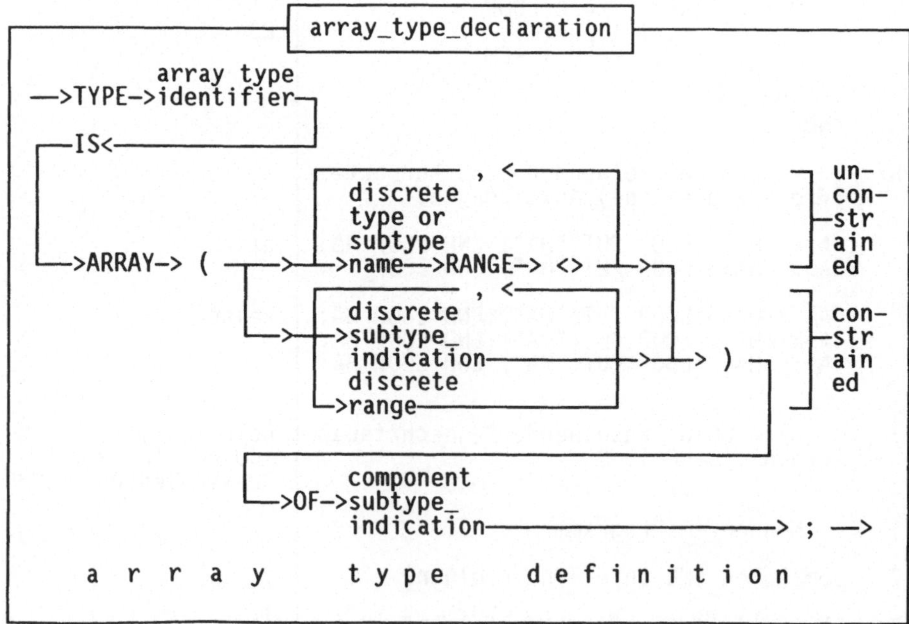

z.B.

```
TYPE STRING IS ARRAY(POSITIVE RANGE <>) OF CHARACTER;
                   (in STANDARD vordefiniert, siehe A.2.C)
TYPE ROW    IS ARRAY(POSITIVE RANGE <>) OF FLOAT    ;
SUBTYPE             TIEFE        IS POSITIVE RANGE 1..2;
SUBTYPE                    BREITE IS POSITIVE RANGE 1..2;
TYPE MATRIX IS ARRAY(TIEFE,BREITE)      OF INTEGER  ;
TYPE BYTE   IS ARRAY(1..8)              OF BOOLEAN  ;
```

Der Typ ROW hat einen Index-Bereich mit nicht-festgelegten (englisch unconstrained) Index-Grenzen RANGE < >, wie dies für ARRAY-Parameter in Unterprogrammen (7.2) erwünscht ist.

Wie man dem obenstehenden Syntaxschema entnimmt, kann eine (mehrdimensionale) Reihung nicht zugleich festgelegte (constrained) und nicht-festgelegte (unconstrained) Indexbereiche haben, und die Komponenten einer Reihung (component, subtype indication, 2.2.2) können keine nicht-festgelegten (unconstrained) Indexbereiche haben.

Reihungs-Konstanten oder -Variablen können entweder mit Hilfe von vorher vereinbarten Reihungstyp-Namen (siehe oben Reihungstyp-Vereinbarung) in einer Konstanten- oder Variablenvereinbarung (2.2.3) vereinbart werden, z.B.

```
Nullvektor      :CONSTANT ROW(1..0);
                      mit ROW wie oben
Einheitsmatrix:CONSTANT MATRIX:=((1,0),(0,1));
                      mit MATRIX wie oben
B8            :        BYTE;
                      mit BYTE wie oben
```

oder nach Syntaxdiagramm A.1 mit Hilfe einer Reihungstyp-Definition mit festgelegtem Indexbereich (englisch constrained array definition)

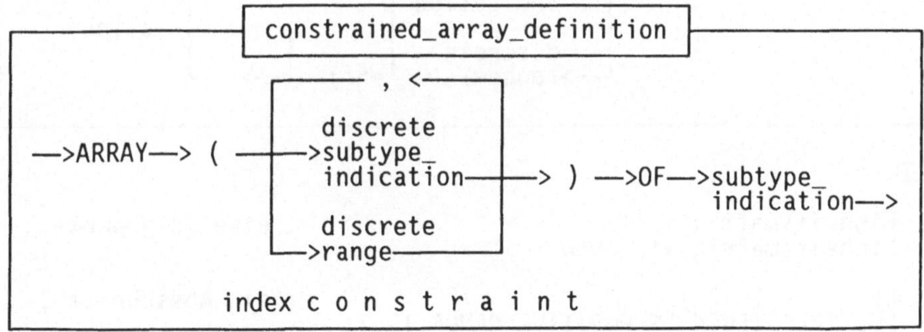

direkt in einer Konstanten- oder Variablenvereinbarung (2.2.3) vereinbart werden, z.B.

```
A1,A2:ARRAY(TIEFE,BREITE,-1..1) OF INTEGER;
      mit TIEFE,BREITE wie oben
```

Die Konstruktion ROW(1, 0) ist eine subtype indication (A.1). Da im RANGE 1..0 von ROW(1,0) der untere Index grösser ist als der obere Index, handelt es sich um einen Null-Bereich (englisch null range), der eine Null-Reihung (englisch null array) definiert. Die Konstruktion Nullvektor ist eine eindimensionale Null-Reihung vom Komponententyp FLOAT mit 0 Komponenten. Die Konstruktion ((1,0), (0,1)) ist ein Aggregat (siehe 5.2).

Auch Subtypen (siehe 2.2.2) können vereinbart werden, z.B.

```
        SUBTYPE SHORT_BYTE IS BYTE(1..4);
                        mit BYTE wie oben
```

Von einer vorher vereinbarten Reihung (siehe oben) sind in Ada nicht nur einzelne Komponenten, sondern wie z.B. in ALGOL_68, auch eindimensionale Ausschnitte (Teilreihungen) aufrufbar.

Eine indizierte Konstante oder Variable (englisch subscripted constant or variable), d.h. der Name der Komponente einer Reihung (englisch array component) oder eines eindimensionalen Ausschnitts (englisch slice) ist nach Syntaxdiagramm A.1 (für name), (verein-facht) - ohne Verbund-Komponenten (6.2.2), Funktionsaufrufe (7.5), ohne Attributierung (A.2.A) - von der Form

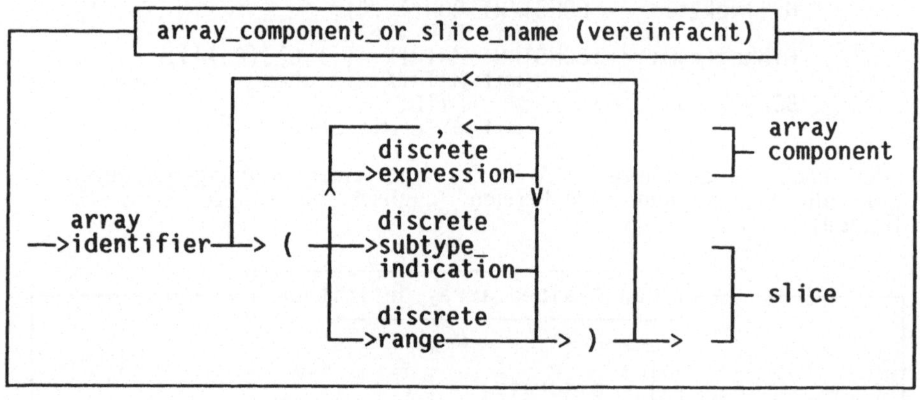

z.B.

```
Einheitsmatrix(1,1)                        , eine Komponente,
Einheitsmatrix wie oben                                      ,

B8      ( 1..7 )                           , ein Ausschnitt ,
SUBTYPE SIEBEN IS POSITIVE RANGE 1..7;
B8       (SIEBEN)                          , ein Ausschnitt ,
B8 wie oben

TYPE VEKTOR IS ARRAY(1..2)OF INTEGER;
AA:             ARRAY(1..3)OF  VEKTOR;
AA(3)(2)                                   , eine Komponente.
```

Einheitsmatrix(1,1) ist eine durch die Indizes 1, 1 bezeichnete Komponente von Einheitsmatrix. Einheitsmatrix(1, 1) ist nach Konstruktion eine 'UNIVERSAL_INTEGER'-Konstante vom Wert 1.

B8(SIEBEN) ist identisch mit B8(1..7) und stellt eine eindimensionale Reihung dar, die als Variable Zugriff zum Ausschnitt (englisch slice) der ersten 7 Komponenten von B8 hat. Wie man aus dem obenstehenden Syntaxschema entnimmt, können in Ada, anders als in ALGOL_68, keine mehrdimensionalen Ausschnitte gebildet werden.

"Reihung von Reihung" ist in Ada, anders als in Pascal, nicht assoziativ, d.h. AA(3)(2) darf nicht als AA(3, 2) geschrieben werden.

Im nachfolgenden Demonstrationsbeispiel FigRev wird im einzelnen vorgeführt, wie eine zweidimensionale Reihung Figur vereinbart wird, wie dann die Werte für Figur zeilenweise von der Input-Datei eingelesen und danach zeilenweise wieder auf die Output-Datei ausgegeben werden.

```
--------------------------------- FigRev ---------------------------------
-- Figur-Reversion: zur Array-Demonstration , sehr ausfuehrlich --
-- Eingabe        : 5 Zeilen mit (7 Figur -Zeichen + line-feed) --
-- Ausgabe        : 5 Zeilen mit (revers 7 Zeichen + line-feed) --
--------------------------------------------------------------------------

WITH text_io;USE text_io;

PROCEDURE FigRev IS

    Figur:ARRAY(1..5,1..7) OF CHARACTER;

BEGIN

    FOR i IN Figur'RANGE(1) LOOP         ----------------------------
       FOR j IN Figur'RANGE(2) LOOP      -- Zwei geschachtelte --
          get(Figur(i,j));               --    FOR-Schleifen   --
       END LOOP;                         -- fuer Eingabe eines --
       skip_line;                        --    2-dim. ARRAYs   --
    END LOOP                             ----------------------------
    ;                                                      new_line;
    FOR i IN Figur'RANGE(1) LOOP         ----------------------------
       FOR j IN REVERSE Figur'RANGE(2) LOOP-- Zwei geschachtelte --
          put(Figur(i,j));               --    FOR-Schleifen   --
       END LOOP;                         -- fuer Ausgabe eines --
       new_line;                         --    2-dim. ARRAYs   --
    END LOOP;                            ----------------------------

END FigRev;
```

```
| Input   | Output
|---------|---------
|*******  |*******
|*......  |......*
|*****..  |..*****
|*......  |......*
|*......  |......*
```

Die äußere i-Schleife enthält eine innere j-Schleife zur Eingabe jeweils einer Zeile von Reihungselementen. Nach Durchlauf der inneren j-Schleife gibt die äußere i-Schleife einen Zeilenvorschub.

Die Spaltenlänge ist 5 und die Zeilenlänge ist 7. Für die Angabe der Indexbereiche in den FOR-Schleifen werden die Attribute (A.2.A) Figur'RANGE(1) für 1..5 und Figur'RANGE(2) für 1..7 benutzt.

Um das Beispiel etwas interessanter zu gestalten, wird die Figur in den Zeilen revers ausgegeben, d.h. im zweiten Index j in umgekehrter Reihenfolge

```
FOR j IN REVERSE Figur'RANGE(2) LOOP put(Figur(i,j));END LOOP;
```

ausgegeben.

Anders als in kartesischen Koordinaten (i, j) zählt bei einer Matrix wie Figur _(i)_(j) der erste (Spalten-)Index i nach unten und der zweite (Zeilen-)Index j nach rechts.

Die Figur wurde mit konstanten Bereichsgrenzen (1..5, 1..7) vereinbart; sie könnte aber auch (wie im nächsten Beispiel) mit Hilfe einer Block-Anweisung (DECLARE 4.6) dynamisch, d.h. mit vorher einlesbaren Bereichsgrenzen, vereinbart werden.

Das folgende Beispiel Labyrint(h) ist in Gestalt des sagenumwobenen Ariadne-Faden Verfahrens nicht weniger reizvoll als in moderner Gestalt mit rekursivem Backtracking.

"Labrys" ist ein vorgriechisch, vorindogermanisches Wort, bedeutet "Stein-Paar" und weist vielleicht auf das Gipfelpaar des Ida-Bergs von Kreta hin, wo die Geburtshöhle des Zeus liegt. Die steinzeitlich synonyme Deutung "Doppel-Beil" kann aber auch Insignie für einen Stamm oder einen König sein. Auch der Königspalast Knossos in Kreta in Sichtweite des Berges Ida kann gemeint sein. Dort finden sich mannshohe Steinsymbole, die sowohl als oberer Teil einer Doppelaxt als auch als Hörner-Paar des Zeus-Stiers gedeutet werden können.

Nach der Sage wurde das palastartige "Labyrinth" vom Architekten Daidalos im Auftrag des Königs Minos auf Kreta erbaut. Darin hauste der Minotaurus, ein Mensch-Stier Ungeheuer, Sohn eines göttlichen Stiers und der Gattin Pasiphae des Minos. Der Minotaurus verschlang alle, die sich im Labyrinth verirrten. Mit Hilfe eines Fadens, den ihm Ariadne, die Tochter des Minos, mitgegeben hatte, fand Theseus den Weg zum Minotaurus, tötete ihn, und fand den Weg zurück.

Vielleicht ist die Sage eine Allegorie auf den Sieg der Vernunft (Ariadne-Faden) über die dumpfen Urtriebe (Stier); vielleicht auch überliefert sie den Sieg der Griechen (Theseus) über die Kreter (Minos) und die Übernahme der kretischen Kultur. Noch ist nicht geklärt, ob die Alt-Kreter (Bilderschrift 2.Jt. v. Chr, Linear-A Schrift seit 1800 v.Chr., beide nicht entziffert) schon griechisch sprachen.

Der Jahrtausende alte Algorithmus des "Ariadnefaden"s ist der antike Vorläufer des modernen rekursiven "backtracking" Verfahrens, das 1960 von E.W. Dijkstra eingeführt wurde am Beispiel des "8-Königinnen-Problem" (Übungsaufgaben).

Das Labyrinth ist hier nicht zweidimensional, sondern eindimensional in Schriftreihenfolge durchnumeriert, um die Zahl der Parameter von BackTrack und somit Aufrufzeiten zu reduzieren.

```
------------------------------ Labyrint ------------------------------
-- Labyrinth: Ariadne-Faden-Sage, Knossos (Kreta) , 3.Jt.v.Chr. --
--            Rekursives Backtracking-Verfahren, Dijkstra, 1960 --
--            Suchen/Drucken aller Faden-Wege '.' im Rechtecks- --
--            Labyrinth von Len1 Reihen  und Len2 Spalten . --
--            Innen: Start '+', Weg ' ', Mauer 'O', Ausgang '*' --
--            Aussen  am  Rand  nur : Mauer 'O', Ausgang '*' --
----------------------------------------------------------------------

WITH text_io;USE text_io;

PROCEDURE Labyrint IS
    PACKAGE I_io IS NEW integer_io(INTEGER);USE I_io;
    Len1,Len2,Len:POSITIVE;
BEGIN
    put("Len1:");get(Len1);put("Len2:");get(Len2);Len:=Len1*Len2;
    DECLARE
        SUBTYPE LabRange IS POSITIVE RANGE 1..Len;
        Lab:ARRAY(LabRange) OF CHARACTER;Start:LabRange;

        PROCEDURE GetLab IS
        BEGIN FOR i IN Lab'RANGE LOOP get(Lab(i));
                IF i REM Len2 = 0  THEN skip_line;END IF;
                IF Lab(i)      ='+' THEN Start:=i ;END IF;
        END LOOP;END GetLab;

        PROCEDURE PutLab IS
        BEGIN FOR i IN Lab'RANGE LOOP put(Lab(i));
                IF i REM Len2 = 0 THEN new_line;END IF;
        END LOOP;END PutLab;

        PROCEDURE BackTrack(Start:LabRange)
          IS              Next :LabRange;
        BEGIN
            Lab(Start):='.';
            FOR Direction IN 1..4 LOOP
                CASE Direction IS     WHEN 1 => Next:=Start-Len2;
                    WHEN 2 => Next:=Start-1;    WHEN 3 => Next:=Start+1
                    ;                    WHEN 4 => Next:=Start+Len2;
                END CASE;
                IF    Lab(Next)=' ' THEN BackTrack(Next);
                ELSIF Lab(Next)='*' THEN new_line;PutLab;END IF;
            END LOOP;
            Lab(Start):=' ';
        END BackTrack;

    BEGIN put_line("Lab :");GetLab;BackTrack(Start);END;
END Labyrint;
```

```
Output | Input
-------+---------
Len1:  | 9
Len2:  | 9
Lab  :
       | 0000*0000
       | 0   0    0
       | 0 00000 0
       | 0      0 0
       | 0 0 0 0 0
       | 0 0+0 0 0
       | 0 000 0 0
       | 0       0
       | 000000000
```

```
Output Fortsetzung
-------------------
0000*0000
0   0....0
0 00000.0
0...   0.0
0.0.0 0.0
0.0.0 0.0
0.000 0.0
0.......0
000000000
```

```
Output Fortsetzung
-------------------
0000*0000
0   0....0
0 00000.0
0   ...0.0
0 0.0.0.0
0 0.0.0.0
0 000.0.0
0     ...0
000000000
```

Backtracking-Regeln:

- Zur Vermeidung von Rundläufen um "Inseln" wird auf dem
  Weg ein Ariadne-Faden ausgelegt (tracking), der im weiteren Wegverlauf nicht mehr betreten werden darf (wie
  eine Mauer), d.h. Rundläufe werden zu Sackgassen.

- Zur Erreichung aller Ausgänge werden auch die Ausgänge
  wie Sackgassen behandelt. Als Besonderheit wird nur vor
  dem Rückzug aus diesen Sackgassen ein Weg-Protokoll
  ausgegeben.

- Beginnend an der Start-Stelle werden systematisch nacheinander (rekursiv auch an den Nachfolge-Stellen) alle
  Wegrichtungen ausprobiert. Erst nach der Rückkehr aus
  einer Wegrichtung darf die nächste Wegrichtung ausprobiert werden.

- Erreicht man das Ende einer Sackgasse, so kehrt man zurück, indem man den Ariadne-Faden wieder einholt (backtracking), und so den Rückweg frei macht.

Da es nur Sackgassen gibt, befindet man sich zum Schluß wieder
an der Start-Stelle mit wiedereingeholtem Ariadne-Faden.

Bei einer Zeilenlänge Len2=9 startet BackTrack bei '+' in Zeile
6 und Spalte 4 in der U-förmigen "Insel" des Labyrinths,   d.h. bei
Start=49. Ob eine Stelle i am Ende einer Zeile liegt,   erkennen die
Prozeduren GetLab und PutLab an "i REM Len2 = 0".

Die über bzw. unter der Stelle First liegende Stelle findet man
als First-Len2 bzw. First+Len2. Die links bzw. rechts von der
Stelle First liegende Stelle findet man als First-1 bzw. First+1.

Das Syntaxdiagramm A.1 (name) zeigt, daß außer den bisher besprochenen einfachen Namen von Komponenten oder Ausschnitten auch komplexere Konstruktionen möglich sind, indem an die Stelle des "array identifier" nun Präfix-Gebilde treten, z.B.

```
Verbund.Reihung(Index)    (vgl. 6.2.2)
```

Im Paket STANDARD (Anhang A.2.A) ist die Katenation & (englisch catenation, lateinisch catena = Kette) vordefiniert für eindimensionale Reihungstypen und deren Komponenten, also auch für STRING und dessen CHARACTER-Komponenten, z.B.

```
"Hallo" & ',' & "Hallo" = "Hallo,Hallo"    (vgl. 1.9)
```

5.2 Aggregat

In Ada gibt es nicht nur einzelne Werte für Reihungskomponenten, sondern, wie in ALGOL_68, auch multiple Werte für ganze Reihungen oder Ausschnitte, sogenannte Aggregate, z.B. (1,1) in

```
Einheitsvektor:CONSTANT ARRAY(1..2) OF INTEGER:=(1,1);
```

Ein Aggregat (englisch aggregate) ist eine Konstante, nach Syntaxdiagramm A.1 (primary, component association) von der Form

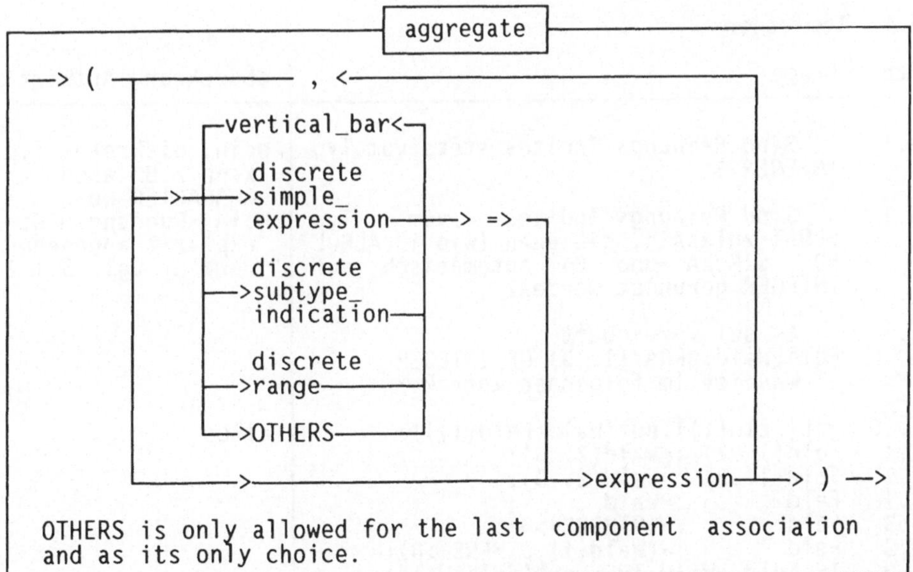

Z.B.

```
SUBTYPE MULTI IS POSITIVE RANGE 2..3;
                Four:INTEGER:=4;
  ('A',MULTI=>'g',Four=>'r',6=>'g',5..5=>'e',OTHERS=>'.')
```

entspricht dem Aggregat ('A', 'g', 'g', 'r', 'e', 'g', '.', ..., '.'), dessen Länge aus dem Programm-Kontext ersichtlich sein muß.

Die Komponente 'A' ist durch ihre Position im Aggregat definiert, die übrigen Komponenten durch Auswahlen => , die in ihren Vorkommen nicht an die entsprechenden Positionen gebunden sind. Rechts von Auswahlen dürfen nur noch Auswahlen vorkommen.

Jede Position muß direkt oder durch Auswahl besetzt sein (Vollständigkeit).
Keine Position darf mehrfach besetzt sein (Eindeutigkeit).

Die Auswahl OTHERS steht für alle Positionen, die nicht direkt oder durch Auswahl (vorangehend) besetzt wurden. OTHERS muß stets gesetzt werden, wenn sonst nicht alle Positionen besetzt wären.

Da ein Aggregat (als primary und damit expression) Bestandteil eines anderen Aggregats sein darf, sind auch mehrdimensionale Konstruktionen möglich, z.B.

```
Nullmatrix:ARRAY(1..2,1..2)OF INTEGER:=(OTHERS=>(OTHERS=>0));
```

Aggregate können auch Strukturaggregate sein. Strukturaggregate werden im nächsten Kapitel im Abschnitt 6.2.2 behandelt.

5.3   Testfragen

zu	Frage	abdeckbare Antwort
5.1	Sind Reihungs-Indizes stets vom Typ INTEGER ?	nein, diskreter Typ kann z.B. auch CHARACTER sein
5.1	Sind Reihungs-Indizes vom Typ FLOAT zulässig, die dann (wie in ALGOL 60 , SIMULA und C) automatisch auf INTEGER gerundet werden?	nein, Rundung müßte explizit angegeben werden, vgl. 3.1.2
5.1	Es sei vereinbart Feld,Wald:ARRAY(1..3) OF INTEGER Was ist im folgenden korrekt?	
1.10	`get(Feld(1));put(Wald(Feld(1)));`	alles
4.1	`Feld(1..2) :=Wald(2..3);`	
4.1	`Feld(1..2) :=Feld(2..3);`	
4.1	`Feld       :=Wald       ;`	
5.3	`Feld       :=(OTHERS=>0);`	
5.3	`Feld       :=(Wald(1),OTHERS=>0);`	
1.9	`IF Feld/=Wald THEN put(Feld&Wald);`	

1.10   get(Feld);put(Feld);   keines
5.2   Feld:=(Wald(1),OTHERS=>2,Wald(3));

5.2   Sind bei zeilenweiser Ausgabe einer   nein, Matrixelement
       Matrix A(x,y) mit Zeilenvorschub nach   A(x,y) entspricht
       jeder Zeile, die Elemente der Matrix   dem kartesischen
       den Indizes x,y so zugeordnet wie in   Punkt (y,-x)
       einer kartesischen Ebene, d.h. zählt x
       nach rechts, y nach oben?

5.2   Kann man einen Werte-Tausch mit   nein, ein aggregate
       Hilfe von Aggregaten wie folgt pro-   ist keine Variable
       grammieren?   , d.h. nicht links
                                                  im assignment(4.1)
       (x,y):=(y,x)   zulässig

6 ZEIGER UND VERBUND

Dem Programmierer erschließt sich durch Verwendung von

```
- unvollständiger Typvereinbarung, z.B.     TYPE VERBUND;
- Zeigertyp,  z.B.      TYPE ZEIGER  IS ACCESS VERBUND;
- Verbundtyp, z.B.      TYPE VERBUND IS
               RECORD Object:NATURAL;Next:ZEIGER;END RECORD;
```

ein neues Gebiet, das mathematisch der Relationen-Algebra (Relation, Diagramm, Baum, Verbund) und der Graphentheorie (gerichteter Graph), programmiertechnisch den Listen-Strukturen (LISP 1960) und in den Anwendungen hauptsächlich den Dokumentationssystemen (englisch information retrieval) bzw. Datenbanken (englisch data base) zugerechnet wird.

In Ada können, ähnlich wie in PL/I, ALGOL 68 und Pascal, nur Vereinbarungen, aber keine statements in die   RECORD-Strukturen aufgenommen werden. Will man in Ada, wie in SIMULA mit CLASS-Strukturen möglich, Strukturen mit statements schaffen, so muß man packages (siehe 9.1) benutzen.

6.1   ZEIGER (ACCESS)

Man benutzt Zeigertechnik, um Baumstrukturen zu beschreiben und um aufwendige Kopiertechnik zu vermeiden.

Ein Zeiger-Zugriff wird intern realisiert durch eine Konstrukttion aus zwei Speichern, wobei der erste Speicher die Adresse des zweiten Speichers zum Inhalt hat.

6.1.1   Zeigertyp, Allokator, Selektor

Ein Zeigertyp (englisch pointer type oder access type) wird nach Syntaxdiagramm A.1 (type) eingeführt durch Vorsetzung des Wort-Symbols ACCESS vor den betreffenden Objekt-Typ (subtype indication), auf den gezeigt werden soll, z.B. (unten ZweiZeig)

```
TYPE ZEIGER IS ACCESS FLOAT;
```

Man kann in Ada, anders als z.B. in Pascal, Zeiger-Konstanten/ Variablen nicht direkt mit ACCESS vor dem Objekt-Typ, ohne vorherige Vereinbarung eines Zeigertyp-Namens, vereinbaren, z.B.

```
            Z:      ZEIGER;   (ZEIGER ist  ein Typ-Name)
inkorrekt   Z:ACCESS FLOAT;   (ACCESS FLOAT kein Typ-Name)
```

Zur Deutung von Zeigern benutzen wir unsere schon für assignment statements im Abschnitt 4.1 eingeführte graphische Interpretation (H. Feldmann, ALGOL_68-Bulletin, Dec. 74).

In Ada ist, ähnlich wie in PL/I, ALGOL 68 und Pascal, anders als in SIMULA, Zeiger-Zugriff auf Objekte beliebigen Typs möglich. In den Anwendungen kommen zumeist Zeiger-Zugriffe auf Objekte vom Verbundtyp vor.

Im folgenden ersten Einführungsbeispiel ZweiZeig für (zwei) Zeiger, Allokatoren und Selektoren verwenden wir der Einfachheit halber nur Zeiger-Zugriffe auf Objekte vom Typ FLOAT.

```
--------------------------------- ZweiZeig ---------------------------------
--              Zwei Zeiger zeigen auf das gleiche Objekt            --
--              Eingabe  ueber Z1  und  Ausgabe  ueber Z2           --
--              Sehr   ausfuehrlich   zur   Demonstration           --
----------------------------------------------------------------------------


WITH text_io;USE text_io;

PROCEDURE ZweiZeig IS
     PACKAGE F_io IS NEW float_io(FLOAT);USE F_io;

     TYPE ZEIGER IS ACCESS FLOAT
     ;                        Z1 :ZEIGER:=NEW FLOAT
     ;                                  Z2 :ZEIGER:=Z1;
BEGIN
--                    \_,_/                 \_,_/              --
--                      !                     !               --
--     erzeugt und ;---'---,           ;---'---, erzeugt und  --
--       Zugriff   !   1   !           !   2   !   Zugriff    --
--        durch    !-------! a)   b) !-------!    durch       --
--     declaration !   3 --+---, ;---+-- 3   ! declaration    --
--      Z1:Zeiger; !-------! ! !   !-------! Z2:Zeiger;       --
--                 ! ZEIGER! ! !   ! ZEIGER!               --
--                 \-------/ ;--+-+--,  \-------/            --
--                           ! V V !                        --
--                           !  3  ! a) verknuepft durch    --
--          erzeugt          !------!    Z1:=NEW FLOAT;      --
--           durch           !      !                        --
--         allocation        !------! b) verknuepft durch    --
--        Z1:=NEW FLOAT;     ! FLOAT !   init.ass. Z2:=Z1;   --
--                           \---,---/                       --
--       Zugriff durch           !        Zugriff durch      --
--        selection   ;----------'----------, selection      --
--         Z1.ALL     !                      !   Z2.ALL       --
--                    ;-'--,            ;-'--,               --
put("Z1.ALL:");get(Z1.ALL);
put("Z2.ALL=");                      put(Z2.ALL,1,2,0);

END ZweiZeig;
```

Output	Input
Z1.ALL: Z2.ALL=3.14	3.14

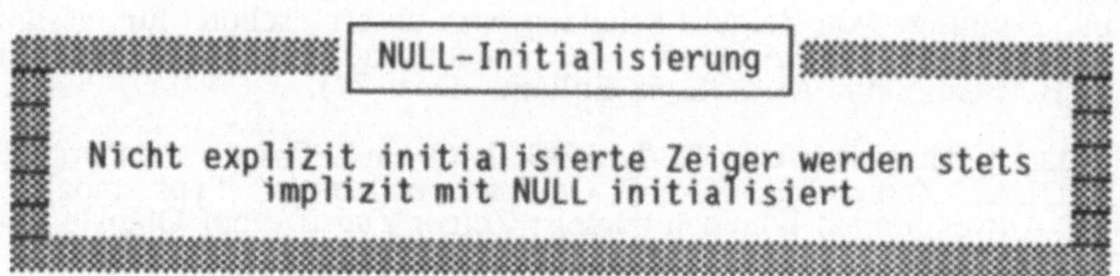

Bei der Zeiger-Vereinbarung $Z1:ZEIGER$; wird nur der erste
Speicher neu geschaffen und als zweiter Speicher zunächst die a
priori vorhandene "Endstation" von NULL gewählt. Diese Endstation
hat keinen definierten Inhalt, aber die definierte Adresse "0".

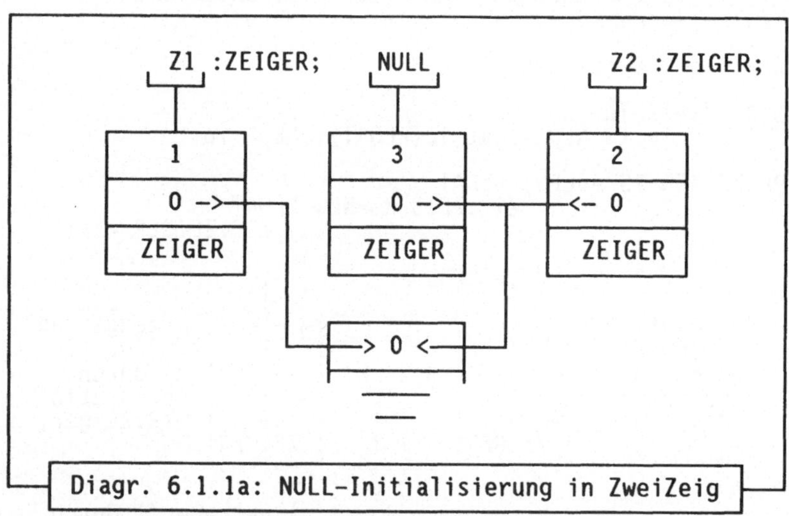

Diagr. 6.1.1a: NULL-Initialisierung in ZweiZeig

Schon jetzt wären Abfragen $Z1=NULL$, ergibt TRUE, möglich
(BinSort, 6.2.1). Bei Zeiger-Vergleichen werden, wie bei anderen
Vergleichen auch, stets die obersten (!) Speicher verglichen.

Mit Hilfe des Allokators   NEW FLOAT muß anschließend der zweite Speicher für den   FLOAT-Wert in der Zeiger-Konstruktion für Z1
neu geschaffen werden.

Durch ein assignment statement $Z1:=NEW$ FLOAT wird die Adresse des neugeschaffenen Speichers, hier "3", in den obersten (!)
Speicher von Z1 als Inhalt hineinkopiert. Anschließend wird durch
$Z2:=Z1$ der Inhalt des obersten (!) Speichers von Z1, hier die
Adresse "3", in den obersten (!) Speicher von Z2 als Inhalt ein-
kopiert.

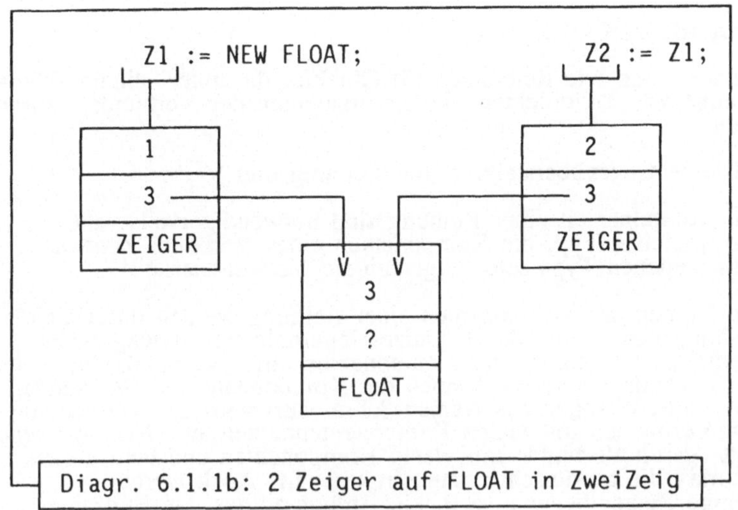

Diagr. 6.1.1b: 2 Zeiger auf FLOAT in ZweiZeig

Jetzt zeigen beide Zeiger Z1,Z2 auf das gleiche FLOAT-Objekt.

Mit Hilfe des Selektors "Z1." in Z1.ALL hat man Zugriff auf das FLOAT-Objekt und kann darauf einen FLOAT-Wert einlesen, hier mit GET(Z1.ALL), und anschließend den Wert ausdrucken, hier mit PUT(Z2.ALL). Auch eine Wertzuweisung, Z1.ALL:=3.14; oder ein Wert-Vergleich, Z1.ALL=Z2.ALL ergibt TRUE, wäre möglich.

Ein Selektor "beraubt" demnach einen Zeiger seines ersten Speichers und schafft direkten Zugriff auf seinen zweiten Speicher, der quasi zum obersten Speicher wird. Dieser "Entverweisungs-Effekt" ist eine implizite Typ-Konvertierung. Normalerweise wird man Zeiger nur für Verbundtypen schaffen. Dann stünde als Selektor nach dem Punkt der Name der gewünschten Verbundkomponente. In unserem Beispiel ohne Verbundtyp verwendet man den für solche Fälle in Ada vorgesehenen Namen ALL.

Die mit NEW erzeugten internen Objekte sind "unsterblich", da sie nicht wie andere interne Objekte nach Verlassen des nächsten sie umgebenden Vereinbarungsbereichs als Speicher freigegeben werden. Das hat entscheidende Vorteile für den Aufbau von Listen mit Hilfe von Zeigern und RECORDs, hat aber andererseits den Nachteil, daß "lebende Speicher-Leichen" entstehen können, falls alle ehemals auf ein namenloses NEW-Objekt zugreifenden Zeiger nicht mehr existieren. Ob der Compiler zur Laufzeit automatisch Speicherbereinigung (Entschrottung, englisch garbage collection) ausführt, ist implementationsabhängig (bei guten Compilern üblich).

Speicherfreigabe durch den Programmierer selbst ist möglich mit Hilfe der vordefinierten generischen Bibliotheks-Prozedur unchecked_deallocation (siehe 11.3.1, Anhang A.2.E), die mit WITH verfügbar gemacht und mit dem gewünschten Objekt- und Zeiger-Typ (vgl. BinSort 6.2.1) generisch instantiiert werden muß.

6.2   Verbund: RECORD

Verbunde sind wie Reihungen (5) Objekte, die unter einem Namen eine Menge von Teilobjekten, die Komponenten des Verbunds, zusammenfassen.

Vorab eine Gegenüberstellung von Reihung und Verbund:

- Die Komponenten einer Reihung sind notwendigerweise alle vom gleichen Typ, die Komponenten eines Verbunds können verschiedenen Typs sein (allgemeinere Verwendbarkeit).

- Die Namen der Komponenten einer Reihung werden durch den Reihungsnamen und durch Indizes innerhalb von Indexgrenzen bestimmt, die Namen der Komponenten eines Verbunds durch den Verbundnamen und die Namen der Komponenten des Verbunds. Das schließt wegen des Namen-Schreibaufwands die Verwendung von Verbunden mit vielen Komponentennamen aus. Man verwendet statt dessen Verbunde mit wenig Komponenten und baut daraus rekursiv die gewünschte Baumstruktur auf. Auch werden nur wenige Zeiger benannt, z.B. ein Anfangszeiger, ein Endzeiger und ein freier Zeiger zum Durchsuchen des Verbunds.

- Die Identifikation von Reihungskomponenten ist erst dynamisch zur Laufzeit durch Berechnung der Indizes möglich, die Identifikation von Verbundkomponenten bereits statisch zur Übersetzungszeit (kürzere Laufzeiten).

6.2.1   Verbundtyp, Komponente, Selektor

Eine Verbundtyp-Vereinbarung (englisch record type declaration) ist nach Syntaxdiagramm A.1 (type declaration, component list) von der Form

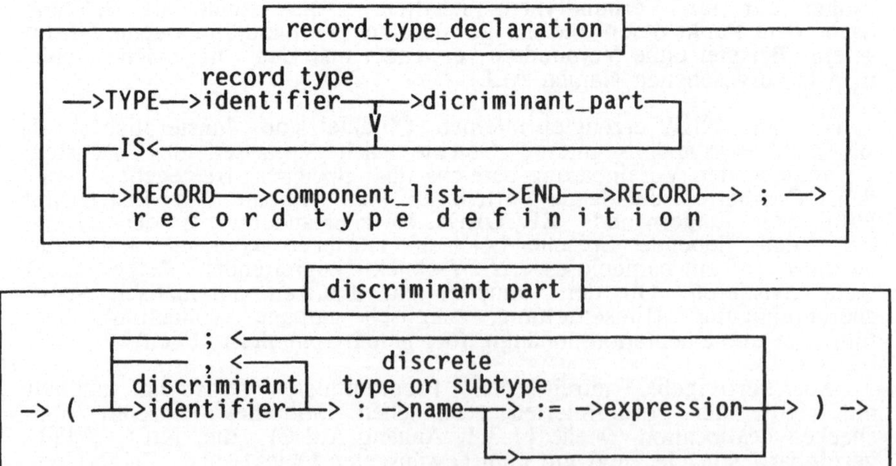

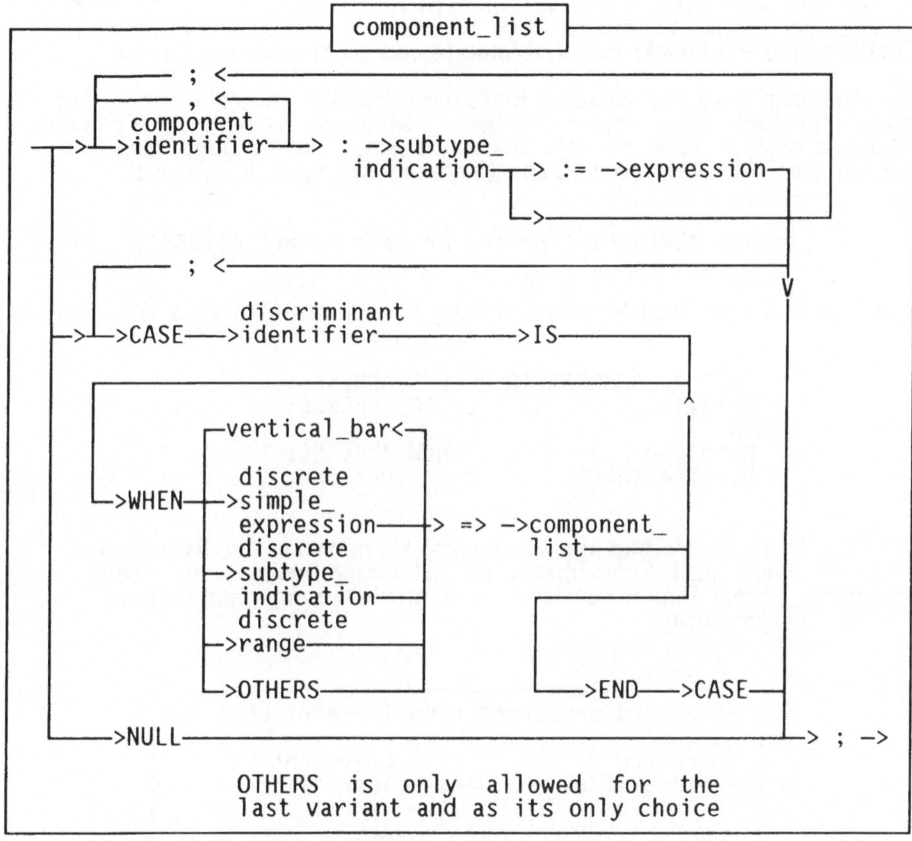

Nun ein kurzes Einführungsbeispiel, bereits mit Varianten-Teil:

```
TYPE ADRESSE(Telefon:BOOLEAN:=TRUE;Laenge:POSITIVE:=20) IS
   RECORD
                         Name       :STRING(1..  Laenge);
         CASE            Telefon       -- Varianten-Teil
            IS
               WHEN TRUE =>Nummer    :POSITIVE;
               WHEN FALSE=>Anschrift:STRING(1..2*Laenge);
         END CASE;
   END RECORD;
```

Der Verbund ADRESSE hat die Komponenten (englisch field) Name,
Telefon und entweder Nummer oder Anschrift. Telefon und Laenge
sind "Diskriminanten" (englisch tag). Telefon läßt für verschiedene im Programm zugewiesene Werte verschiedene Verbund-Varianten,
d.h. entweder die Komponente Nummer oder die Komponente Anschrift
entstehen. Im Unterschied zu nicht-varianten   RECORD-Komponenten,
die alle eigenen Speicher besitzen, überlappen sich die Speicher-
bereiche von varianten RECORD-Komponenten, d.h. es kann nur jeweils eine dieser Komponenten zur Zeit gespeichert werden!

Um eine Inkarnation eines Verbundtyps zu erzeugen, muß eine Konstante oder Variable dieses Typs vereinbart werden. Bei Zeigervariablen muß ein Objekt des Verbundtyps mit NEW alloziert werden.

Will man etwa bei diesem Einführungsbeispiel Adresse eine Variable "Person" oder einen Zeiger "Mitglied" schaffen, die eine Adresse besitzen bzw. auf eine solche zeigen, so benötigt man entweder eine Variablenvereinbarung (Verbund-Aggregat, 6.2.2), z.B.

```
... Person:ADRESSE:=("Meier, Dr.Hans Peter",441386); ...
```

oder einer Zeiger-Variablenvereinbarung mit Allokator (6.1), z.B.

```
...     TYPE AC_ADRESSE IS ACCESS ADRESSE;
        Mitglied              :  AC_ADRESSE;
     BEGIN
        Mitglied              :=NEW ADRESSE;
        Mitglied.ALL          :=     Person ; ...
```

Eine in einem Verbundtyp vereinbarte Komponente (englisch component) kann nach Syntaxdiagramm A.1 (name) vereinfacht - ohne Reihung, ohne Funktionsaufruf, ohne Attributierung - aufgerufen werden in der Form

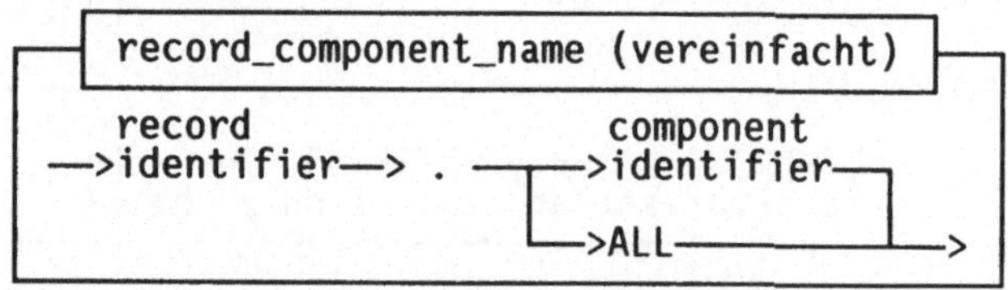

z.B. (vgl. oben Person bzw. Mitglied)

```
Person.Name
Mitglied.ALL
```

d.h. mit Hilfe des Verbundnamens, nachgesetztem Punkt '.' und anschließendem Komponenten-Namen.

Eine Verbund-Variablenvereinbarung (ohne CONSTANT) wirkt stets wie Variablenvereinbarungen für alle Verbund-Komponenten.

Verbundtypen fallen etwas aus dem Konzept der "Bereichsschachtelung" (7.7) heraus, da ihre Komponenten lokal im Verbund vereinbart und dennoch außerhalb des Verbunds unter Zuhilfenahme des Verbundtyp-Variablennamens aufrufbar sind. Außerhalb der Verbundtyp-Vereinbarung dürfen andere Größen mit gleichen Namen wie die Komponenten des Verbunds vereinbart sein.

```
------------------------------ BinSort -------------------------------
--    Bin-Sort   :    Williams 1964 , Ordnen durch Aufbau  und    --
-- (Heap-Sort)        Traversieren eines geordneten bin. Baums      --
--                    Speicher: Fuer jeden STRING ein  Verbund      --
----------------------------------------------------------------------
WITH text_io,unchecked_deallocation;USE text_io;

PROCEDURE BinSort IS
   PACKAGE I_io IS NEW integer_io(INTEGER);USE I_io;
   StrLen:POSITIVE;

BEGIN put("StrLen:");get(StrLen);skip_line;
   DECLARE
      S          :STRING(1..StrLen)             ;
      Terminator:STRING(1..StrLen):=(OTHERS=>'#');

      TYPE Tree;TYPE acTree IS ACCESS Tree;      ----- T:acTree -----
      TYPE Tree IS                              --        ;--T1-->  --
      RECORD                                    --        !         --
         Knot :STRING(1..StrLen);               --   -->Knot        --
         T1,T2:acTree              ;            --        !         --
      END RECORD;                               --        `--T2-->  --
      T       :acTree;                          --------------------

      PROCEDURE GetS IS
      BEGIN put("Terminator=");put(Terminator);new_line;
         put("STRING(1..");put(StrLen,0);put("):");get(S)
      ;  skip_line;                                      END GetS;

      PROCEDURE GrowS(T:IN OUT acTree) IS
      BEGIN IF T=NULL    THEN T:=NEW Tree;T.Knot:=S;
         ELSIF S<T.Knot THEN GrowS        (T.T1)
      ;                 ELSE GrowS        (T.T2);  END IF;END GrowS;

      PROCEDURE Free IS NEW unchecked_deallocation(Tree,acTree);

      PROCEDURE Trav(T:IN OUT acTree) IS
      BEGIN IF T/=NULL THEN
            Trav(T.T1);put_line(T.Knot);Trav(T.T2)
      ;     Free(T);                                 END IF;END Trav;

      PROCEDURE Plot(S1,SK,S2:STRING;T:acTree) IS
      BEGIN IF T/=NULL THEN
            Plot      (S1&"      "
            ,          S1&" ;->"
            ,          S1&" !  ",T.T1)
            ;put_line(SK&T.Knot     )
            ;Plot      (S2&" !  "
            ,          S2&" `->"
         ,             S2&"      ",T.T2);          END IF;END Plot;

   BEGIN LOOP          new_line
         ; GetS     ;EXIT WHEN S=Terminator
         ; GrowS(T);new_line;Plot("   ","->","   ",T);END LOOP
         ;               new_line;Trav(           T);
   END;

END BinSort;
```

```
Output                | Input | Output              | Input | Output
                      |       | Fortsetzung         |       | Fortsetzung
----------------------+-------+---------------------+-------+------------
StrLen:               | 4     |                     |       |
Terminator=####       |       | Terminator=####     |       | 190E
STRING(1..4):  Ford   |       | STRING(1..4):  190E |       | AUDI
                      |       |                     |       | BMW5
 ->Ford               |       |     ;->190E         |       | Ford
                      |       |   ;->AUDI           |       | Golf
Terminator=####       |       |   !   `->BMW5       |       | Opel
STRING(1..4):  AUDI   |       | ->Ford              |       |
                      |       |   `->Opel           |       |
  ;->AUDI             |       |                     |       |
 ->Ford               |       | Terminator=####     |       |
                      |       | STRING(1..4):  Golf |       |
Terminator=####       |       |                     |       |
STRING(1..4):  BMW5   |       |     ;->190E         |       |
                      |       |   ;->AUDI           |       |
  ;->AUDI             |       |   !   `->BMW5       |       |
  !   `->BMW5         |       | ->Ford              |       |
 ->Ford               |       |   !  ;->Golf        |       |
                      |       |   `->Opel           |       |
Terminator=####       |       |                     |       |
STRING(1..4):  Opel   |       | Terminator=####     |       |
                      |       | STRING(1..4):  #### |       |
  ;->AUDI             |       |                     |       |
  !   `->BMW5         |       |                     |       |
 ->Ford               |       |                     |       |
  `->Opel             |       |                     |       |
```

Das obige Beispiel BinSort enthält einen rekursiven RECORD-Typ Tree. Der elementare Baum Tree besteht aus einem STRING-Knoten und zwei Zeigern auf andere elementare Bäume. Tree beschreibt demnach einen binären Baum.

Binäres Sortieren nach Williams wird durch Aufbau eines geordneten binären Baums und anschließendes Traversieren (Linearisieren unter Beibehaltung der Ordnung) ausgeführt. Die Plot-Prozedur ermöglicht es, den Aufbau des binären Baums zu verfolgen.

Der Pointer T zeigt am Beginn auf den leeren Baum NULL.

Danach wächst jeweils ein STRING S als neuer Knoten an den Baum T mit GrowS(T). S ist globaler Parameter für GrowS.

GrowS untersucht durch "IF T=NULL...", ob der jeweils zu bearbeitende Teilbaum noch NULL ist, dann wird ein neuer Teilbaum mit T:=NEW Tree; alloziert und seinem Knoten der Wert des neu eingelesenen STRING S zugewiesen; sonst wird je nach S<T.Knot der erste Zweig mit GrowS(T.T1) oder der zweite Zweig mit GrowS(T.T2) rekursiv weiterverfolgt, was ebenfalls, über ggf. mehrere rekursive Stationen, zu einem Wachstum NEW Tree des Baums und einer Zuweisung des neu eingelesenen STRING S führt.

Wie die Plot-Darstellung der Bäume zeigt, sind die Knoten dann bereits richtig geordnet und müssen nur noch "travers", d.h. hier zeilenweise von oben nach unten, rekursiv mit Trav(T) ausgedruckt werden: zuerst rekursiv mit Trav der (obere) erste Zweig, dann mit put der Knoten und dann rekursiv mit Trav der (untere) zweite Zweig.

Ganz ähnlich wie Trav arbeitet auch die Prozedur Plot, die noch zusätzlich in den Strings S1, SK, S2 die bisher getätigten Zwischenraum-Vorschübe und die erforderlichen Diagramm-Pfeile für den oberen Zweig (S1), den Knoten (SK) und den unteren Zweig (S2) als Parameter mitführt.

Für das Austesten von Baum-Konstruktionen sollte man immer eine Plot-Prozedur rechtzeitig bereitstellen! Ohne Druckprozedur führt "Schlüsselloch-Programmieren" von komplizierten Verbund-Strukturen nicht zu Erfolgserlebnissen.

Unser Programmbeispiel weist sowohl "Unterprogramm-Rekursion", in GrowS, Trav und Plot, als auch "Typ-Rekursion", in Tree, auf.

Für die Vereinbarung rekursiver Typen ist in Ada (ähnlich der FORWARD-Vereinbarung in Pascal) eine vorherige unvollständige Typ-Vereinbarung (vgl. 2.2.1) erforderlich, hier "TYPE Tree;".

Das Syntaxdiagramm A.1 (name) zeigt, daß außer den bisher besprochenen einfachen Namen von Komponenten eines Verbunds auch komplexere Konstruktionen möglich sind, indem an die Stelle des "record identifier" nun Präfix-Gebilde treten, z.B.

```
Reihung(Index).Verbund_Komponente    (vgl. 5.1)
```

Voreinstellung eines Programm-Abschnitts auf bestimmte Präfix-Gebilde zum Zwecke der Abkürzung von Namen von Komponenten von Verbunden, wie etwa per WITH in Pascal oder per INSPECT in SIMULA oder per Direkt-Zugriff in PL/I, gibt es in Ada (wie in ALGOL_68) nicht.

An Stelle von Präfix-Voreinstellung verwendet man in Ada bei Packages USE (siehe 2.1.2) zur Namensabkürzung und bei Prozeduren oder Block-Anweisungen RENAMES (siehe 2.2.4) zur Synonymvereinbarung.

6.2.2 Aggregat

In Ada gibt es anolog zu Reihungtyp-Aggregaten (5.3) auch Verbundtyp-Aggregate, d.h. multiple Werte für ganze Verbunde, z.B. das Aggregat (6.2.1) in

```
Person:ADRESSE:=("Meier, Dr.Hans Peter",441386);
```

Der formale Aufbau von Verbund-Aggregaten entspricht genau dem der Reihungs-Aggregate (6.2.1). Erst aus dem Programm-Kontext kann der Compiler Aggregate identifizieren. Nötigenfalls müssen Aggregate durch Typisierung (siehe 3.1.2) eindeutig gekennzeichnet werden, vgl. 6.2.1, z.B.

```
ADRESSE(10,FALSE)'("Clochard X","Unter der Bruecke  Y");
```

6.3 Testfragen

zu	Frage	abdeckbare Antwort
6.1	Verweist jeder ACCESS-Zeiger auf einen RECORD-Verbund?	nein, vgl. ZweiZeig
6.1 6.2.1	Ist jede RECORD – Komponente ein ACCESS-Zeiger?	nein, vgl. Knot in BinSort
6.1	Sind Zeiger auf Zeiger konstruierbar , d.h. Zeiger der Stufe 2 (und höher)?	ja,z.B.TYPE T; TYPE A IS ACCESS T; TYPE B IS ACCESS A; TYPE T IS ..
6.1	Unter Bezug auf die vorige Antwort: Wieviel interne Speicherobjekte sind nach Vereinbarung von `Zeiger_der_Stufe_2:B;`	eins,
	für Zeiger_der_Stufe_2 bereits geschaffen und wieviele müssen noch (mit NEW oder per Assignment auf bereits vorhandene Objekte) alloziert werden?	zwei

6.2.1   Welche der folgenden sind korrekte
         (im Rechner darstellbare)   RECORD-
         Verbunde?

     TYPE ALLNULL IS   alle
       RECORD NULL;END RECORD;

     TYPE Recursive;
     TYPE acRecursive IS ACCESS Recursive;
     TYPE Recursive IS
       RECORD
         Object :FLOAT;
         Pointer:acRecursive;
       END RECORD;

     TYPE DEADLOCK IS   keine
       RECORD Infinite:DEADLOCK;END RECORD;

     TYPE RecurLock;
     TYPE acRecurLock IS ACCESS RecurLock;
     TYPE RecurLock IS
   RECORD Infinite:acRecurLock;END RECORD;

6.2.1   Welche der folgenden sind korrekte
         Konstanten- oder Variablenvereinbarun-
         gen (Typen wie oben)?

     R:RECORD F:FLOAT;END RECORD;   nein (Typ erfordl.)

     R:ALLNULL;   alle
     R:Recursive;

6.2.1   Vereinbare einen Verbund COMPLEX   TYPE COMPLEX IS
         für komplexe Zahlen.   RECORD Re,Im:FLOAT;
                                             END RECORD;

6.2.1   Kann man Operationen + - * / mit in   nein, dafür
         den Verbund COMPLEX (als Komponenten)   Package schreiben,
         aufnehmen?   siehe 9.1.1

7 UNTERPROGRAMME

Bei Unterprogrammen unterscheidet man

a) Funktionen, Operationen,
die stets einen Resultat-Typ besitzen, vereinbart werden als

```
FUNCTION  designator(...) RETURN type_or_subtype_name
```

und aufgerufen werden in einem Ausdruck, d.h. einen
Wert (value) berechnen, z.B.

```
Sin(X)    ,    X+Y
```

b) Prozeduren,
die keinen Resultat-Typ besitzen, vereinbart werden als

```
PROCEDURE identifier(...)
```

und aufgerufen werden als Anweisung im Programm, d.h. eine
Tätigkeit (action) ausführen, z.B.

```
put(X);
```

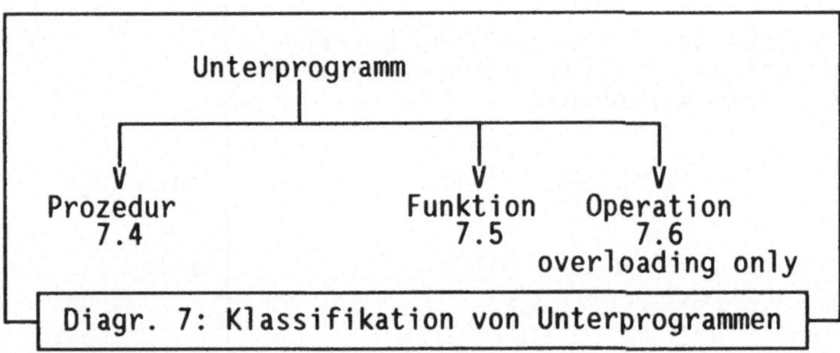

Diagr. 7: Klassifikation von Unterprogrammen

In Ada kann der Programmierer durch Überladen (7.6) vorhandener
Operator-Designatoren sich eigene Operationen vereinbaren. Er kann
jedoch, anders als z.B. in ALGOL_68, keine neuen Operator-Designatoren und keine eigenen Prioritäten vereinbaren.

Ohne Unterprogrammtechnik sind umfangreiche Probleme, die in Gemeinschaftsarbeit bewältigt werden müssen, kaum lösbar.

7.1 Unterprogramm-Technik

Ein Unterprogramm wird vereinbart durch einen Unterprogramm-Rumpf (7.1.1). Vorausgehen kann eine ggf. bei indirekter Unterprogramm-Rekursion (siehe nachfolgendes Programm "IndRekur") erforderliche Unterprogramm-Spezifikation (7.1.1), die zum Unterprogramm-Rumpf passen muß.

Zu einem (genau) einmal vereinbarten Unterprogramm kann es mehrere Unterprogramm-Aufrufe (7.1.2) geben.

Unterprogramme werden aufgerufen, indem vom Ort des Aufrufs zum Ort der Vereinbarung gesprungen wird, nachdem vorher die aktuellen Parameter und die Rücksprungadresse übergeben worden sind.

Nach Abarbeitung des Unterprogramms wird (ggf. der Resultatwert der Funktion rückübergeben und) an den Ort des Aufrufs (Rücksprungaddresse) zurückgesprungen.

Das folgende Programm UpAufruf erbringt den experimentellen Nachweis dafür, daß tatsächlich vom Ort des Unterprogramm-Aufrufs zum Ort der Unterprogramm-Vereinbarung und zurück gesprungen wird, und nicht etwa der Text der Unterprogramm-Vereinbarung an den Ort des Unterprogramm-Aufrufs hin kopiert wird.

```
------------------------- UpAufruf --------------------------
--          Unterprogramm-Aufruf wird implementiert         --
--    als An/Rueck-Sprung (call) und nicht als Kopie (copy) --
--            Sehr ausfuehrlich zur Demonstration           --
------------------------------------------------------------
WITH text_io;USE text_io;

PROCEDURE UpAufruf
    IS              Implementation:STRING(1..4):="call";

    PROCEDURE Sub IS
    BEGIN
        put(       Implementation);
    END Sub;

BEGIN
    Main:DECLARE Implementation:STRING(1..4):="copy";
    BEGIN
        Sub;
    END Main;
END UpAufruf;

| Output
|
|call
```

Die Probe aufs Exempel hat gezeigt, daß das Unterprogramm Sub nicht in den Block von Main an den Ort des Aufrufs hin kopiert wird, wo über den dort vereinbarten lokalen Parameter Implementation "copy" hätte ausgedruckt werden müssen, sondern daß Sub außerhalb von MAIN am Ort der externen Vereinbarung verbleibt, wo über den dort vereinbarten globalen Parameter Implementation "call" ausgedruckt wird.

Setzt man hinter den Rumpf von Sub das "PRAGMA INLINE(Sub);" (siehe 9.5), so müßte eigentlich "copy" ausgedruckt werden. Da jedoch implementationsabhängige Pragmas die Richtigkeit eines Programms nicht beeinflussen dürfen (Pragmas 0.3.4), bleibt das Pragma INLINE hier wirkungslos.

7.1.1 Unterprogramm-Vereinbarung

Einer Unterprogramm-Vereinbarung (Rumpf) kann eine dazu passende Unterprogramm-Spezifikation vorausgehen, siehe etwa das Demonstrationsbeispiel IndRekur im folgenden Abschnitt 7.1.2. Eine (optionale) Unterprogrammm-Spezifikation (englisch subprogram specification) enthält noch keinen BEGIN...END Teil (frame,A.1), d.h. noch kein wirkliches "Unterprogramm", und ist nach Syntaxdiagramm A.1 von der Form

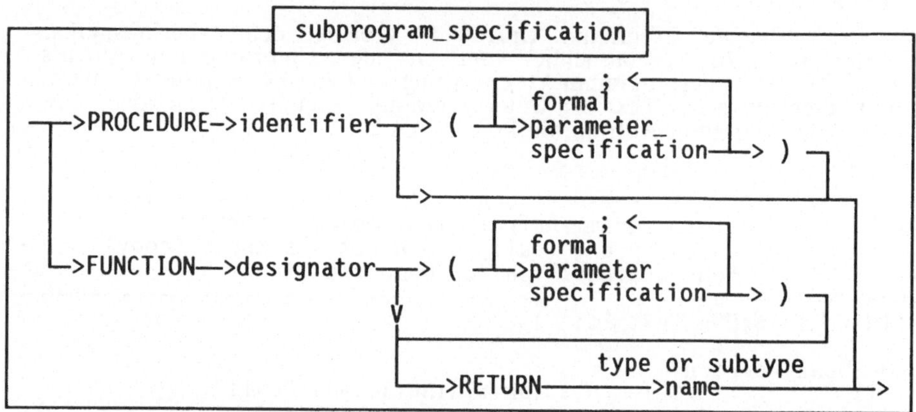

Ein (obligatorischer vollständiger) Unterprogramm-Rumpf (englisch subprogram body) ist nach Syntaxdiagramm A.1 von der Form

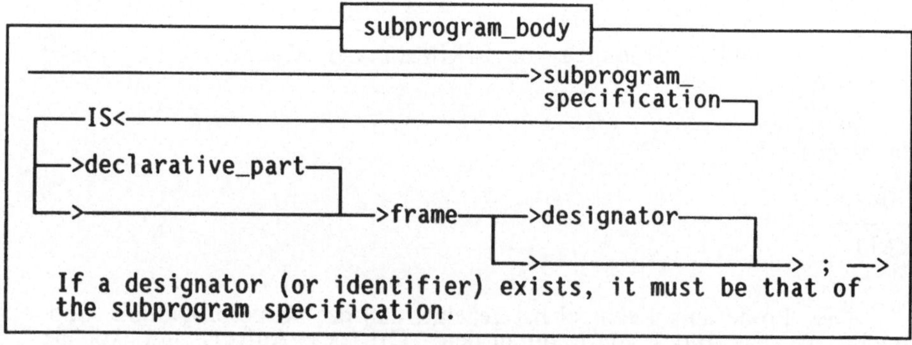

z.B.

```
FUNCTION  Faktor(Prozent:FLOAT) RETURN FLOAT IS
          BEGIN RETURN 1.0+Prozent/100.0;END Faktor;
PROCEDURE Druck3 IS
          N:CONSTANT NATURAL:=3;BEGIN put(N);END Druck3;
```

Anders als in ALGOL_60, wiederholt in Ada der Rumpf eines Unterprogramms die Spezifikation. Der Compiler kann die Spezifikation und den Rumpf getrennt übersetzen.

7.1.2   Unterprogramm-Aufruf, Rekursion

Ein Unterprogramm-Aufruf (englisch function/procedure-call) ist
nach Syntyxdiagramm A.1 (primary, simple statement) von der Form

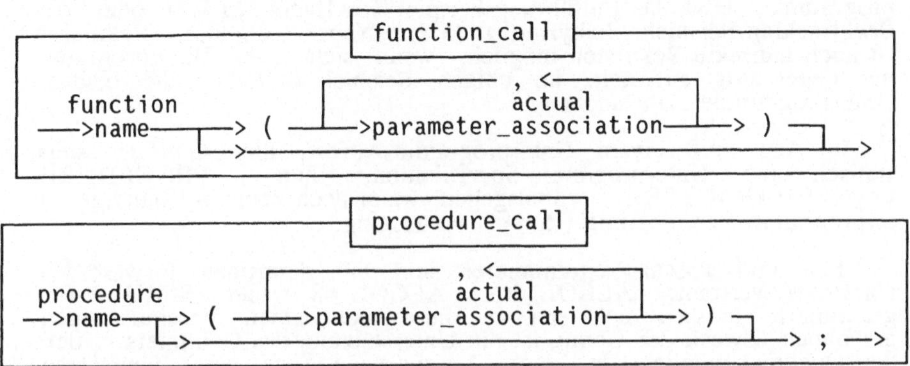

z.B.

```
Faktor(14.0)    ergibt 1.14      (vgl. Faktor 7.1.1)
Druck3;         druckt 3         (vgl. Druck3 7.1.1)
```

Mehrfache Unterprogrammaufrufe sind ökonomisch, da stets nur
ein Exemplar des Unterprogrammtextes vom   Compiler vorgehalten
wird. Lediglich die jeweiligen aktuellen Parameter und Sprung-
adressen werden in einem Gedächtnis gekellert.   Mit Hilfe dieses
Keller-Gedächtnisses für die jeweilige Unterprogramm-"Inkarnation"
ist auch rekursiver Unterprogramm-Aufruf möglich.

```
--------------------------- IndRekur ---------------------------
--    Sich gegenseitig aufrufende Unterprogramme Lore und Ley,  --
--               d.h. indirekte Rekursion,                      --
--    erfordert vorherige Unterprogramm–Spezifikation von Ley.  --
----------------------------------------------------------------
WITH text_io;USE text_io;
PROCEDURE IndRekur IS
   C:CHARACTER;

   PROCEDURE Ley (C:CHARACTER);                -- Unterprogramm–Spez.

   PROCEDURE Lore(C:CHARACTER) IS              -- Unterprogramm–Rumpf
   BEGIN
      IF C ='?' THEN put(C);ELSE Ley (C);END IF;
   END Lore;

   PROCEDURE Ley (C:CHARACTER) IS              -- Unterprogramm–Rumpf
   BEGIN
      IF C/='?' THEN put(C);ELSE Lore(C);END IF;
   END Ley;

BEGIN
   LOOP get(C);Lore(C);Ley(C);EXIT WHEN C='?';END LOOP;
END IndRekur;
```

Input	Output
Was soll es bedeuten?	WWaass ssoollll eess bbeeddeeuutteenn??

Das Skript enthält viele Beispiele für direkt rekursive Unterprogramme, etwa das Einführungsbeispiel TowHanoi (0.2.2) oder das
Backtracking-Beispiel Labyrint(h) (5.2). Neben direkter Rekursion
ist auch indirekte Rekursion möglich, wenn sich zwei Unterprogramme gegenseitig aufrufen, im obigen Beispiel IndRekur die beiden
Unterprogramme Lore und Ley.

In Ada muß einem Unterprogramm-Aufruf, hier Ley(C), stets
statisch eine Unterprogramm-Spezifikation, hier PROCEDURE
Ley(C:CHARACTER); vorausgehen, wenn noch keine vollständige Unterprogramm-Vereinbarung (Rumpf) vorausging.

PL/I- und Pascal-Programmierer sind mit derartigen forward-de-
clarations vertraut. ALGOL_60-, ALGOL_68- und SIMULA-Pro-
grammierer müssen sich erst an diese redundanten Vereinbarungen
gewöhnen. Zweck der Übung ist die Unterstützung des Compilers, der
den Quelltext möglichst in einem Lesevorgang (one pass) übersetzen
soll.

Es besteht eine Analogie zu den unvollständige Typvereinbarungen
(2.2.2), die z.B. bei rekursiven RECORD-Typvereinbarungen (siehe
BinSort 6.2.1) erforderlich sind.

Direkt-rekursiver Unterprogramm-Aufruf erfordert keine vorherige Unterprogramm-Prototyp-Vereinbarung, da die (vollständige) Unterprogramm-Vereinbarung ja bereits in dem Teil, der einem Unter-
programm-Prototyp entspricht, vorausgegangen ist.

In modernen Compilern ist die Parameterübergabe so effizient
implementiert, daß Iteration mit nicht allzu vielen Schritten rekursiv (per Unterprogramm) laufzeit-günstiger programmiert werden
kann als repetiv (per FOR Schleife).

7.2   Parameterübergabe

Die Parameter einer Unterprogramm-Vereinbarung nennt man "formale Parameter". Die Parameter eines Unterprogramm-Aufrufs nennt
man "aktuelle Parameter". Formale und aktuelle Parameter eines Unterprogramms müssen im Parametertyp zueinander passen, brauchen
jedoch nicht im Namen oder (Initial-) Wert übereinzustimmen.

In Ada gibt es IN-Parameter-Übergabe (7.2.1), OUT-Parameter-
Übergabe 7.2.2) und IN OUT Parameter-Übergabe (7.2.1/2). Übergabe von Parametern, die selbst Unterprogramme sind, wie sonst in
der ALGOL_60-Familie, gibt es (leider) in Ada nicht; man muß dann
mit dem Paket-Konzept (Kapitel 9) arbeiten.

Die Spezifikation eines formalen Parameters (englisch parameter
specification) geschieht nach Syntaxdiagramm A.1 in der Form

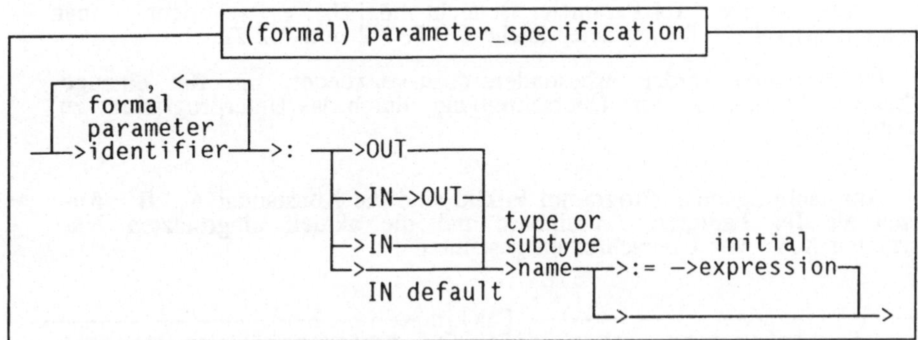

z.B. mit   TYPE MATRIX IS ARRAY(1..2,1..3) OF FLOAT;

```
EINGABE:        FLOAT
EINGABE:IN      FLOAT
A       :IN OUT MATRIX
RESULT  :   OUT MATRIX
```

Die Assoziation eines aktuellen Parameters (englisch parameter association) geschieht nach Syntaxdiagramm A.1 (primary und simple statement) in der Form

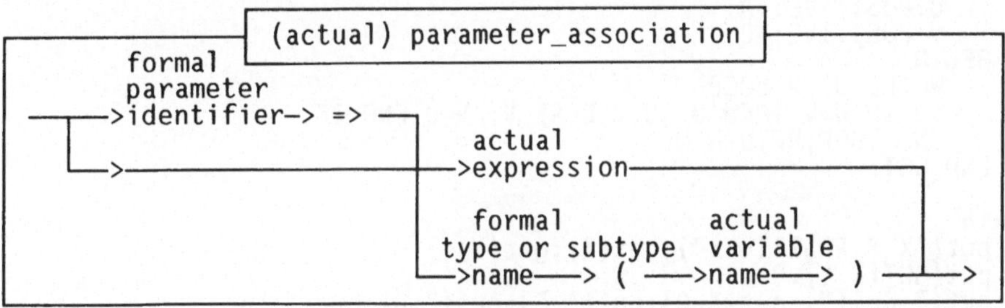

z.B.

```
2.72 + 3.14*X
INTEGER(X)
B => 3.14
I => INTEGER(F)
```

7.2.1   IN - Parameter

IN Parameter sind Unterprogramm-Eingabeparameter, die innerhalb des Unterprogramms wie Konstanten vereinbart sind. Beim Unterprogramm-Ansprung wird der Wert des aktuellen Parameters zum Wert des zugehörigen formalen Parameters. Für skalare und ACCESS-Typen geschieht die Übergabe der Parameterwerte per Kopie, sonst ist sie implementationsabhängig (um Implementationsabhängigkeiten zu vermeiden, sollte man ACCESS-Typen bilden).

Ausgabe über IN Parameter ist nicht möglich, es sei denn,   man vereinbart IN OUT Parameter (siehe OUT, 7.2 und 7.2.2).

IN Parameter werden insbesondere dazu verwendet, um die einzuge- benden Parameter vor Überschreibung durch das Unterprogramm zu schützen.

Im nachfolgenden Programm Euklid sind die Konstanten A, B   for- mal als IN Parameter vereinbart und die aktuell eingesetzten Va- riablen X,Y vor Überschreiben geschützt.

```
-------------------------------- Euklid --------------------------------
--    Groesster gemeinsamer Teiler GGT zweier positiver Zahlen,    --
--    deren Werte erhalten bleiben sollen  (Euklid 3.Jh.v.Chr.)    --
--         Zur Demonstration der IN - Parameter - Uebergabe        --
------------------------------------------------------------------------

WITH text_io;USE text_io;

PROCEDURE Euklid IS

    PACKAGE I_io IS NEW integer_io(INTEGER);USE I_io;
    X,Y:POSITIVE;

    FUNCTION GGT(A,B:POSITIVE) RETURN POSITIVE IS
        U:POSITIVE:=A;
        V:POSITIVE:=B;
    BEGIN
        WHILE U/=V LOOP
            IF U>V THEN U:=U-V;ELSE V:=V-U;END IF;
        END LOOP;RETURN U;
    END GGT;

BEGIN
    put("X Y POSITIVE:");get(X);get(Y);
    put(GGT(X,Y),0);
    put("=GGT(");put(X,0);put(",");put(Y,0);put(")");
END Euklid;
```

```
| Output          | Input
|----------------|--------
| X Y POSITIVE:  | 66 385
| 11=GGT(66,385) |
```

Der größte gemeinsame Teiler zweier positiver Zahlen A, B wird nach dem bekannten Reduktionsverfahren von Euklid (3. Jh. v. Chr.) durch forlaufende Subtraktion bestimmt:

"Da jeder Teiler von A,B auch Teiler von A-B und B-A ist, reduziert man das Problem im Falle A>B auf die Bestimmung des größten gemeinsamen Teilers von A-B,B und im Falle von B>A auf die Bestimmung des größten gemeinsamen Teilers von A, B-A. Gilt für das neue Zahlenpaar A=B, so ist A oder B der ge- suchte größte gemeinsame Teiler, sonst wird weiter reduziert.

Bei jeder Reduktion nähern sich die beiden Zahlen A,B um
mindestens 1. Da der Abstand von A zu B endlich ist, führt
die Reduktion nach endlich vielen Schritten zum Ziel A=B."

Man beachte, daß in Ada, ähnlich wie in ALGOL 68, anders als in
PL/I,   SIMULA und Pascal, IN Parameter wie Konstanten vereinbart
sind und deshalb   A:=A-B; und   B:=B-A; inkorrekte assignment
statements wären. Es müssen also Hilfsvariablen U, V eingeführt
und mit den Werten von A, B initialisiert werden.

7.2.2   OUT - Parameter

OUT Parameter sind Prozedur-Ausgabeparameter, die in der Prozedur als Variablen vereinbart sind. Beim Prozedurrücksprung wird
der Wert des formalen Parameters zum Wert des zugehörigen aktuellen Parameters. Für skalare und   ACCESS-Typen geschieht die Übergabe der Parameterwerte per Kopie,   sonst ist sie implementationsabhängig (um Implementationsabhängigkeiten zu vermeiden, sollte
man ACCESS-Typen bilden).

Eingabe über OUT Parameter ist nicht möglich, es sei denn, man
vereinbart Parameter als IN OUT Parameter (siehe IN, 7.2 und
7.2.1).   IN OUT Parameter sind wie OUT Parameter in der Prozedur
als Variablen vereinbart.

IN OUT Parameter werden statt IN Parametern insbesondere dann
verwendet, wenn über die Parameter einer Prozedur ein- und ausgegeben werden soll.

Es folgt ein einfaches Beispiel Tausch. Ein anspruchsvolleres
Beispiel wäre GrowS in BinSort (6.2.1).

```
---------------------------- Tausch ----------------------------
--         Tausch der Werte zweier FLOAT-Variablen          --
--         Zur Demonstration der IN OUT - Parameter-Uebergabe    --
---------------------------------------------------------------------

WITH text_io;USE text_io;

PROCEDURE Tausch IS
    PACKAGE F_io IS NEW float_io(FLOAT);USE F_io;
    X,Y:FLOAT;

    PROCEDURE Change(A,B:IN OUT FLOAT) IS
        F:CONSTANT FLOAT:=A;
    BEGIN
        A:=B;B:=F;
    END Change;

BEGIN
    put("X Y FLOAT:");get(X);get(Y);
    Change(X,Y);
    put(X,2,2,0);put(Y,2,2,0);
END Tausch;
```

Output	Input
X Y FLOAT: 2.72 3.14	3.14 2.72

Da die formalen Parameter A, B sowohl Eingabe- als auch Ausgabeparameter sein sollen (ohne Eingabe könnte man die Werte der 'aktuellen' Objekte X, Y nicht in das Unterprogramm Change einbringen und ohne Ausgabe könnte man die vertauschten 'Werte' der formalen Parameter A, B nicht an die 'aktuellen' Objekte X, Y zurückgeben), muß IN OUT Parameterübergabe gewählt werden.

Auch ohne Hilfsspeicher wäre Tausch möglich, zum Beispiel ohne Unterprogramm einfach als X:=X+Y; Y:=X-Y; X:=X-Y; . Unvorbereitete Leser würden vielleicht auch X:=Y; Y:=X; für einen Tausch halten, was aber nicht der Fall ist.

Funktionen und Operationen dürfen in Ada, anders als in ALGOL 68, Pascal und C, keine Ausgabeparameter besitzen, da Ausgabe über formale Parameter von Funktionen und Operationen in Ada als "Seiteneffekt" unerwünscht ist.

7.2.3   Überladen (Overloading) von Unterprogramm-Namen

In Ada werden wie in ALGOL_68, anders als in Pascal und C, Unterprogramme nicht nur nach ihrem Unterprogramm-Namen (englisch designator of a subprogram, A.1), sondern auch nach Parameter-Anzahl, -Typen, -Initialisierung und Parameter-Anordnung unterschieden.

Daher kann man Unterprogramm-Namen "überladen" (englisch overloading of subprograms), indem man unter dem gleichen Unterprogramm-Namen mehrere Unterprogramme vereinbart, die sich nur in den Parametern unterscheiden , z.B.

```
put(C:CHARACTER)              (Zeichen-Ausgabe, A.2.H)
put(S:STRING   )              (String -Ausgabe, A.2.H)
put(F:acOp     )     (Operator-Formel -Ausgabe,   7.4)
```

Diese lassen sich im gleichen Programmteil aufrufen, z.B.

```
...     C:CHARACTER;S:STRING(1..20);F:acOp;...
...put(C);      put(S);          put(F);   ...
```


Mit "overloading" vermeidet man Bandwurm-Bezeichnungen, z.B. PUT_CHARACTER, PUT_SRING, PUT_FORM, ähnlich wie in SIMULA, die der Lesbarkeit von Programmen abträglich wären.

Man legalisiert damit Gleichbenennung von Eingabe-Prozeduren put bzw. Ausgabe-Prozeduren get für verschiedene Parametertypen und vermeidet "syntaktisch gesetzlose Zustände", wie sonst in der ALGOL_60-Familie (ausgenommen ALGOL_68).

Vor allem macht "overloading" in Ada den Weg frei für Vereinbarung von eigenen Operationen "+","AND","&",... durch den Programmierer selbst, siehe Operationen (7.6), was sonst nur in ALGOL_68 möglich ist.

Selbstverständlich kann man außerdem in Ada, wie in allen blockorientierten Programmiersprachen (7.7), ein Unterprogramm lokal vereinbaren mit gleichem Namen und gleichen Parametern wie ein anderes global vorher vereinbartes Unterprogramm. Dann wäre das global vereinbarte Unterprogramm in dem betreffenden Programmteil unterdrückt, d.h. lokal nicht aufrufbar (7.7.4).

Bei Unterprogrammen aus verschiedenen Paketen (9.1) lassen sich Namensgleichheiten beseitigen durch Präfix-Nennung des Paket-Namens.

7.3   RETURN Statement

Eine RETURN-Anweisung (englisch return statement) ist nach Syntaxdiagramm A.1 (simple statement) von der Form

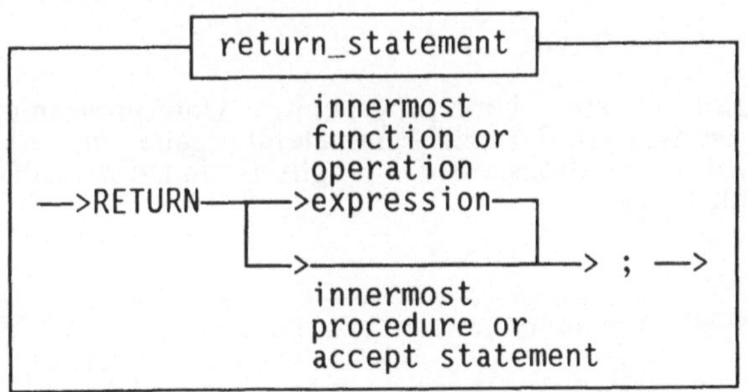

z.B.

```
RETURN 2.72+3.14*X;     (in Funktion bzw. Operation)
RETURN;                 (in Prozedur bzw. ACCEPT-Anweisung)
```

Eine   RETURN-Anweisung darf nur in einem Unterprogramm-Rumpf (7.1.1) bzw. in einer ACCEPT-Anweisung (10.3.1) vorkommen und bedeutet Rücksprung zum zugehörigen Unterprogramm- (7.1.2) bzw. Eingangs-Aufruf (10.3.1). Hier besteht eine Analogie zur EXIT-Anweisung bei Schleifen (4.2.2).

Im Falle von Funktionen (7.5) bzw. Operationen (7.6) bewirkt eine RETURN-Anweisung außerdem Zuweisung des Wertes des auf RETURN folgenden Ausdrucks an die Funktion bzw. Operation.

Im Falle von Prozeduren bzw. ACCEPT-Anweisungen wirkt auch das dynamische Erreichen des END des Anweisungteils wie eine RETURN-Anweisung.

7.4 Prozedur (PROCEDURE), Hauptprogramm

Eine Prozedur ist ein Unterprogramm. Unterprogramm-Vereinbarung/Aufruf wurden in 7.1 und Parameterübergabe in 7.2 behandelt. Ein Prozeduraufruf (englisch procedure call statement) ist eine Einzel-Anweisung (4.1). Als Beispiel betrachte man etwa die Prozedur Change in Tausch (7.2.2).

Jede parameterlose Prozedur, die eine Bibliothekseinheit (library unit, A.1,9) ist, kann als Hauptprogramm gestartet werden. Als Beispiel betrachte man etwa die Prozedur Tausch (7.2.2). Gestartet wird ein Hauptprogramm implementationsabhängig, z.B. mit "PRAGMA MAIN;" oder mit einem System-Befehl "MAIN_PROGRAM" oder wie hier im Skript automatisch als einzige Prozedur der Übersetzungseinheit.

Darüber hinaus könnten implementationsabhängig auch Unterprogramme mit Parametern (auch Funktionen, 7.3), die Bibliothekseinheiten sind, als Hauptprogramm gestartet werden. Die entsprechenden implementationsabhängigen Regelungen sind dann im Anhang "Implementation predefined Characteristics" (A.2.F) anzugeben.

7.5 Funktion (FUNCTION)

Eine Funktion ist ein Unterprogramm. Unterprogramm-Vereinbarung/Aufruf wurden in 7.1 und Parameterübergabe im Abschnitt 7.2 behandelt. Ein Funktionsaufruf (englisch function call) ist ein Primärausdruck (3.1).

Das folgende Beispiel FManipul zeigt, daß Ada auch gut geeignet ist für algebraische Umformung von Formeln (Formelmanipulation) Der Leser möge sich davon überzeugen, daß die eingegebene Formel ((3*X)+(A*X)) korrekt nach X differenziert und die resultierende Formel als ((0*X+3*1)+(0*X+A*1)) ausgegeben wurde.

Die eingegebene Formel mit Klammer-Setzungen wird als binärer Baum klammerfrei (!) dargestellt. Der Baum wird nach bekannten Differentiationsregeln manipuliert und dann wieder als Formel mit Klammersetzungen ausgegeben. Die RECORD-Baumdarstellung erfaßt die gewünschten Prioritäten der Operatoren durch entsprechende Verästelungen.

```
---------------------------- FManipul --------------------------------
--        Formelmanipulation: Differentiation einer Formel           --
--                als Variablen                    nur        X       --
--                als Operatoren                   nur           +,*  --
--                Eingabe mit Klammern ( U o V )       fuer o= +,*     --
--                Ausgabe mit Klammern ( U + V ) nur fuer      +       --
--        Diff: (U+V)'=U'+V', (U*V)'=U'*V+U*V', X'=1, CONST'=0         --
----------------------------------------------------------------------

WITH text_io;USE text_io;

PROCEDURE FManipul IS
   SUBTYPE Fix IS CHARACTER;

   TYPE Op;TYPE acOp IS ACCESS Op;            ----- F:acOp -----
   TYPE Op IS                                 --               --
   RECORD                                     --    ;--U-->    --
      o  :Fix ;                               --  -->o         --
      U,V:acOp;                               --    `--V-->    --
   END RECORD;                                ------------------

   FUNCTION GetGrowF RETURN acOp IS
      F:acOp:=NEW Op;
      o:Fix;
   BEGIN get(o);IF o='('
      THEN F.U:=GetGrowF;get(F.o);F.V:=GetGrowF;get(o);
      ELSE                      F.o:=o;
   END IF;RETURN F;END GetGrowF;

   FUNCTION Diff(F:acOp) RETURN acOp IS
      D:acOp:=NEW Op;
      U:acOp RENAMES F.U;o:Fix RENAMES F.o;V:acOp RENAMES F.V;
   BEGIN CASE o IS
         WHEN '+'    => D.U:=Diff(U);  D.o:='+';  D.V:=Diff(V);
         WHEN '*'    => D.U:=NEW  Op;  D.o:='+';  D.V:=NEW  Op
         ;              D.U.U:=Diff(U);D.U.o:='*';D.U.V:=      V
         ;              D.V.U:=      U ;D.V.o:='*';D.V.V:=Diff(V);
         WHEN 'X'    =>                 D.o:='1';
         WHEN OTHERS =>                 D.o:='0';
   END CASE;RETURN D;END Diff;

   PROCEDURE put(F:acOp) IS
      U:acOp RENAMES F.U;o:Fix RENAMES F.o;V:acOp RENAMES F.V;
   BEGIN CASE o IS
         WHEN '+'    =>put('(');put(U);put(o);put(V);put(')');
         WHEN '*'    =>         put(U);put(o);put(V);
         WHEN OTHERS =>         put(o);
   END CASE;END put;

BEGIN put(Diff(GetGrowF));END FManipul;
```

Input	Output
((3*X)+(A*X))	((0*X+3*1)+(0*X+A*1))

Der Formel-Baum ließe sich mit einer Prozedur Plot ähnlich wie
in BinSort (6.2.1) ausdrucken.

Es fehlt noch die in der Mathematik übliche Simplifizierung der resultierenden Formel, hier bis auf (3+A). Der Leser sollte ohne weiteres in der Lage sein, diese Simplifizierung in Form einer zusätzlichen Funktion "FUNCTION Simp(F:acOp) RESULT acOp" selbst zu schreiben. Im Rahmenprogramm wird dann "Simp(Diff(..))" an Stelle von "Diff(..)" aufgerufen.

Außerdem fehlt die in der Mathematik übliche Unterdrückung unnötiger Klammersetzungen, die durch Einführung von Operator-Prioritäten in die Funktionen Formel und put zusätzlich einprogrammiert werden könnte (nur für fortgeschrittene Programmierer, die mit formalen Grammatiken vertraut sind).

7.6   Operation (FUNCTION)

Eine Operation ist ein Unterprogramm. Unterprogramm-Vereinbarung/Aufruf wurden in 7.1 und Parameterübergabe in 7.2 behandelt.

Ein Operationsaufruf (in Ada englisch nicht benannt, da in der Syntax keine freien Operationsaufrufe vorkommen, sondern die Operationen mitsamt ihrer Priorität "fest verdrahtet" sind als factor, term, simple expression oder relation) ist ein Ausdruck (3).

Im Unterschied zu Prozeduren (7.4)

- haben Operationen (und Funktionen, 7.5) einen resultierenden
  Wert, der mit einer RETURN-Anweisung (7.3) zugewiesen wird,

- können Operationen (und Funktionen, 7.5) nur IN-Parameter
  (7.2.1) besitzen.

```
          ┌─────────────────────────────────────┐
          │   Besonderheiten von Operationen     │
          └─────────────────────────────────────┘

  Operator-Namen sind vom Programmierer nicht frei wählbar.
   Zulässig ist nur das  Überladen ("overloading" , 7.2.3)
         standardmäßig (STANDARD, A.2.C) vereinbarter
         Operator-Zeichen wie z.B. "+", "AND" , "&"
```

Beim Überladen wird nicht nur das Operationszeichen, sondern auch die Priorität, vgl. Tabelle 3, mit übernommen. Das bedingt, daß unäre Operationen nur mit unären Operationen und binäre Operationen nur mit binären Operationen überladen werden dürfen. Im Falle "+" oder "-" ist entsprechend beides möglich. Vereinbarung selbstgewählter Nicht-STANDARD-Operationszeichen oder Prioritäten, wie in ALGOL_68 erlaubt, ist in Ada nicht zugelassen.

Im folgenden Beispiel Fusion wird der binäre "-" Operator überladen (overloading 7.2.3) mit einem (selbsterfundenen) Fusion-Operator für Strings.

```
------------------------------- Fusion --------------------------------
-- String-Fusion x-y: Sei x= a&b und y= b&c , dann ist x-y= a&c --
--                    wobei Ueberlappung b von maximaler Laenge --
--                    Ueberladen  des  binaeren  Operators   "-" --
-- (Feldmann,H.: "Syntax Diagrams..", SIMULA newsletter Aug.81) --
-----------------------------------------------------------------------

WITH text_io;USE text_io;
WITH Numeric;USE Numeric;        -- Min(X,Y) vereinbart in Numeric --

PROCEDURE Fusion IS
   X    :STRING(1..8);           -- auch strings verschiedener   --
   Y    :STRING(2..7);           -- Indexbereiche zugelassen      --
   Minus:CHARACTER    ;

   FUNCTION "-" (X:STRING;Y:STRING) RETURN STRING IS
   BEGIN
       FOR I IN REVERSE O..Min(X'LENGTH,Y'LENGTH) LOOP
           IF        X(X'LAST+1-I..X'LAST)=Y(Y'FIRST..Y'FIRST-1+I)
           THEN RETURN X(X'FIRST..X'LAST-I) &Y(Y'FIRST+I..Y'LAST)  ;
           END IF;
       END LOOP;
   END "-";

BEGIN
    get(X);get(Minus);get(Y);put_line(X-Y);
END Fusion;
```

Input	Output	Kommentar (mehrere Läufe|)
TEXTFUEL-ELSION	TEXTFUSION	Fusion überlappender Texte
iiiiiiii-iiiiii	ii	Subtraktion unärer Zahlen
INFUSION-FUSION	IN	Subtraktion von Worten
TEXTCATE-NATION	TEXTCATENATION	Katenation nichtüberlappd.Texte

Die Fusion a-b von zwei Strings a, b verkettet, ähnlich wie die
Katenation a&b, zwei Strings a,b zu einem String, nur wird vorher
an der Nahtstelle nach dem größtmöglichen String c gesucht, den
beide gemeinsam haben (c ist also Ende von a und Anfang von b) und
dieser größtmögliche String c wird vor der Verkettung eliminiert
("wegfusioniert"), z.B. "TEXTFUEL"-"ELSION"="TEXTFUSION".

Die Fusion "-" ist wie die Katenation "&" immer ausführbar.

Im Spezialfall "a, b sind unäre Zahlen i...i und es gilt a>=b"
ist die Fusion die Subtraktion, z.B. "iiiiiiii"-"iiiiii"="ii".

Im Spezialfall "b ist Wort-Anhängsel an a", wird a vom Anhängsel
b befreit, z.B. "INFUSION"-"FUSION"="IN".

Im Spezialfall nicht überlappender Texte ist die Fusion gleich
der Katenation, z.B. "TEXTCATE"-"NATION"="TEXTCATENATION".

7.7 Bereichsschachtelung

Ada gehört als   ALGOL_60-Familienmitglied zu den "blockstrukturierten" Programmiersprachen,   d.h. weist eine Bereichsschachtelung auf.

Ein   (Vereinbarungs-)Bereich (englisch declarative region)   kann
im einzelnen sein:

```
-          Block          -Anweisung                (4.2.3)
-          repetive       Anweisung                 (4.2.2)

-(gen.) Unterprogr.-Vereinbarung incl. Rumpf,Sub-Einh.   (7)
-(gen.) Paket       -Vereinbarung incl. Rumpf,Sub-Einh.   (9)
- gen.  Parameter   -Vereinbarung mit form.Parametern
                              oder mit Diskrimin.-Teil (9.2.1)
-          Prozeß       -Vereinbarung incl. Rumpf,Sub-Einh.  (10)
-          ENTRY        -Vereinbarung incl. ACCEPT-Anweis. (10.3)
-          RENAMES      -Vereinbarung mit form.Parametern (2.2.4)

-          RECORD   Typvereinbarung incl.            (6.2.1)
-          unvollst.Typvereinbarung incl.            (2.2.1)
-          private  Typvereinbarung incl.            (2.2.1)

-          RECORD Darstellungsklausel                (11.1)
```

Bereiche können

```
- ineinander enthalten
  bzw.
```

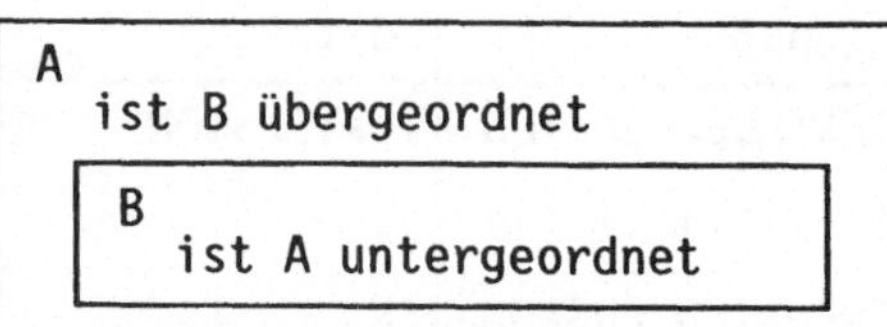


```
- nicht ineinander enthalten
  sein.
```

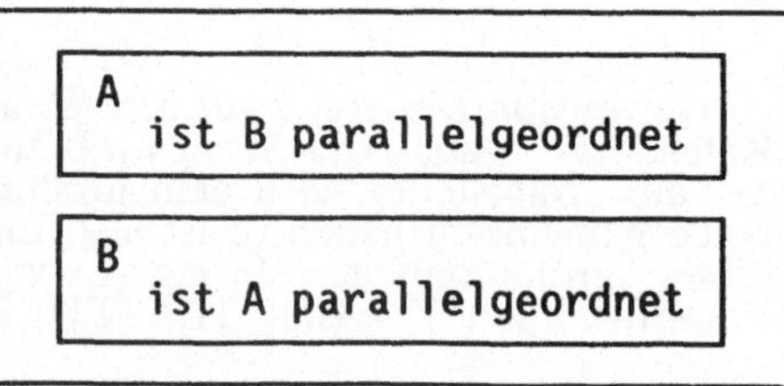

7.7.1 Vereinbart / nicht vereinbart

Der "innerste" Bereich (englisch innermost region), d.h. der Bereich, in dem die Vereinbarung einer Größe "unmittelbar vorkommt"
(englisch occurs immediately), ist dieser Größe als ihr Vereinbarungsbereich (englisch declarative region) zugeordnet. In diesem
Bereich heißt die Größe "vereinbart" und sonst "nicht vereinbart".

Die interne Belegung von Speicher für Bereichs-Größen erfolgt dynamisch konsekutiv zur Laufzeit bei der Vereinbarung der Größe. Beim Verlassen des Vereinbarungsbereichs wird der gesamte Speicher-Keller (englisch stack) aller in diesem Bereich vereinbarten Größen wieder freigegeben.

```
┌──────────────────────────────────────────────┐
│   Bereichsschachtelung spart Namen und Speicher │
└──────────────────────────────────────────────┘

     Eine nicht mehr vereinbarte Größe verliert ihren Namen
        (im Programm) und ihren Wert (intern im Speicher)
```

7.7.2 Lokal / global

Ein "Lokalbereich" (englisch local decalarative region) entsteht aus einem Bereich durch Ausschluß aller ihm (echt) untergeordneten Bereiche. Mit dem Vereinbarungsbereich (7.7.1) ist einer Größe demnach auch ein Lokalbereich zugeordnet. In diesem Lokalbereich heißt die Größe "lokal".

In einem Lokalbereich dürfen nicht zwei verschiedene Größen gleichen Namens (und gleicher Parameternamen etc., siehe overloading 7.2.3) lokal sein, z.B. inkorrekt

```
... Incorrect:INTEGER;Incorrect:FLOAT;...
```

```
┌──────────────────────────────────────────────┐
│     Bereichsschachtelung gibt Namensfreiheit   │
└──────────────────────────────────────────────┘

     Außerhalb des Lokalbereichs einer Größe dürfen andere
   Größen gleichen Namens vereinbart (und gespeichert) werden
```

z.B.

```
...PROCEDURE P(Local:INTEGER) IS BEGIN put(Local);END A;
        PROCEDURE Q(Local:FLOAT  ) IS BEGIN put(Local);END B;...
```

Ein "Globalbereich" ist das Komplement eines Lokalbereichs bezüglich des Bereichs, aus dem der Lokalbereich entstanden ist. Eine vereinbarte, nicht lokale Größe heißt "global" bezüglich des betreffenden Lokalbereichs, z.B.

```
...Global:INTEGER:=2;
   BEGIN
       Region:DECLARE Local:FLOAT:=3.14;
       BEGIN
           put(FLOAT(Local)*Global);          -- prints 6.28
       END Region;
   END;...
```

7.7.3 Erzeugt / nicht erzeugt, Ausnahmen

Eine Größe wird erst dynamisch bei Erreichen ihrer Vereinbarung erzeugt, und nicht schon am Anfang ihres Vereinbarungsbereichs.

Der Erzeugungsbereich einer Größe (englisch scope of an entity declared by a declaration) entsteht demnach aus ihrem Vereinbarungsbereich durch Ausschluß desjenigen Anfangsbereichs, der vor der Vereinbarung der Größe liegt. In diesem Erzeugungsbereich heißt die Größe "erzeugt" und sonst "nicht erzeugt".

Ausnahmeregelungen:

- Label (Sprungziele) haben 'region-scope', d.h. können überall
  in dem Bereich, in dem sie vorkommen, aufgerufen werden.
  Wie z.B. in C, anders als in Pascal, werden Sprungziele
  nicht vorher extra vereinbart (4.6),
- Komponenten von Verbunden können mit Hilfe des Verbund-
  Namens durch Selektion im umgebenden Erzeugungsbereich
  des Verbundes aufgerufen werden (6.2),
- Diskriminanten-Vereinbarung (siehe 6.2),
- Parameter-Vereinbarung (siehe 7.2),
- Vereinbarungen in einem aufrufbaren PACKAGE-Teil (siehe 9.1),
- GENERIC-Parameter-Vereinbarung (siehe 9.2),
- ENTRY-Vereinbarung (siehe10.3).

7.7.4 Aufrufbar/ Unterdrückt

Der Aufrufbarkeitsbereich einer Größe (englisch region of visibility of an entity declared by a declaration) entsteht aus ihrem Erzeugungsbereich durch Ausschluß aller derjenigen (echt) untergeordneten Bereiche, die Vereinbarungsbereich einer anderen Größe gleichen Namens sind. In diesem Aufrufbarkeitsbereich heißt die Größe "aufrufbar".

Der "Unterdrückungsbereich" (englisch hidden entity declared by a declaration) einer Größe ist das Komplement ihres Aufrufbarkeitsbereichs bezüglich ihres Vereinbarungsbereichs. Eine vereinbarte, nicht aufrufbare Größe heißt (vorübergehend) "unterdrückt", d.h. ihr Name ist im Unterdrückungsbereich nicht zugänglich. Statt dessen ist der gleichlautende Name der sie unterdrückenden Größe zugänglich.

Ihr (intern gespeicherter) Wert bleibt im Unterdrückungsbereich erhalten und steht wieder zugriffsbereit zur Verfügung, wenn der dynamische Fluß des Programms den Unterdrückungsbereich verläßt und wieder in den Aufrufbarkeitsbereich gelangt, z.B.

```
...S:STRING(1..7):="Global";
   BEGIN
   Region:DECLARE S:STRING(1..6):="Local";
      BEGIN
         put(S);                           -- prints Local
      END Region;
      put(S);                              -- prints Global
   END;...
```

> **Bereichsschachtelung schützt Namen**
>
> Eine (vorübergehend) unterdrückte Größe behält
> ihren während der Unterdrückung unzugänglichen Namen
> und (intern gespeicherten) Wert

Jede unterdrückte Größe ist global, aber nicht jede globale Größe ist unterdrückt.

7.7.5 Bereichsfreie Größen, Speicherbereinigung, u.a.m.

Mit NEW erzeugte Objekte (Allokator 6.1) sind bereichsfreie Größen. Sie werden in einem besonderen Halden-Speicher (englisch heap) gehalten und können im Programm "unsterblich" sein. Der Programmierer kann den Halden-Speicher für NEW-Objekte mit einer Längen-Klausel (11.1) begrenzen.

Ob der Compiler zur Laufzeit automatische Speicherbereinigung (Entschrottung, englisch garbage collection) durchführt, indem er Objekte eliminiert, auf die kein Zeiger mehr zugreift, ist implementationsabhängig (bei guten Compilern üblich). Der Programmierer kann die automatische Speicherbereinigung mit dem Pragma CONTROLLED (A.2.B) aussetzen.

Speicherfreigabe durch den Programmierer selbst ist möglich mit Hilfe der vordefinierten generischen Bibliotheks-Prozedur unchecked_deallocation (siehe 11.3.1, Anhang A.2.E), die mit WITH verfügbar gemacht und mit dem gewünschten Objekt- und Zeiger-Typ (vgl. BinSort, 6.2.1) generisch instantiiert werden muß.

Ein anschauliches Modell für "Speicherbereinigung" ist die Entnahme einer Menge feinkörnigen Sandes aus einer Halde (englisch heap). Nach der Entnahme fließt die Halde wieder lückenlos zu einer neuen Halde zusammen.

Es sei noch darauf hingewiesen, daß String-Literals (1.9) und Aggregate (5.2, 6.2.2) Größen sind, die weder (vorher) vereinbart noch mit NEW erzeugt zu werden brauchen.

Mit der weiteren Verbreitung von Listenverarbeitung (siehe Zeiger und Verbunde 6) wird die Bedeutung bereichsfreier Größen zunehmen. Die Zukunft blockorientierter Programmiersprachen ist ungewiß.

7.8   Testfragen

zu	Frage	abdeckbare Antwort

7.1   Wie findet das Programm nach einem Unterprogrammaufruf , d.h. einem Ansprung des Unterprogramms,zurück zur betreffenden Aufruf-Stelle (da es mehrere geben kann ?

> beim   Ansprung wird die Rück – sprung – Adresse dem Unterprogramm mitgeteilt.

7.1   Können in Ada Unterprogramme ineinander geschachtelt sein?

> ja

7.1.1   Was ist für die Vereinbarung eines Unterprogramms immer erforderlich?
– eine Unterprogramm-Spezifikation
      extra vor dem Unterprogramm-Rumpf?
– ein Unterprogramm-Rumpf?

> nein
> ja (enthält stets Spezifikation)

7.1.2   Ist für rekursiven Aufruf eines Unterprogramms (in sich selbst) eine vorherige Unterprogramm Prototyp-Vereinbarung erforderlich?

> nein

7.2   Durch welche Vorbezeichnungen können bei formalen Parametern die verschiedenen Arten der Parameterübergabe voreingestellt werden?

> "leer" oder IN bzw. IN OUT bzw. OUT

7.2   Gibt es in Ada eine Parameterübergabe
– ähnlich 'call by name'   ALGOL 60?
– ähnlich 'call by procedure'",C,Pascal?

> nein (leider)
> nein,statt dessen package

7.2.1   Ersetze in Euklid
die " mehrmalige Subtraktion A – B "
durch " einmalige Division A REM B " .

> IF A>B
> THEN A:=A REM B;
> ELSE B:=B REM A;
> END IF;

7.2.2   Ist IN OUT –Parameter-Übergabe in Ada vergleichbar mit 'variable parameter' in Pascal?

> ja

7.3   Können Funktionen neben ihrem RETURN-Wert auch Seiteneffekte haben, wie:

– Ausgabe über Parameter?
– globale Zuweisungen, Allokationen?
– Sprünge zu Fehlerausgängen?

> nein (nur IN)
> ja
> ja

7.4   Haben Hauptprogramme in Ada einen Namen?

> ja, beliebig

7.5   Kann der Funktionswert ein Zeiger sein?

> ja, z.B.GetGrowF, Diff in FManipul

7.6   Wie heißt der Vorbezeichner, mit dem eine Operations-Vereinbarung beginnt?

> FUNCTION (leider)

7.7.2   Sind formale Parameter lokal im (Block des) Unterprogramm?

> ja

8 DATEI (file_type)

Zur Kommunikation des Programm-Daten-Flusses (englisch stream) mit der externen Umgebung stehen (externe) Dateien (englisch external file) zur Verfügung, die über einen in sequential_io oder direct_io oder text_io (A.2.G/H) vordefinierten Typ

```
TYPE file_type IS LIMITED PRIVATE;
```

und weitere dort vordefinierte Datei-Programmierhilfen im Programm angesprochen werden. Eine Datei kann z.B. eine Eingabetastatur, ein Ausgabebildschirm, ein Platten-Laufwerk oder ein Drucker sein. Eine Datei ist eine eindimensionale Kette wachsender (nur durch die Implementation begrenzter) Länge aus Elementen. Eine Datei hat eine (sequentiell) laufende oder (direkt) frei wählbare Position.

In Ada ist es, wie z.B. in Pascal, anders als in C, möglich, den Element-Typ frei zu vereinbaren. Dies geschieht durch generische Instantiation von sequential_io oder direct_io (A.2.G), z.B.

```
PACKAGE Messung IS NEW sequential_io(    FLOAT);
PACKAGE Insasse IS NEW     direct_io(POSITIVE);
```

Einschränkungen für den generischen Element-Typ

```
GENERIC TYPE element_type IS PRIVATE;
```

können durch die Implementation gegeben sein (z.B. kein ACCESS).

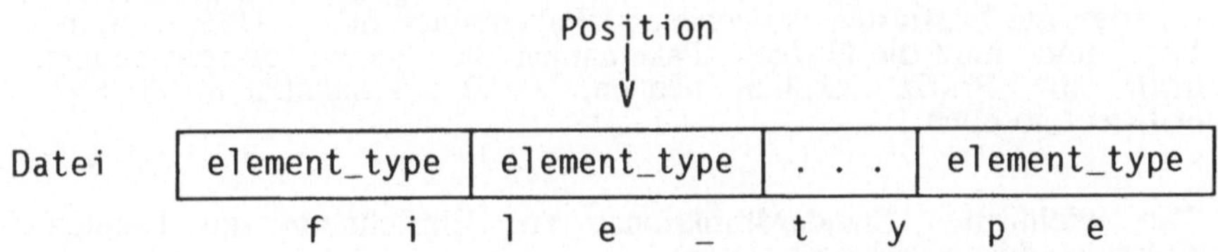

In text_io (A.2.H) werden nur Text-Dateien behandelt, d.h. Dateien vom vorgegebenen Element-Typ CHARACTER.

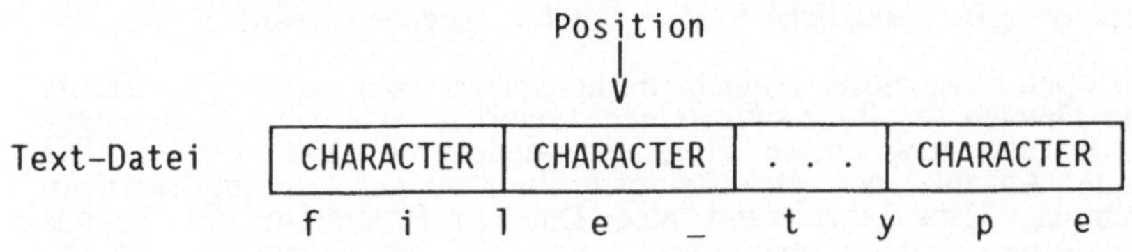

Man unterscheidet sequentielle Dateien und direkte Dateien. Bei sequentiellen Dateien (sequential_io, text_io) ist zu jedem Zeitpunkt nur die eine Komponente auf der laufenden Position erreichbar; die übrigen Komponenten sind nur durch sequentielle Progression erreichbar. Bei direkten Dateien (direct_io) kann man die Position frei anwählen, ähnlich wie den Index einer Reihung.

Außerdem unterscheidet man Text-Dateien und Nicht-Text-Dateien. Standard_Input, Standard_Output sind Beispiele für Text-Dateien.

Nur Text-Dateien (text_io) besitzen eine Unterteilung in Zeilen (und Seiten) und nur für Text-Dateien existieren komfortable Prozeduren put/get zur Ein/Ausgabe und Konvertierung/Formatierung von CHAR-Sequenzen des Textes in Typen wie INTEGER oder FLOAT. Dafür sind generische Sub-Pakete in text_io (A.2.H) vordefiniert:

```
    integer_io für      INTEGER-Ein/Ausgabe auf Text
      float_io für        FLOAT-Ein/Ausgabe auf Text
      fixed_io für        FIXED-Ein/Ausgabe auf Text
enumeration_io für    Aufzähltyp-Ein/Ausgabe auf Text
```

Text-Dateien können nur sequentiell abgearbeitet werden; allerdings gibt es in text_io eine quasi-direkte Zeilen-Positionierung set_line(F,Line); .

Zur Kontrolle peripherer Geräte gibt es noch das vordefinierte Paket low_level_io (A.2.H).

Das Paket io_exceptions (A.2.G) vereinbart alle Ausnahmen, die in den obigen io_Paketen ausgelöst und behandelt werden.

Werden Pakete wie sequential_io, direct_io, text_io mit gleichnamigen Typen, wie z.B. file_type, oder nicht unterscheidbaren Prozeduren, wie z.B. open, gleichzeitig im Programm verwendet, dann kann man zwar mehrere Pakete mit WITH verfügbar machen, aber nur einen (den am häufigsten verwendeten) Paketnamen mit USE voreinstellen, und muß die übrigen Paketnamen bei jedem entsprechenden Aufruf als Präfix explizit nennen, z.B. sequential_io.file_type oder direct_io.open .

Die wichtigsten Standardfunktionen zur Einrichtung von Dateien sind create, delete und open, close.

Mit create kreierte externe Dateien können mit delete wieder gelöscht werden. Es ist implementationsabhängig, ob kreierte, nicht gelöschte Dateien automatisch permanent im Rechner-System verbleiben oder ob z.B. zusätzliche System-Befehle gegeben werden müssen.

Mit open bzw. close können nacheinander oder auch gleichzeitig mehrere Dateien des Programms einer kreierten externen Datei zugeordnet werden bzw. diese Zuordnung wieder aufgelöst werden. Die maximale Anzahl der gleichzeitigen Zuordnungen ist implementationsabhängig. Umgekehrt kann einer Datei im Programm nur jeweils eine externe Datei zugeordnet sein. Es ist implementationsabhängig, ob das Erreichen des Endes des Hauptprogramms wirkt wie close(F) für alle offenen Dateien.

Die Position einer Datei F kann mit reset(F) auf 1 zurückgesetzt werden. Die Position kann um 1 über die Datei hinausragen und bedeutet dann Datei-Ende, das durch end_of_file(F) abfragbar ist.

Eine (sequentielle oder direkte) Datei F befindet sich entweder im

```
        Lese-Modus    (englisch mode in_file),
```

der mit create(F, in_file),   open(F, in_file)   oder reset(F, in_file) voreingestellt wird, oder im

```
        Schreib-Modus    (englisch mode out_file),
```

der mit create(F, out_file),   open(F, out_file) oder reset(F, out_file) voreingestellt wird, oder im (nur für direkte Dateien)

```
        Lese/Schreib-Modus    (englisch mode inout_file),
```

d. mit create(F, inout_file), open(F, inout_file), reset(F, inout_file) voreingestellt wird.

```
                ┌─────────────────────────────┐
                │   Modi für Lesen/Schreiben   │
        ┌───────┴─────────────────────────────┴───────┐
        │  Im  Lese   -Modus (   in_file) ist Schreiben unzulässig  │
        │  Im  Schreib-Modus (  out_file) ist Lesen      unzulässig  │
        │  Lese/Schreib-Modus (inout_file) nur für  direkte Dateien  │
        └──────────────────────────────────────────────┘
```

8.1 Sequentielle Datei, s. sequential_io, A.2.G

Das vordefinierte generische Paket sequential_io (Anhang A.2.G) ermöglicht sequentielles Arbeiten mit Dateien im Schreib-Modus out_file oder im Lese-Modus in_file. Das Wechseln des Modus durch close/open oder reset bewirkt stets ein Rücksetzen auf Position 1.

Entsprechende physikalische Modelle sind z.B. Magnetbänder oder Disketten.

Für sequentielle Dateien ist es, wie z.B. in Pascal, anders als in C, möglich, eigene Datei-Element-Typen zu vereinbaren. Dies geschieht durch generische Instantiation von sequential_io, z.B.

```
PACKAGE Messung IS NEW sequential_io(FLOAT);USE Messung;
```

Einschränkungen für den selbst zu vereinbarenden element_type können durch die Implementation gegeben sein (z.B. kein ACCESS).

Die Eigenschaft "sequentiell" wird mit der Kreierung einer Datei innerhalb des Pakets sequential_io unveränderlich festgelegt. Sequentielle Dateien werden benutzt, wenn alle Elemente nacheinander abgearbeitet werden sollen. Dann erübrigt sich die aufwendigere Organisation mit direkt indizierbarem Einzelzugriff. Auch auf peripheren Geräten, die Direkt-Zugriff zulassen würden, wie z.B. Platten, wird man für sequentielle Datenverarbeitung nur sequentielle Dateien einsetzen.

Sequentielle Dateien sind im physikalischen Modell nicht notwendig indiziert. Nur zur einheitlichen Beschreibung zusammen mit direkten Dateien (8.2) nehmen wir eine hypothetische Index-ähnliche Position an.

Die (hypothetische) Position sequentieller Dateien wird bei jedem read bzw. write um 1 weitergesetzt, ist aber vom Programmierer nicht setzbar und nicht abfragbar. Der Programmierer weiß nur, daß die Position nach create, open oder reset auf 1 steht und schließlich bei end_of_file(F)=TRUE um 1 nach rechts über die Dateilänge hinausragt, die auch nicht abfragbar ist.

Weitere Einzelheiten über die Parameterbesetzung und Wirkungsweise der für sequentielle Dateien vordefinierten Unterprogramme entnehme man der kommentierten Spezifikation des Pakets sequential _io im Anhang A.2.G.

8.2　Direkte Datei, siehe direct_io, A.2.G

Das vordefinierte generische Paket direct_io (Anhang A.2.G) ermöglicht direkt-positionierbares Arbeiten mit Dateien im Schreib-Modus out_file oder im Lese-Modus in_file oder im Schreib/Lese-Modus inout_file. Das Wechseln des Modus durch close/open/reset, und damit Zurücksetzen auf Position 1, entfällt im Schreib/Lese-Modus inout_file.

Entsprechende physikalische Modelle sind z.B. Dateien im Hauptspeicher oder indiziert organisierte Dateien auf Platten.

Für direkte Dateien werden eigene Datei-Element-Typen vereinbart durch generische Instantiation von direct_io, z.B.

```
PACKAGE Insasse IS NEW direct_io(STRING(1..80));USE Insasse;
```

Einschränkungen für den selbst zu vereinbarenden element_type können durch die Implementation gegeben sein (z.B. kein ACCESS).

Die Eigenschaft "direkt" wird mit der Kreierung einer Datei innerhalb des Pakets direct_io unveränderlich festgelegt. Direkte Dateien werden benutzt, wenn Einzelabfragen verlangt werden, für die sich sequentielles Durchsuchen nicht lohnen würde.

Die Index-Position direkter Dateien wird bei jedem read bzw. write um 1 weitergesetzt und ist vom Programmierer mit set_index setzbar und mit index(F) abfragbar. Der Programmierer weiß, daß die Index-Position nach create, open oder reset auf 1 steht und schließlich bei end_of_file(F)=TRUE um 1 nach rechts über die Dateilänge hinausragt, die mit size(F) abfragbar ist.

Weitere Einzelheiten über die Parameterbesetzung und Wirkungsweise der für direkte Dateien vordefinierten Unterprogramme entnehme man der kommentierten Spezifikation des Pakets direct_io im Anhang A.2.G.

8.3   Text-Datei, siehe text_io, A.2.H

Das vordefinierte Paket text_io mit seinen generischen Sub-Paketen integer_io, float_io, fixed_io und enumeration_io (A.2.H) ermöglicht sequentielles , formatierendes/konvertierendes Arbeiten mit zeilenstrukturierten Dateien im Schreib-Modus out_file oder im Lese-Modus in_file. Das Wechseln des Modus durch close/open oder reset bewirkt stets ein Rücksetzen auf Position 1.

In text_io werden nur Text-Dateien behandelt, d.h. Dateien vom vorgegebenen Element-Typ CHARACTER.

```
Unterteilung in Zeilen (und Seiten)

Nur Text-Dateien besitzen eine Unterteilung
          in Zeilen (und Seiten).
```

Darüber hinaus gibt es nur für Text-Dateien (text_io) komfortable Prozeduren put/get zur Ein/Ausgabe und Konvertierung/Formatierung von CHAR-Sequenzen des Textes in Typen, wie z.B. INTEGER oder FLOAT.

Standard_Input,Standard_Output sind Beispiele für Text-Dateien:

```
Standard_Input  ist voreingestellt (default) für get,
Standard_Output ist voreingestellt (default) für put, d.h.


get(standard_input ,X);        entspricht   get(X);
put(standard_output,"Hallo");  entspricht   put("Hallo");
```

Entsprechende physikalische Modelle sind z.B. Tastatur-Eingabedateien, Bildschirm-Dateien, Dateien im Hauptspeicher oder auf Diskette oder Drucker-Dateien.

Der Benutzer muß darauf achten, daß mit WITH text_io; und USE text_io; nur get, put für STRING und CHARACTER verfügbar und voreingestellt sind. Die Sub-Pakete integer_io, float_io, fixed_io und enumeration_io müssen zusätzlich innerhalb text_io verfügbar gemacht und voreingestellt werden!

z.B.

```
      PACKAGE My_Integer_Io IS NEW integer_io(INTEGER);
      USE     My_integer_Io;
```

Dieser (nicht nur Anfängern lästige) Aufwand ist der Preis dafür, daß in Ada, anders als z.B. in Pascal oder C, der Benutzer sich seinen eigenen integer-Typ vereinbaren und dafür integer_io instantiieren kann.

Zeilenende kann bei Editierung einer Text-Datei F mit der Return-Taste oder vom Programm her mit new_line(F) gesetzt, mit skip_line(F) angesprungen und mit end_of_line(F) abgeprüft werden.

Weitere Einzelheiten über die Parameterbesetzung und Wirkungsweise der für Text-Dateien vordefinierten Unterprogramme entnehme man der kommentierten Spezifikation des Pakets text_io im Anhang A.2.H (siehe auch 1.10).

Quasi-direkte Zeilen-Positionierung wird simuliert durch set_line(F,Pos); . Die gewünschte Zeilen-Position Pos muß vom Typ positive_count sein, der ebenfalls in text_io vereinbart ist; ggf. konvertiert man die Position Pos vom Typ POSITIVE explizit in den Typ positive_count mit positive_count(Pos). Für das Zählen der Anzahl der Zeilen in einer Text-Datei F gibt es zwar keine fertige Prozedur in text_io, aber eine solche Prozedur kann mit Hilfe von skip_line(F) und end_of_file(F) geschrieben werden, siehe Prozedur Count_Lines(F,Lines) im nachfolgenden Programm KfzRepar.

Das nachfolgende Programm KfzRepar setzt das Vorhandensein zweier externer Text-Dateien ARB_WERT.F und MAT_WERT.F voraus, in denen, abgesehen von den noch anzubringenden Faktoren Arb_Fakt und Mat_Fakt, zeilenweise die Kosten für die jeweilige Arbeits- bzw. Material-Position ausgewiesen sind.

Die Funktion Faktur berechnet die faktorisierte Summe aus abgefragten Zeilen-Werten einer Textdatei. Faktur hat den Namens-STRING einer gegebenen externen Datei als Parameter und eröffnet darauf mit open die Text-Datei F im Lese-Modus in_file.

Mit reset und set_line wird die gewünschte Zeile quasidirekt angesprungen und dann sequentiell mit get gelesen.

Vor dem Funktionsausgang mit RETURN wird die lokale Datei F wieder mit close geschlossen.

Es handelt sich typisch um direkte Suchvorgänge nach vorgegebenen Zeilen-Positionen, für die einfaches sequentielles Durchsuchen (sequential_io) nicht angebracht wäre. Andererseits wäre einfaches direktes Suchen (direct_io) ohne den Komfort von Text-Dateien sehr mühsam in der Ein/Ausgabe zu programmieren. Daher empfiehlt es sich, die Möglichkeiten des quasi-direkten Zeilenzugriffs und der komfortablen Ein/Ausgabe und Formatierung/Konvertierung in text_io zu nutzen.

```
------------------------ KfzRepar ---------------------------
--                 Kraftfahrzeug-Reparatur-Rechnung                --
--         mit externen Text-Dateien ARB_WERT.F, MAT_WERT.F        --
--      Quasi-direkte Text-Zeilen-Positionierung mit set_line      --
-------------------------------------------------------------

WITH text_io;USE text_io;

PROCEDURE KfzRepar IS

    PACKAGE I_Io IS NEW integer_io(INTEGER);USE I_Io;
    PACKAGE F_Io IS NEW   float_io(  FLOAT);USE F_io;

    Arb_Fakt:CONSTANT FLOAT:=5.50;     -- DM 5.50 fuer 0.1 Std.Arbeit
    Mat_Fakt:CONSTANT FLOAT:=2.75;     -- Material-Kalkulationsfaktor
    Prz_MwSt:CONSTANT FLOAT:=14.0;
    Arb_Kost,Mat_Kost,Sum_Kost,Ges_Kost,MwSt:FLOAT;

    PROCEDURE Count_Lines(F    :IN OUT file_type
      ;                    Lines:IN OUT NATURAL  ) IS
    BEGIN reset(F,in_file);Lines:=0;
       WHILE NOT end_of_file(F)
       LOOP Lines:=Lines+1;skip_line(F);END LOOP;
    END Count_Lines;

    FUNCTION Faktur(FileName:STRING;Fakt:FLOAT) RETURN FLOAT IS
       Pos:POSITIVE;Art:STRING(1..11);Val:FLOAT;
       Sum_Val:FLOAT:=0.0;F:file_type;Len:NATURAL;
    BEGIN
       open(F,in_file,FileName);new_line;put_line(FileName);
       Count_Lines(F,Len);put(Len+1,6);put_line(" Terminator");
       LOOP
          put("Pos: ");get(Pos);skip_line;EXIT WHEN Pos>Len;
          reset(F,in_file);set_line(F,positive_count(Pos));
          get(  F,Pos );get(F,Art);get(  F,Val  );Val:=VAL*Fakt;
          put("       ");put(  Art);put(Val,4,2,0);put_line(" DM");
          Sum_Val:=Sum_Val+Val;
       END LOOP;
       close(F);RETURN Sum_Val;
    END Faktur;

BEGIN
    Arb_Kost:=               Faktur("ARB_WERT.F",Arb_Fakt);
    put("              ------");                new_line;
    put("       Arb_Kost");put(Arb_Kost,4,2,0);put_line(" DM");
    Mat_Kost:=               Faktur("MAT_WERT.F",Mat_Fakt);
    put("              ------");                new_line;
    put("       Mat_Kost");put(Mat_Kost,4,2,0);put_line(" DM");
    put("              ------");                new_line;
    Sum_Kost:=      Arb_Kost+      Mat_Kost;
    put("       Sum_Kost");put(Sum_Kost,4,2,0);put_line(" DM");
    MwSt     :=      Sum_Kost*      Prz_MwSt/100.0;
    put("           MwSt");put(    MwSt,4,2,0);put_line(" DM");
    put("              ------");                new_line;
    Ges_Kost:=      Sum_Kost+          MwSt;
    put("       Ges_Kost");put(Ges_Kost,4,2,0);put_line(" DM");
    put("              ======");new_line;
END KfzRepar;
```

```
ARB_WERT.F                          MAT_WERT.F
______________                      ______________

   1 Bremsbelag   4.75                 1 Bremsbelag    4.20
   2 Lackier_kl   3.25                 2 KleinMater    1.00
   3 Reinigg_kl   2.00                 3 Leiste_Skl    5.10
   4 Scheibe_kl  14.50                 4 Rahmen_Skl   10.25
                                       5 Scheibe_kl    7.50
```

```
Output                         | In    Output (Fortsetzung)           | In
___________________________    |       ____________________________  |
ARB_WERT.F                     |       MAT_WERT.F                     |
   5 Terminator                |          6 Terminator               |
Pos:                             3     Pos:                             4
      Reinigg_kl   11.00 DM                 Rahmen_Skl   28.19 DM
Pos:                             4     Pos:                             5
      Scheibe_kl   79.75 DM                 Scheibe_kl   20.63 DM
Pos:                             2     Pos:                             3
      Lackier_kl   17.88 DM                 Leiste_Skl   14.03 DM
Pos:                             5     Pos:                             2
                                             KleinMater    2.75 DM
           ------                      Pos:                             6
      Arb_Kost    108.62 DM
                                                  ------
                                             Mat_Kost     65.59 DM

                                             Sum_Kost    174.21 DM
                                                 MwSt     24.39 DM
                                                  ------
                                             Ges_Kost    198.60 DM
                                                  ======
```

Da die Datei F in den Prozeduren Count_Lines und Faktur nur gelesen und nicht überschrieben werden soll, wird in open bzw. reset der Modus in_file (vgl. text_io, Typvereinbarung file_mode, A.2.H) eingestellt.

Am Beispiel der Prozedur Count_Lines erkennt man deutlich die Unabhängigkeit von Parameterübergabe- und Dateimodus-Konzept: F kann nur als IN Parameter in Count_Lines, skip_line, reset eingegeben werden, nur als OUT Parameter durch reset und Count_Lines zurückgesetzt werden und nur im Dateimodus in_file durch end_of_ file, skip_line gelesen werden.

Wollte man die Prozedur Count_Lines(F,Lines) zum Abzählen der Zeilen Lines der Datei F umschreiben in eine Funktion Lines(F), so könnte man reset(F,in_file) nicht mit in die Funktion übernehmen, da Funktionen (siehe 7.5) keine OUT Parameter besitzen dürfen. Der Programmierer müßte dann vor jedem Aufruf von Lines(F) selbst reset(F, in_file); ausführen. In unserem speziellen Beispiel Faktur brauchte man dies nicht, da open immer reset impliziert.

Man hätte in Faktur auch statt des Parameters FileName: STRING, ähnlich wie in Count_Lines, F:IN OUT file_type vereinbaren können und die Vereinbarung (file_type), Öffnung (open) und Schließung (close) dann benötigter Dateien F_Arb, F_Mat in das Hauptprogramm KfzRepar verlegen können.

8.4   Testfragen

zu	Frage	abdeckbare Antwort

8   Gibt es außer dem Dateinamen im (Ada) Programm und dem (Link) Namen der externen Datei auch noch einen (System) Dateinamen für permanentes Verweilen im Betriebssystem? — implementationsab-hängig , ggf.   per System – Befehl zusätzlich definieren

8   F,G seien sequentielle oder direkte Dateien.

Welche der folgenden sind korrekte Anweisungen?

```
    F:=G;
    IF F=G THEN put("gleich");END IF;
```
nein, limitiert
"   , siehe 9.2.5

```
open(F,out_file,"X");open(G,in_file,"X");
open(F,out_FILE,"X");close(F);
```
implement.-abhängig
ja

8.1   Kann man die Länge einer sequentiellen Datei mit einer Funktion abfragen, die in sequential_io vordefiniert ist? — nein, size nur für direct_io

8.1   Kann man in Ada sequentielle Dateien auch sequentiell von rechts nach links abarbeiten? — nein

8.2   F sei eine direkte Datei aus 10 Elementen. Ferner sei u.a. vereinbart:

```
P          :POSITIVE              :=5;
P_1_TO_10:POSITIVE RANGE 1..10:=5;
```

Welche der folgenden sind korrekte Prozeduraufrufe?

```
set_index(F,          5          );
set_index(F,          P          );
```
nein, unzul.Typ
nein, unzul.Typ

```
set_index(F,   count'(5          ));
set index(F,   count'(P          ));
```
ja
nein, unzul.Typis.

```
set_index(F,   count (5       ));
set_index(F,   count (P       ));
```
ja
nein, unzul.Konv.

```
set_index(F,          P_1_TO_10 );
set_index(F,POSITIVE(P_1_TO_10));
```
ja
nein, unzul.Typ

8.3   Arbeitet text_io sequentiell mit sequential_io oder direkt mit direct_io? — weder-noch, eigener implement.-abhäng. file_type

9 MODULARER PROGRAMMAUFBAU (PACKAGE)

Die bereits von FORTRAN und besonders von ALGOL_60 her bekannte "Unterprogramm-Technik" und "Block-Struktur" (4.6, 7) wurde von nachfolgenden Programmiersprachen, auch von Ada, übernommen.

Während sich die Bemühungen um die Fortentwicklung des "Strukturierten Programmierens" (Dijkstra, Hoare, Wirth, vgl. 4.1.2, 4.2.2) zunächst auf das einzelne Programm selbst richteten, versuchte man später in SIMULA mit dem "class-concept" sowie der "Präfix-Technik" und dann in ALGOL_68 mit dem "prelude-concept" die Umgebung des Programms mit zu erfassen.

Ada hat das SIMULA-class-concept übernommen und daraus u.a. das Package-Konzept entwickelt, bei dem besonderer Wert gelegt wird auf die Vorab-Kompilierbarkeit der verschiedenen Pakete und ihre Verwendbarkeit als Moduln zum Aufbau größerer Einheiten.

Als modulare (Programm-)Einheiten (englisch unit, siehe compilation A.1) stehen in Ada außer Paketen (9.1, ggf. generisch 9.2) noch Unterprogramme (7, ggf. generisch 9.2) und paralelle Prozesse (englisch task, 10) zur Verfügung.

Generische Einheiten (9.2) erlauben nachträgliche Einbringung von Typen, Werten, Unterprogramm-Rümpfen etc. durch generische Instantiation generisch spezifizierter Parameter.

Zum modularen Paket-Konzept gehört einerseits die obligate vollständige Spezifikation (9.1.1) aller zur Benutzung des Pakets wichtigen Teile und andererseits die Möglichkeit, nicht zur Benutzer-Schnittstelle gehörige "private" Teile herauszunehmen oder vor Eingriffen des Benutzer zu schützen (9.2.3), sowie interne Teile im privaten Teil (9.2.3.1) oder Paket-Rumpf (9.1.2) zu verbergen.

Die Verwaltung der Bibliotheks-Einheiten (Pakete, Unterprogramme) in der Programm-Bibliothek ist implementationsabhängig.

9.1 Programmpaket: PACKAGE

Der Begriff "(Programm-) Paket" (englisch package) wird bereits in SIMULA (1968, dort 14.2) als Synonym für "class" verwendet. In PL/I, ALGOL_68 und Pascal gibt es noch keine entsprechenden Konstruktionen.

Ein Paket besteht aus der obligaten Paket-Spezifikation (9.1.1) und einem ggf. nachfolgenden Paket-Rumpf (9.1.2), der u.a. die Rümpfe der spezifizierten Unterpakete, Unterprogramme und Prozesse enthalten muß. Der Compiler kann die Paket-Spezifikation und den ggf. nachfolgenden Paket-Rumpf getrennt übersetzen.

Der sichtbare (d.h. nicht PRIVATE, 9.2.3) Teil der Paket-Spezifikation ist die "Benutzerschnittstelle", die alle für die Benutzung des Pakets erforderlichen Informationen in übersichtlicher knapper Zusammenstellung enthält!

9.1.1   Paket-Spezifikation

Eine (obligatorische) Paket-Spezifikation (englisch   package   specification) ist nach Syntaxdiagramm A.1 von der Form

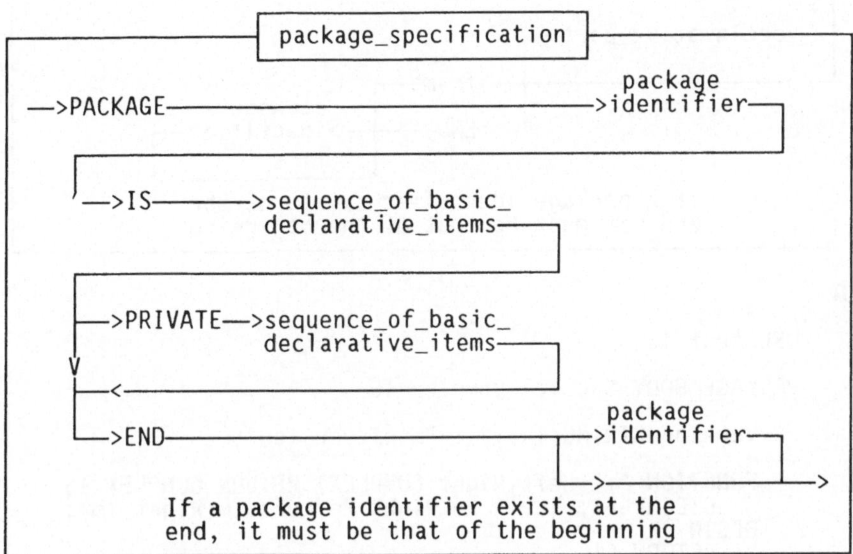

Z.B.

```
PACKAGE Special_Complex IS
    TYPE COMPLEX IS RECORD Re,Im:FLOAT;END RECORD;
    FUNCTION "+"(Left,Right:COMPLEX) RETURN COMPLEX;
END Special_Complex
```

Beispiele für private Teile von Paket-Spezifikationen siehe 9.2.3.

Unterpaket-, Unterprogramm- oder Prozeß-Rümpfe sind nach Syntaxdiagramm A.1 keine basic declarative items und gehören daher nach
obigem Schema nicht in die Paket-Spezifikation. Sie würden die Pa-
ketspezifikation nur unnötig aufblähen und den Benutzer des Pakets
zunächst auch nicht interessieren.

9.1.2   Paket-Rumpf

Ein (optionaler) Paket-Rumpf (englisch   package   body) ist nach
Syntaxdiagramm A.1 von der Form

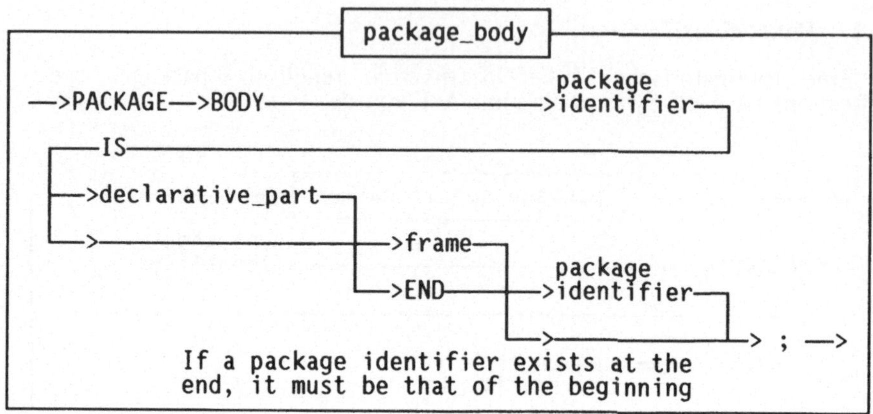

Z.B.

```
USE text_io;

PACKAGE BODY Special_Complex IS

    Version:STRING(1..12):="mini version";

    FUNCTION "+"(Left,Right:COMPLEX) RETURN COMPLEX IS
        C:COMPLEX:=(Left.Re+Right.Re,Left.Im+Right.Im);
    BEGIN
        RETURN C;
    END "+";

BEGIN
    put(Version);
END Special_Complex;
```

Der Paket-Rumpf soll die Paket-Spezifikation ergänzen, d.h. er muß die Rümpfe aller spezifizierten Unterpakete, Unterprogramme oder Prozesse enthalten.

Typ-, Konstanten- oder Variablen-Vereinbarungen etc., die bereits in der Paket-Spezifikation vorkommen, dürfen nicht noch einmal im Paket-Rumpf vereinbart werden. Kommen Vereinbarungen nur im Paket-Rumpf vor, wie z.B. oben Version, so sind sie nur dort, aber nicht von außen durch den Paket-Benutzer aufrufbar.

Enthält ein Paket-Rumpf selbst Anweisungen in einem eigenen Rahmen (englisch frame, siehe Syntaxschema A.1), wie z.B. oben BEGIN put(Version);END; so werden diese Anweisungen ausgeführt, sobald der Paket-Rumpf im Hauptprogramm dynamisch erreicht wird oder - bei vorübersetzten Bibliotheks-Paketen - sobald der Paket-Rumpf dynamisch mit WITH (2.1.1) verfügbar gemacht wird.

Wie man sieht, ist der IS-Teil eines Paket-Rumpfs genau so aufgebaut wie der IS-Teil eines Unterprogramm-Rumpfs (vergl. 7.1.1).

9.2   Generische Programmschablone: GENERIC

Der Begriff "generischer (Programm-) Parameter" (englisch generic parameter) ist bereits in einfacherer Form für Daten-Attribute von PL/I her bekannt und entspricht in SIMULA dem Begriff "virtual quantities". In PL/I, ALGOL_68, Pascal und MODULA gibt es keine generischen Programm-Parameter.

"Generische" IN bzw. IN OUT Parameter von Paketen oder Unterprogrammen sind eine Verallgemeinerung der "formalen" IN bzw. IN OUT Parameter von Unterprogrammen (vgl. 7). Allgemeiner als bei formalen Parametern sind als generische Parameter auch Unterprogramme und sogar Typen zugelassen!

Die generischen Parameter dienen als formale Platzhalter in der generischen Spezifikation der "Programmschablone" (englisch template). die dann vorab übersetzt wird.

Der Benutzer der Programmschablone kann die gewünschten generischen Parameter einfach durch generische Instantiation aktuell einsetzen. wobei die Programmschablone nicht neu übersetzt wird. Eine Programmschablone bietet dem Benutzer also eine ganze Schar von fertigen Programmen. aus denen er auswählen kann. z.B.

```
sequential_io    (für bel. ELEMENT_TYPE Datei-Elemente, A.2.G)
   integer_io    (für bel. MY_INT_TYPE integer-Zahlen, A.2.H)
```

Von den drei möglichen modularen Programm-Einheiten (vgl. 9), können nur Pakete und Unterprogramme generische Parameter enthalten, d.h. Programmschablonen bilden. Parallele Prozesse können dies nicht.

Generische Unterprogramme können instantiiert. aber nicht wie gewöhnliche Unterprogramme aufgerufen werden. Instantiationen generischer Unterprogramme können nicht wieder instantiiert. aber wie gewöhnliche Unterprogramme aufgerufen werden.

9.2.1   Generische Spezifikation

Eine generische Spezifikation (englisch generic specification). ist nach Syntaxdiagramm A.1 von der Form

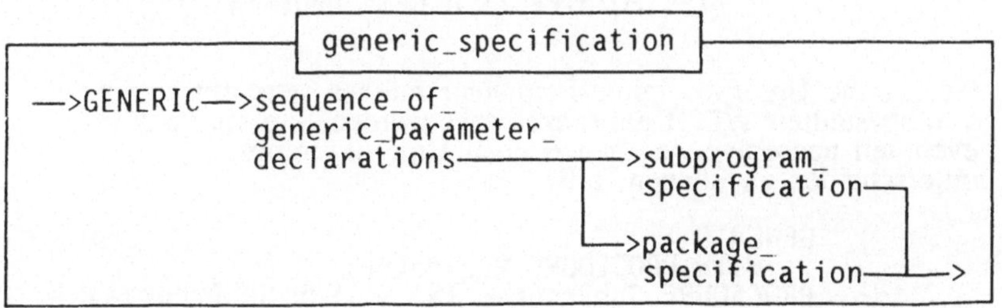

Z.B. (vgl. 9.2.3.2)

```
GENERIC

    TYPE SUMMAND_TYPE IS PRIVATE;
    Summand_Null:SUMMAND_TYPE;
    WITH FUNCTION "+"(S1,S2:SUMMAND_TYPE) RETURN SUMMAND_TYPE;
    WITH FUNCTION  F(I     :INTEGER     ) RETURN SUMMAND_TYPE;

FUNCTION Multi_Sum_F(First,Last:INTEGER) RETURN SUMMAND_TYPE;
```

Für die Vereinbarung generischer Parameter gilt nach Syntaxdiagramm A.1 (sequence of generic parameter declarations) unter anderem:

a) Generische Variablen-Parameter sind entweder explizit als
   IN OUT oder explizit bzw. implizit (default) als IN
   vereinbart und können initialisiert werden, z.B.

```
                    Format:INTEGER:=4;
```

   Generische OUT Parameter gibt es nicht.

b) Generische Typ-Parameter können diskrete oder float oder
   fixed Typen oder unconstrained ARRAY-Typen sein, die formal
   eine Box < > enthalten und später mit passendem aktuellem
   Typ-Namen instantiiert werden, z.B.

```
          TYPE SUMMAND_TYPE IS DIGITS <>;
```

   Auch private (siehe 9.2.3.2) generische Typ-Parameter,
   die später mit beliebigem aktuellen Typ instantiiert werden
   können, sind zugelassen, z.B.

```
          TYPE OBJECT IS PRIVATE;
```

   Dieses PRIVATE zur Kennzeichnung generischer Typ-Parameter
   (9.2.3.2) hat eine andere Bedeutung als das PRIVATE zum
   Schützen von Typen im sichtbaren Teil eines Pakets (9.2.3.1).

   Generische Typ-Parameter können constrained ARRAY-Typen
   oder ACCESS-Typen sein, die aus bereits vorher generisch
   vereinbarten Typ-Parametern zusammengesetzt sein können, z.B.

```
          TYPE POINTER IS ACCESS OBJECT;
```

c) Generische Unterprogramm-Parameter müssen stets mit einem
   vorangestellten WITH gekennzeichnet werden, um sie vom
   eventuell nachfolgenden generischen Unterprogramm
   unterscheiden zu können, z.B.

```
              GENERIC
                 WITH PROCEDURE Parameter;
              PROCEDURE SubProgram IS ... END SubProgram;
```

Dieses WITH zur Kennzeichnung generischer Unterprogramm-Parameter hat eine andere Bedeutung als das WITH zur Verfügbarmachung von vorher kompilierten Programm-Einheiten (2.1.1).

Es gelten folgende Einschränkungen:

d) Nur generische IN Parameter dürfen initialisiert werden.

e) Der Typ generischer IN Parameter darf nicht limitiert sein (siehe 9.2.5).

f) Als generische Unterprogramme sind keine Operationen zugelassen. Diese Einschränkung gilt nicht für generische Unterprogramm-Parameter.

Zu jeder generischen Spezifikation eines Pakets oder eines Unterprogramms muß wie bei gewöhnlicher Spezifikation (9.1.1, 7.1) auch ein Rumpf (package body A.1, subprogram body A.1) angegeben werden, z.B.

```
FUNCTION Multi_Sum_F(First,Last:INTEGER) RETURN SUMMAND_TYPE IS
    S:SUMMAND_TYPE:=Summand_Null;

BEGIN
    FOR I IN First..Last LOOP S:=S+F(I);END LOOP;
    RETURN S;
END Multi_Sum_F;
```

Während bei gewöhnlichen Unterprogrammen die Angabe des Unterprogramm-Rumpfs ausreicht und die vorherige Angabe der Unterprogramm-Spezifikation optional ist, müssen bei generischen Unterprogrammen selbstverständlich sowohl generische Spezifikation als auch Rumpf explizit angegeben werden.

9.2.2 Generische Instantiation

Die Bezeichnung "instantiation" im Sinne des Ada-Sprachgebrauchs findet sich bereits in SIMULA. In PL/I, ALGOL_68, Pascal und MODULA gibt es keine entsprechenden Konstruktionen.

Spezifikation und Instantiation von generischen Programm-Einheiten ist vergleichbar mit Vereinbarung und Aufruf von Unterprogrammen (7.1). Allerdings ist weder direkte noch indirekte rekursive Instantiation möglich!

Eine generische Instantiation (englisch generic instantiation)
einer vorherigen generischen Spezifikation (9.2.1) ist nach Syntaxdiagramm A.1 von der Form

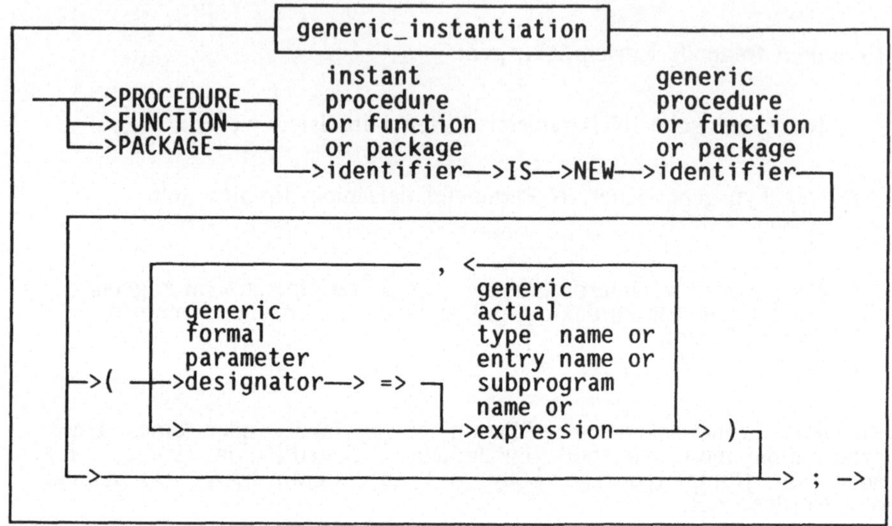

z.B. (siehe Float_Sum 9.2.2, Multi_Sum 9.2.3.2, Insasse 8.2)

```
FUNCTION Sum      IS NEW Float_Sum_F (                Leibniz);
FUNCTION Sum      IS NEW Multi_Sum_F (TEXT,NULL,"+",Sermon );
PACKAGE  Insasse IS NEW     direct_io(STRING(1..80)         );
```

Dieses NEW zur Instantiierung eines Unterprogramms oder eines
Pakets hat eine andere Bedeutung als das NEW eines Allokators
(6.1) oder das NEW eines abgeleiteten Typs (9.4).

Das nachfolgende Programm FloatSum verwendet eine generische
Funktion Float_Sum_F zur Aufsummierung beliebiger Summationsfor-
meln F(i) vom RETURN-Typ FLOAT. Vorgeführt wird diese "Summenbildung" am Beispiel (vgl. Rundung,1.7) der Summationsformel

$$F(i) = \frac{1}{(4i+1)(4i+3)} \qquad (i=0,1,2,\ldots)$$

der Leibniz'schen Reihe für Pi

$$Pi = 8 \left(\frac{1}{1*3} + \frac{1}{5*7} + \frac{1}{9*11} + \frac{1}{13*15} + \ldots \right)$$

```
------------------------------ FloatSum ------------------------------
--     Last                                                         --
--    ######                                                        --
--     ##         FLOAT-Summe ueber bel. F(i), instantiiert mit  --
--      ##  F(I)  Leibniz'scher  Summationsformel  F(i) fuer Pi  --
--     ##         Compilation  enthaelt  1 gen.UP + 1 HP (1 UP)  --
--    ######                                                        --
--  I=First                                                         --
----------------------------------------------------------------------


GENERIC                                             -- gener.spec
   WITH FUNCTION   F(I            :INTEGER) RETURN FLOAT;
FUNCTION Float_Sum_F(First,Last:INTEGER) RETURN FLOAT;

FUNCTION Float_Sum_F(First,Last:INTEGER) RETURN FLOAT IS
   S:FLOAT:=0.0;                                    -- subpr.body
BEGIN
   FOR I IN First..Last LOOP S:=S+F(I);END LOOP;
   RETURN S;
END Float_Sum_F;

WITH Float_Sum_F,text_io;                           -- cont.claus
USE                text_io;

PROCEDURE FloatSum IS                               -- main  body

   First,Last:INTEGER;

   FUNCTION Leibniz(I:INTEGER) RETURN FLOAT IS      -- subpr.body
   BEGIN
      RETURN 1.0/(4.0*FLOAT(I)+1.0)/(4.0*FLOAT(I)+3.0);
   END Leibniz;

   FUNCTION Sum  IS NEW Float_Sum_F(Leibniz);       -- gener.inst
   PACKAGE  I_io IS NEW integer_io (INTEGER);USE I_io;
   PACKAGE  F_io IS NEW   float_io (  FLOAT);USE F_io;

BEGIN
   get(First);get(Last);put(8.0*Sum(First,Last));
END FloatSum;
```

Input	Output
0 10000	3.14154265858932E+00

Wir erinnern daran (0.2.1, 2, 9.2.6), daß das Hauptprogramm (englisch mainprogram) implementationsabhängig z.B. mit einem "PRAGMA MAIN;" oder mit einem Systembefehl "MAIN_PROGRAM" oder wie hier automatisch als einzige Prozedur der Übersetzungseinheit gestartet werden kann.

Wünscht man eine größere Freiheit bei der Summenbildung, z.B. statt FLOAT einen beliebig instantiierbaren RETURN-Typ für F(I), so kann man, wie im folgenden Beispiel MultiSum (9.2.3.2), den gewünschten RETURN-Typ als privaten Typ generisch vereinbaren.

9.2.3   Private Typen (PRIVATE)

Private Typen dürfen nur vereinbart bzw. spezifiziert werden

geschützt im sichtbaren Teil der Paket-Spezifikation (9.1.1),   z.B.

```
PACKAGE P IS...
    TYPE T IS PRIVATE;...            ⎤─ Paket-Spezifikation
                                     ⎦     sichtbarer Teil
PRIVATE...
    TYPE T IS
        RECORD                       ⎤─ Paket-Spezifikation
            C:CHARACTER;F:FLOAT;     ⎥     privater    Teil
        END RECORD;...               ⎦
END P;

PACKAGE BODY P IS...
    R:T;...                          ⎤
BEGIN...                             ⎥─ Paket-Rumpf
    R.C:='A';R.F:=3.14;...           ⎥     nur hier C,F aufrufbar
END P;                              ⎦
```

oder als Parameter in der generischen Spezifikation (9.2.1), z.B.

```
GENERIC
    TYPE T IS PRIVATE;               ⎤─ generische Spezifikation
FUNCTION F(X:T) RETURN T;            ⎦

FUNCTION F(X:T) RETURN T IS...       ⎤
BEGIN...RETURN...;...END F;          ⎥─ Unterprogramm-Rumpf

WITH text_io,F;USE text_io;

PROCEDURE Main IS...                     Hauptprogramm-Rumpf:

    FUNCTION G IS NEW F(CHARACTER);  ⎤─ generische Instantiation

BEGIN...                             ⎤  nur hier put, &  für den
    put(G('A'&'B'));...              ⎥─ Typ T ( nun CHARACTER )
END Main;                            ⎦  verfügbar
```

Es gibt demnach zwei verschiedene Sorten privater Typen mit
verschiedenen Regeln der Benutzung, siehe 9.2.3.1 und 9.2.3.2.

Die oben in beiden Beispiel-Sorten vorkommende private Typ-Vereinbarung (englisch private type declaration)

```
                    TYPE T IS PRIVATE;
```

ist eine spezielle Typ-Vereinbarung (2.2.1), die allgemein auch
einen Diskriminanten-Teil (RECORD-Typ, 6.2.1) besitzen kann oder
mit der Bezeichnung   LIMITED vor PRIVATE versehen sein kann
(limitierter Typ, 9.3).

9.2.3.1 Privater geschützter Typ

Bei privaten geschützten Typen muß zu jeder privaten (unvollständigen) Typ-Vereinbarung im sichtbaren Teil eines Pakets eindeutig eine (ausführliche) Typ-Vereinbarung (2.2.1) im privaten Teil des Pakets vorhanden sein.

Vorteile:

> Einzelteile des privaten Typs, wie z.B. Komponenten, sind vor dem Zugriff des Paket-Benutzers geschützt und können nur im Paket-Rumpf aufgerufen werden (Abgrenzung der Schnittstelle).

> Der private Teil der Paketspezifikation ist für den Übersetzer, nicht für die Benutzung des Pakets relevant und braucht daher dem Paket-Benutzer nicht bekannt gegeben zu werden. Im Paket-Rumpf stehen alle für den privaten Typ vordefinierten Attribute und Operationen zur Verfügung.

Nachteile:

> Vor der (ausführlichen) Typ-Vereinbarung im privaten Teil des Pakets dürfen mit diesem Typ keine Variablen vereinbart oder Objekte zu ACCESS-Zeiger-Variablen alloziert werden.

Beispiele privater geschützter Typen sind der Typ FILE_TYPE im Paket sequential_io (A.2.G) und der Typ TIME im Paket calendar (A.2.I).

9.2.3.2 Privater generischer Typ-Parameter

Zu jeder privaten Typ-Spezifikation als formaler Parameter in der generischen Spezifikation eines Pakets sind nacheinander mehrere generische Paket-Instantiationen mit Angabe des jeweils aktuellen Typs möglich. Ein Schutzeffekt tritt nicht auf.

Vorteile:

> Typen als Parameter sind eine Ada-Besonderheit, die es in anderen Programmiersprachen nicht gibt (weitgehende Programmierfreiheit).

> Vor der Typ-Instantiierung dürfen mit diesem formalen Typ bereits Variablen vereinbart, Objekte zu ACCESS-Zeiger-Variablen alloziert, Assignments getätigt oder Variablen-Vergleiche durchgeführt werden.

Nachteile:

> Vor der Typ-Instantiierung stehen im Rumpf für den Typ noch keine Einzelteile, wie z.B. Komponenten, und noch keine vordefinierten Attribute oder Operationen zur Verfügung.

Beispiele privater generischer Typ-Parameter sind u.a. der Typ ELEMENT_TYPE im Paket sequential_io (Anhang A.2.G) sowie der Typ SUMMAND_TYPE im folgenden Programm MultiSum. Die Mehrzweck-Summe Multi_Sum_F hat neben frei wählbarem Summanden-Typ auch ein beliebig wählbares Nullelement, beliebig definierbare Addition und beliebig wählbare Summationsformel. Instantiiert wird die Mehrzweck-Summe mit dem Summanden-Typ TEXT, mit dem Null-Text NULL, mit der Text-Katenation "+" (Texter, A.3.2) und mit der konstant bleibenden Text-Sermon-Funktion F(i)="Rhabarber ".

```
------------------------------ MultiSum ------------------------------
--      Last                                                        --
--      ######                                                      --
--        ##          MultiTyp-Summe ueber bel. F(i), instantiiert  --
--       ##  F(I)     mit dem konst. Text-Sermon  F(i)="Rhabarber"  --
--      ##            Compilation enthaelt 1 gen. UP + 1 HP (1 UP)  --
--      ######                                                      --
--      I=First                                                     --
----------------------------------------------------------------------


GENERIC                                             -- gen.specificat.
   TYPE SUMMAND_TYPE IS   PRIVATE;
   Summand_Null:SUMMAND_TYPE;
   WITH FUNCTION   "+"(S1,S2:SUMMAND_TYPE) RETURN SUMMAND_TYPE;
   WITH FUNCTION   F (I          :INTEGER ) RETURN SUMMAND_TYPE;
FUNCTION Multi_Sum_F(First,Last:INTEGER ) RETURN SUMMAND_TYPE
;                                                   -- subprogram body
FUNCTION Multi_Sum_F(First,Last:INTEGER ) RETURN SUMMAND_TYPE IS
   S:SUMMAND_TYPE:=Summand_Null;
BEGIN
   FOR I IN First..Last LOOP S:=S+F(I);END LOOP;
   RETURN S;
END Multi_Sum_F;

WITH Multi_Sum_F,text_io,Texter;                    -- context  clause
USE                 text_io,Texter;

PROCEDURE MultiSum IS                               -- mainprogr. body

   First,Last:INTEGER;

   FUNCTION Sermon(I:INTEGER) RETURN TEXT IS        -- subprogram body
   BEGIN
      RETURN Txt("Rhabarber ");
   END Sermon;

   FUNCTION Sum IS NEW Multi_Sum_F(TEXT,NULL,"+",Sermon)
   ;                                                -- gen.instantiat.
   PACKAGE I_io IS NEW integer_io(INTEGER);USE I_io;

BEGIN
   get(First);get(Last);put(Sum(First,Last));
END MultiSum;
```

Input	Output
1 3	Rhabarber Rhabarber Rhabarber

9.2.3.3 Private geschützte Konstante

Private geschützte Konstanten (englisch deferred constant) haben einen privaten geschützten Typ (9.2.3.1) oder einen Subtyp eines privaten geschützten Typs.

Sie werden im sichtbaren Teil eines Pakets nach der Spezifikation ihres privaten geschützen Typs gemäß Syntaxdiagramm A.1 (unvollständig) vereinbart in der Form

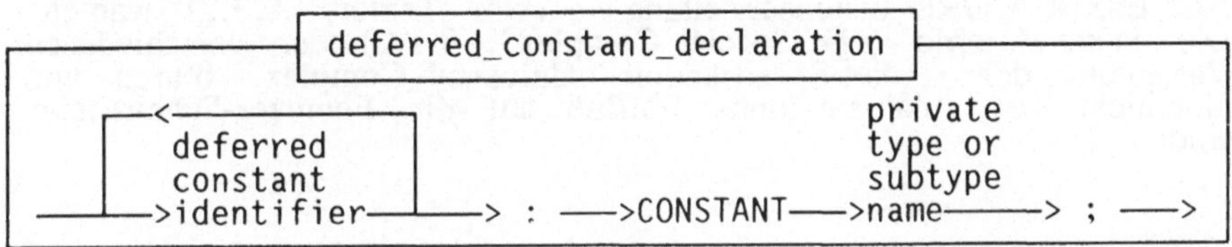

und müssen anschließend im privaten Teil der Paket-Spezifikation nach der (ausführlichen) Vereinbarung ihres privaten Typs selbst (ausführlich) vereinbart werden (Konstanten-Vereinbarung 2.2.3).

Die Bedeutung privater geschützter Konstanten liegt zum Teil darin, daß "Paßworte" vor dem Benutzer geheim gehalten werden können, sofern ihm der private Teil der Paket-Spezifikation nicht bekannt gegeben wird.

Besonders wichtig ist jedoch, daß multifunktionale Schnittstellen konstruiert werden können, wenn außer privaten geschützten Typen nun auch Konstanten dieses Typs bereit gestellt werden, z.B.

```
PACKAGE Universal_Complex IS

    TYPE COMPLEX IS PRIVATE;
    Complex_O:CONSTANT COMPLEX; -- unvollständige Vereinbarung
    Complex_1:CONSTANT COMPLEX; -- unvollständige Vereinbarung
    Complex_I:CONSTANT COMPLEX; -- unvollständige Vereinbarung
    FUNCTION Carte_Compl(Real,Imag :FLOAT   ) RETURN COMPLEX;
    FUNCTION Polar_Compl(Radi,Arcu :FLOAT   ) RETURN COMPLEX;
    FUNCTION Re          (C         :COMPLEX) RETURN FLOAT   ;
    FUNCTION Im          (C         :COMPLEX) RETURN FLOAT   ;
    FUNCTION "+"         (Left,Right:COMPLEX) RETURN FLOAT   ;
    FUNCTION "-"         (Left,Right:COMPLEX) RETURN FLOAT   ;
    FUNCTION "*"         (Left,Right:COMPLEX) RETURN FLOAT   ;
    FUNCTION "/"         (Left,Right:COMPLEX) RETURN FLOAT   ;
    FUNCTION Rad         (Left      :COMPLEX) RETURN FLOAT   ;
    FUNCTION Arc         (Left      :COMPLEX) RETURN FLOAT   ;

PRIVATE
    TYPE COMPLEX IS RECORD Re,Im:FLOAT;END RECORD;
    Complex_O:CONSTANT (0.0,0.0); -- vollständige Vereinbarung
    Complex_1:CONSTANT (1.0,0.0); -- vollständige Vereinbarung
    Complex_I:CONSTANT (0.0,1.0); -- vollständige Vereinbarung

END Universal_Complex;
```

Man könnte ohne Änderung der Benutzer-Schnittstelle statt der obigen RECORD-Darstellung komplexer Zahlen (vgl. 9.1.1) auch eine ARRAY-Darstellung

```
PRIVATE
    TYPE COMPLEX IS ARRAY(1..2)OF FLOAT;
    Complex_0:CONSTANT (0.0,0.0);
    Complex_1:CONSTANT (1.0,0.0);
    Complex_I:CONSTANT (0.0,1.0);                        ,
```

eine RECORD-Polarkoordinatendarstellung oder eine RECORD- bzw. ACCESS RECORD-Listendarstellung (vgl. Texter, A.3.2) wählen. Die Paket-Rümpfe (vgl. Special_Complex, 9.1.2) der verschiedenen Varianten der Paket-Spezifikation Universal_Complex führen wir hier nicht vor, da sie ohne Einfluß auf die Benutzer-Schnittstelle sind.

9.3   Limitierter Typ (LIMITED)

Ein limitierter (englisch limited) Typ ist ein Typ, für den

   a) weder Assignment ":="   (4.1.1)

   b) noch Gleichheit "=" oder Ungleichheit "/="   (3.2)
      implizit vordefiniert sind, stets limitiert sind, z.B.

```
Datei-Typen    FILE_TYPE                  (8, A.2.G)
Prozess-Typen TASK                           (10.1)
von LIMITED Typen abgeleitete NEW-Typen    (9.2.5)
ARRAY-Typen oder RECORD-Typen mit
mindestens einem LIMITED Komponenten-Subtyp (5,6)
```

Für limitierte Typen gilt weiter:

   c) unzulässig sind Initialisierungen in Vereinbarungen,
      RECORD-Komponenten-Voreinstellungen und Allokatoren,

   d) formale OUT-Parameter sind nur für solche limitier-
      ten privaten Parameter-Typen zulässig, deren (ggf.
      generische) Unterprogramm- oder ENTRY-Vereinbarung
      im sichtbaren Teil des Pakets steht, in dem
      der limitierte private Typ vereinbart ist.

   e) ein nichtlimitiert generisch spezifizierter Typ darf
      nicht durch einen limitierten Typ initialisiert
      werden, aber ein limitiert generisch spezifizierter
      Typ darf durch einen nichtlimitierten Typ
      initialisiert werden,

   Beispiel eines limitierten Typs ist u.a. der Typ   FILE_TYPE   im Paket sequential_io (Anhang A.2.G).

9.4 Abgeleiteter Typ (NEW)

Ein abgeleiteter (englisch derived) Typ wird nach Syntaxdiagramm A.1 (type_declaration) vereinbart in der Form

```
                    derived_type_declaration

            derived
            type
  —>TYPE->identifier—>IS—>NEW->subtype_indication-> ; —>
```

z.B.

```
TYPE PINK_BOOLEAN    IS NEW BOOLEAN;
TYPE MAGIC_SQARE     IS NEW SQUARE;
TYPE ESPERANTO_TEXT  IS NEW TEXT;
```

Abgeleitete Typen werden vereinbart, um mit gleichem Typ-Wertevorrat, gleichem Komponenten-Zugriff und gleichen Parametern neue Unterprogramme vereinbaren zu können, die sich ohne den durch Typ-Ableitung gewährten Schutz von den alten Unterprogrammen nicht unterscheiden würden.

Das Prinzip der Typ-Ableitung ist demnach eine konsequente Fortsetzung des Overloading-Prinzips (siehe 7.2.3).

Dieses NEW zur Ableitung eines Typs hat eine andere Bedeutung als das NEW eines Allokators (6.1) oder das NEW einer generischen Instantiation (9.2.2).

Für abgeleitete Typen stehen außer der ursprünglichen Wertemenge automatisch zur Verfügung

a) explizite Typ-Konvertierung von und zum ursprünglichen Typ,

b) die gleichen Initialwerte wie beim ursprünglichen Typ,

c) im Falle ACCESS-Typ Zugriff auf gleiche Objekt-Typen, jedoch Neuinitialisierung der abgeleiteten ACCESS-Typen mit NULL,

d) alle "ableitbaren" ursprünglichen Operationen stehen in in abgeleiteter Form zur Verfügung, können jedoch auch neu vereinbart werden. "Ableitbar" sind Operationen vom ursprünglichen Typ, deren Vereinbarung im sichtbaren Teil des Pakets steht, in dem der ursprüngliche Typ vereinbart ist.

9.5   Pragmas für modularen Programmaufbau, s. A.2.B

Die vordefinierten Pragmas von Ada sind im Anhang B aufgelistet und dort im einzelnen beschrieben. Darunter befinden sich die Pragmas für

a) Abarbeitung ELABORATE von Programm-Einheiten aus einer unmittelbar vorangehenden Kontext Klausel (context clause, A.1, vgl. 2.1)

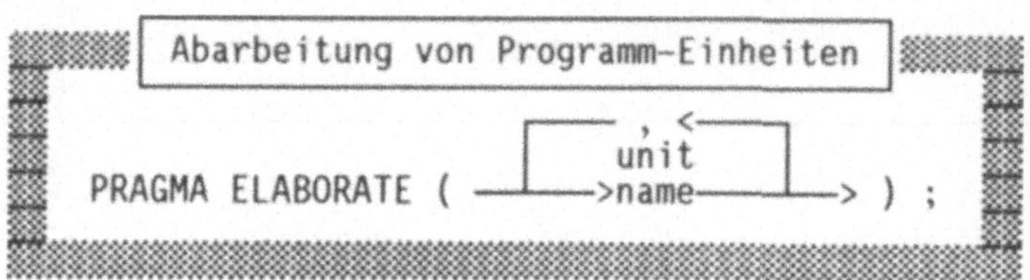

b) "Einkopieren" INLINE von Unterprogramm-Rümpfen an die Stellen aller nachfolgenden Unterprogramm-Aufrufe (vgl. 7) oder im Fall generischer Unterprogramme (vgl. 9.2) an die Stellen aller nachfolgenden Instantiationen

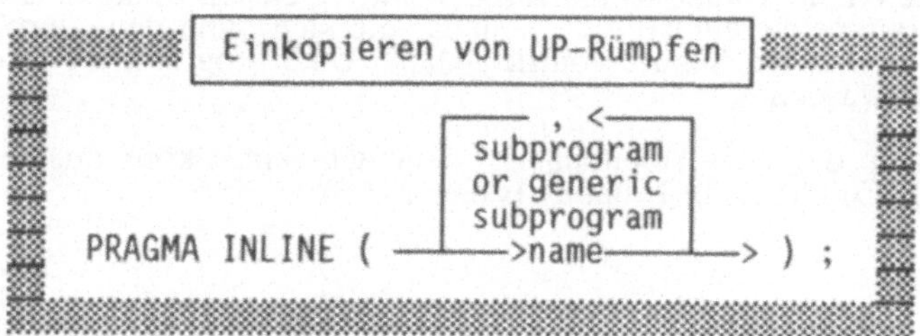

Das Pragma INLINE darf gesetzt werden in einem Vereinbarungsteil (declarative part, A.1), in einer Paket-Spezifikation (package specification, A.1) oder direkt nach einer Bibliotheks-Einheit (library unit, A.1). Erscheint das Pragma INLINE in einem Vereinbarungsteil, so muß jedes mit name bezeichnete (ggf. generische) Unterprogramm in diesem Vereinbarungsteil voher vereinbart sein, vergleiche Beispiele UpAufruf (7.1) und Rundreise (11.5).

Der Aufbau eines Ada-Programms aus einer oder mehreren Einheiten und die Übersetzung dieser Einheiten wird im Syntaxdiagramm A.1 für "compilation" beschrieben. Als Einheiten kommen Unterprogramme (ggf. generisch), Pakete (ggf.generisch) oder Prozesse in Frage, als Bibliotheks-Einheiten nur Unterprogramme (ggf. generisch) oder Pakete (ggf. generisch).

Bibliotheks-Einheiten können vorab übersetzt werden und/oder sofort als Hauptprogramm aufgerufen oder in einer Kontext-Klausel (context-clause 2.1 und Syntaxdiagramm A.1) für die nachfolgende Einheit verfügbar gemacht werden.

Es können auch Unter-Einheiten aus Bibliotheks-Einheiten mittels SEPARATE (Syntaxdiagramm A.1) als neue Einheiten übersetzt werden.

Implementationsabhängig sind

- Aufruf des Hauptprogramms, z.B.

```
        mit     System-Befehlen
  oder mit     PRAGMA MAIN;
  oder mit     MAIN_PROGRAM
  oder als     letzte Einheit
  oder als     einzige Prozedur (im Skript)
```

- Eintragen, Löschen und Verwalten der Programmbibliothek,   z.B.

```
        mit     System-Befehlen
```

Alle implementationsabhängig definierten Pragmas und System-Eigenschaften müssen im Anhang F "Implementation-dependent Characteristics" notiert sein (A.2.F).

Eine weitgehende Normierung der System-Eigenschaften in einer vorläufigen frühen Ada-Version STONEMAN, die auch das

```
        Ada Program Support Environment (APSE, 1980)
```

mit umfaßte, hat sich in der endgültigen Ada-Version (1983) nicht durchsetzen können. Dennoch richten sich viele existierende Systeme nach der STONEMAN-Version.

9.6 Testfragen

zu	Frage	abdeckbare Antwort
9.1	Was ist für die Vereinbarung eines Pakets obligatorisch: eine Paket-Spezifikation? ein Paket-Rumpf?	 ja nein, wenn z.B. nur Typ- Vereinbarungen i.d. Spezifikation
9.1.2	Schreibe den Rumpf für das Paket Universal_Complex (9.2.3.3)	z.B. in der Special_ Complex Version 9.1.2
9.2.3.2	Spezifiziere eine Prozedur zum Tausch zweier Werte von beliebig instantiierbarem Typ,	GENERIC TYPE T IS PRIVATE; PROCEDURE Universal_ Change(X,Y:IN OUT T);

| schreibe dazu den Rumpf, | ```
PROCEDURE Universal_
Change(X,Y: IN OUT T)
 IS E:T;BEGIN
  E:=X;X:=Y;Y:=E;END;
``` |

9.2.2.2

| schreibe dazu eine Instantiation mit dem Typ FLOAT und | ```
PROCEDURE Change IS
 NEW Universal_Change
 (FLOAT);
``` |
| 7.1.2 schreibe dazu einen Prozedur-Aufruf zum FLOAT-Tausch von X,Y | `...Change(X,Y);...` |

9.2.3.3 Warum vereinbart man private geschützte Konstanten (ausführlich) im privaten Teil der Paket-Spezifikation und nicht (ausführlich) im Paket-Rumpf, wo sie genau so geschützt wären?	Eine Vereinbarung im Paket - Rumpf wäre außerhalb des Pakets für den Paket-Benutzer nicht gültig .

9.3 Sind alle limitierten Typen als LIMITED PRIVATE vereinbart?	nein, z.B. nicht - private TASK-Typen

9.5   Welche der folgenden sind korrekte "compilation" (Syntaxdiagramm A.1)?

| ```
WITH text_io;
PROCEDURE N IS BEGIN NULL;END N;
USE text_io;
PROCEDURE P IS BEGIN put("P");END P;
``` | nein,<br><br>keine context - unit |
| ```
WITH text_io;USE text_io;
PROCEDURE N IS BEGIN NULL;END N;
PROCEDURE P IS BEGIN put("P");END P;
``` | nein, context wirkt nur auf unit N und nicht auf unit P |
| ```
PROCEDURE N IS BEGIN NULL;END N;
WITH text_io;
USE text_io;
PROCEDURE P IS BEGIN put("P");END P;
PROCEDURE Q IS BEGIN P;END Q;
``` | ja |
```

10 PARALLELE PROZESSE (TASK)

Die Theorie der parallelen Prozesse, die miteinander kooperieren und konkurrieren, indem sie Signale (Semaphore) austauschen, wurde 1968 von Dijkstra begründet. Aus der Systemprogrammierung stammen Bezeichnungen wie TASK, ENTRY, CALL, PRIORITY und time-sharing .

Eingang in die Programmiersprachen fanden parallele Prozesse zuerst bei den systemnahen Teilen von PL/I und bei den primitiven Semaphor-Befehlen von ALGOL_68. PEARL übernahm und erweiterte den ALGOL_68-Ansatz. In SIMULA wurden parallele Prozesse sehr elegant mit Hilfe des "class-concept" simuliert. Es wurde dafür eigens eine vordefininierte Klasse SIMULATION bereitgestellt. "Concurrent Pasçal" entstand, wie der Verfasser B. Hansen selbst schreibt. durch Übernahme des class-concept von SIMULA.

Die in Ada TASK (10.1) genannten parallelen Prozesse entsprechen den PROCESS genannten parallelen Prozessen in der SIMULA-Klasse SIMULATION. Das Hauptprogramm selbst ist stets auch einer der parallelen Prozesse.

Die parallelen Prozesse in Ada kommunizieren miteinander in Rendezvous-Technik über vorher vereinbarte Eingänge (ENTRY 10.3), die von den anderen Prozessen aufgerufen werden können. Dabei können auch Eingangs-Parameter vereinbart werden oder es kann auf globale Größen gemeinsam (SHARED 10.3.5) zugegriffen werden.

Es ist implementationsabhängig, ob parallele Prozesse tatsächlich parallel auf physikalisch verschiedenen Prozessoren in einem Multiprozessor-System ablaufen oder ob sie quasiparallel in einem einzelnen Prozessor ablaufen. Bei dem heutigen Stand der Rechner wird es sich überwiegend um quasiparallele Abläufe in einem einzelnen Prozessor handeln.

Die Bedeutung des Programmierens mit quasi-parallelen Prozessen in einer universellen Programmiersprache wie Ada liegt daher noch nicht so sehr auf dem Gebiet der parallelen Algorithmen für Vektorrechner, d.h.in der Erzielung hoher Rechengeschwindigkeiten. Tasking in Ada wird vielmehr hauptsächlich dazu verwendet, um naturgemäß parallel ablaufende logische Prozesse, wie z.B. parallele Kundenabfertigung (jobs in parallel shops, 10.3.3), adäquat simulieren zu können.

Der Autor dieses Skripts bietet für eine häufig vorkommende Form paralleler Prozesse, nämlich Transit von Individuen durch parallele Stationen (z.B. jobs in parallel shops 10.3.4), ein eigenes komfortables Paket Transit (A.3.7) an, das den Programmierer entlastet von Protokollführung, statistischer Auswertung und Ausgabe-Aufbereitung. Eine entsprechende Klasse SIMULATRANSIT hatte der Autor bereits in den SIMULA NEWSLETTER Aug. 1980 veröffentlicht.

10.1   Prozeß-Spezifikation/Rumpf

Eine (obligatorische) Prozeß-Spezifikation (englisch task specification) ist nach Syntaxdiagramm A.1 von der Form

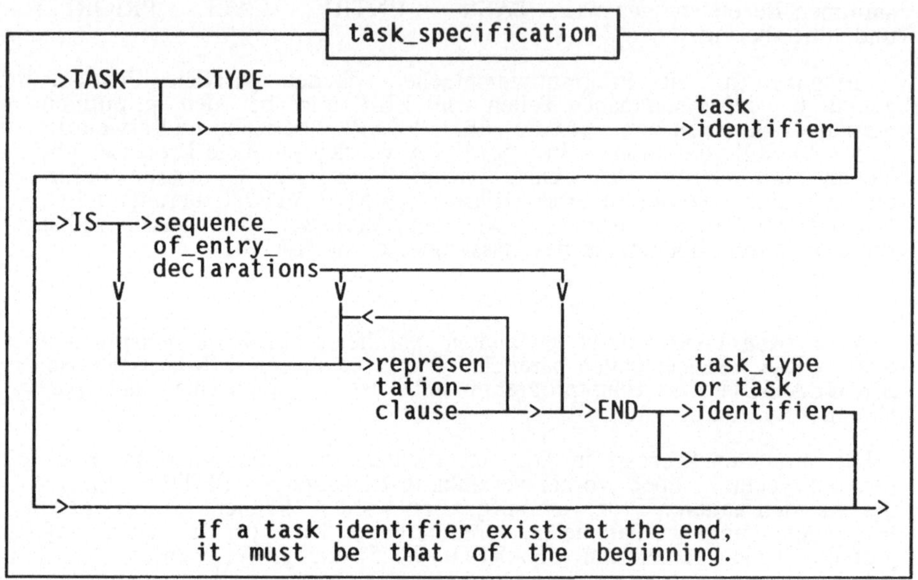

z.B. (Spre vgl. unten 10.1 und 10.3.4, SHOP vgl. 10.3.1)

```
TASK Spre;
TASK Spre IS ENTRY Sitte;END Spre;
TASK TYPE SHOP IS ENTRY Start(N:NATURAL);ENTRY Stop;END SHOP;
```

Ein TASK (ohne nachfolgend TYPE) ist wie das Hauptprogramm ein
Prozeß, zu dem ein Prozeß-Rumpf vorhanden sein muß (siehe unten).

Ein TASK TYPE ist noch kein Prozeß, sondern nur ein Prozeß-Typ,
zu dem aber auch ein Prozeß-Rumpf vorhanden sein muß (siehe unten). Mit einem Prozess-Typ können dann z.B. ARRAYs von Prozessen
veinbart werden (10.3.4).

Ein Prozeß-Typ ist nach 9.3 ein limitierter Typ. Daher gibt es
wegen des Verbots der Initialisierung von limitierten Typen (9.3c)
keine Konstanten von einem Prozeß-Typ. Nach 9.2.1e gilt

a) Generische Parameter von einem Prozeß-Typ (limitierter Typ)
   dürfen keine IN Parameter sein.

Außerdem gilt die Einschränkung

b) Generische Parameter vom einem Prozeß-Typ dürfen keine OUT Parameter sein.

Ein (obligatorischer) Prozeß-Rumpf (englisch task body) ist nach Syntaxdiagramm A.1 von der Form

```
                        ┌─────────────┐
                        │  task_body  │
──────────────────────┬─┴─────────────┴───────────────────────────┐
                                                   task
  ──>TASK──>BODY──────────────────────────────>identifier──┐
                                                            │
     ──IS<──────────────────────────────────────────────────┘
    ┌──>declarative_part──┐
    │                     │               task
    └──>─────────────────┴──────>frame──┬──>identifier──┐
                                         │               │
                                         └──>────────────┴──> ; ──>
              If a task identifier exists at the end,
              it must be that of the beginning.
```

z.B. (vgl. Spre in 10.2, 10.3.1 und SHOP in 10.3.4)

```
TASK BODY Spre IS
   BEGIN
      put("Spre");
   END Spre;

TASK BODY Spre IS
   BEGIN
      ACCEPT Sitte DO put("Spre");END Sitte;
   END Spre;

TASK BODY SHOP IS
   BEGIN
      LOOP SELECT
         ACCEPT Start(N:NATURAL); -- IN Parameter
            Time_Delay(nExp_Wait(2.0);
            On(Station(N).First,Sink);
         OR ACCEPT Stop;EXIT;
      END SELECT;END LOOP;
   END SHOP;
```

Wie man sieht, ist der IS-Teil eines Prozeß-Rumpfs genau so aufgebaut wie der IS-Teil eines Unterprogramm-Rumpfs (7.1.1).

Der Anweisungsteil (englisch frame, A.1) eines Prozeß-Rumpfs kann nach Syntaxdiagramm A.1 auch die für Synchronisation (10.3) erforderlichen ENTRY-call- und ACCEPT-, SELECT-Anweisungen enthalten.

10.2   Prozeß-Aktivierung/Terminierung

Wie man aus dem Syntaxdiagramm A.1 für "compilation" entnimmt, gibt es keine eigenständigen TASK-Prozeß-Bibliothekseinheiten. Jeder TASK-Prozeß ist abhängig von (mindestens) einem Hauptprozeß.

Ein Hauptprozeß ist ein (Haupt- bzw.) Unterprogramm, ein Bibliotheks-Paket, ein TASK-Prozeß oder eine umgebende Block-Anweisung. Ein Paket, das in einer anderen Einheit spezifiziert ist, gilt nicht als Hauptprozeß.

Für die Aktivierung und Terminierung paralleler Prozesse gelten folgende Regeln

a)   Ein Unterprozeß, der einzeln als TASK (ohne TYPE) spezifiziert wurde (10.1), aktiviert sich automatisch von selbst, wenn der dynamische Programmablauf das BEGIN des zugehörigen Hauptprozesses erreicht.

b)   Ein Unterprozeß, der als Objekt mit einem vorher spezifizierten TASK TYPE (10.1) vereinbart wird, aktiviert sich automatisch von selbst, wenn der dynamische Programm-Ablauf das BEGIN nach dem Vereinbarungsteil (declarative part E10) erreicht, in dem das Prozeß-Objekt vereinbart wurde; bzw. bei Allokatoren (6.1), wenn eine Initialisierung erfolgt.

c)   Die verschiedenen Unterprozesse (siehe a,b) eines Hauptprozesses werden in implementationsabhängiger Reihenfolge aktiviert.

d)   Ein Hauptprozeß aktiviert sich automatisch von selbst, wenn der dynamische Programm-Ablauf das BEGIN des Hauptprozesses erreicht hat und vorher alle Unterprozesse aktiviert (siehe a,b,c) worden sind.

e)   Ein Unterprozeß terminiert automatisch von selbst, wenn der dynamische Programm-Ablauf im Prozess das END des Prozesses (explizit oder implizit beim Verlassen mit GOTO, EXIT, RETURN) erreicht.

f)   Ein Hauptprozeß terminiert wie ein Unterprozess, jedoch erst dann, wenn alle seine Unterprozesse terminiert haben.

Weiter Möglichkeiten des Wartens (ACCEPT-Anweisung 10.3.1), des Aufrufs (Eingangsaufruf 10.3.1), der Priorisierung von Gerätezugriffen (Pragma PRIORITY 10.3.5) und der Terminierung (TERMINATE Alternative 10.3.3, ABORT-Anweisung 10.3.5) werden in den folgenden Abschnitten besprochen.

Das nachfolgende Programm "Schlechte Sitten" enthält drei parallele Prozesse SchlSitt (druckt "Essen"), Spre und chen (drucken ihren Namen). Erreicht der dynamische Programm-Ablauf das BEGIN des Hauptprogramms, so starten zuerst die zwei im Hauptprogramm spezifizierten parallelen Prozesse Spre, chen in implementationsabhängiger Reihenfolge. Danach startet das Hauptprogramm SchlSitt.

Da die Ablaufgeschwindigkeit der drei parallelen Prozesse ohne Synchronisation (siehe 10.3) implementationsabhängig ist, erhält man jeweils implementationsabhängig verschiedene Ausgabe-Textfolgen, sofern man nicht mit dem Pragma PRIORITY (siehe 10.3.5) Prioritäten für Drucker-Zugriff explizit vorgibt.

```
------------------------------ SchlSitt ------------------------
--           Schlechte Sitten: Beim Essen Sprechen            --
----------------------------------------------------------------

WITH text_io;USE text_io;

PROCEDURE SchlSitt IS                         -- mainprogram body

    TASK Spre;                                -- task specification
    TASK chen;                                -- task specification

    TASK BODY Spre IS                         -- task body
    BEGIN put("Spre" );END Spre;

    TASK BODY chen IS                         -- task body
    BEGIN put("chen ");END chen;

BEGIN put("Essen ");END SchlSitt;
```

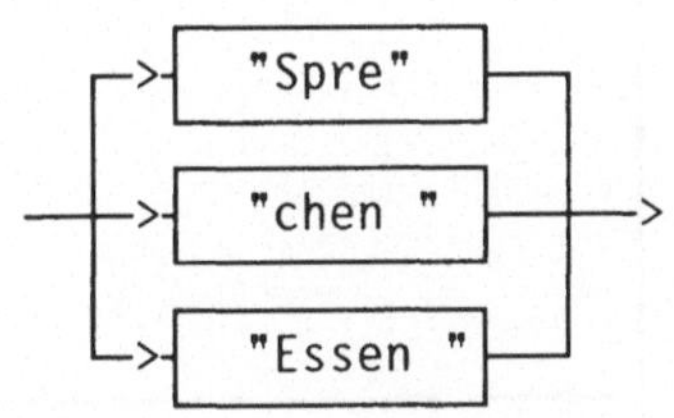

Output (implementationsabhängig)	
Sprechen Essen	oder
Spre Essen chen	oder
chen SpreEssen	oder
chen Essen Spre	oder
Essen Sprechen	oder
Essen chen Spre	

Eine weitergehende textuelle Vermischung der einzelnen Buchstaben kann auch (selten) vorkommen, falls ein put-Aufruf nicht in allen CHARACTER-Bestandteilen vollständig abgearbeitet wird, sondern der Drucker zwischendurch wieder freigegeben wird und der nächste PUT-Aufruf an die Regie kommt.

Es ist zu erwarten, daß der Ada-Compiler automatisches Time-Slicing von Prozessen vornimmt.

(Ada Ref.Manual 9: Parallel Tasks ... may be implemented ... with interleaved executions ... Different Tasks proceed independently).

10.3 Prozeß-Synchronisation (ENTRY)

Zur Synchronisation von Prozessen stehen wie Prozeduren aufrufbare und parametrisierbare Prozess-Eingänge ENTRY (10.3.1), Prozedur-ähnliche Anweisungen ACCEPT (10.3.1) und bedingte Anweisungen SELECT (10.3.4) zur Verfügung.

Die DELAY-Anweisung (10.3.3) erlaubt zeitliche Koordination durch programmierbare Zeit-Verzögerungen vom STANDARD-Typ DURATION (Anhang A.2.C).

Außerdem stehen Synchronisations-Pragmas SHARED und PRIORITY (10.3.5) zur Verfügung.

Eine Folge von Eingangs-Vereinbarungen (englisch sequence of entry declarations) ist nach Syntaxdiagramm A.1 von der Form

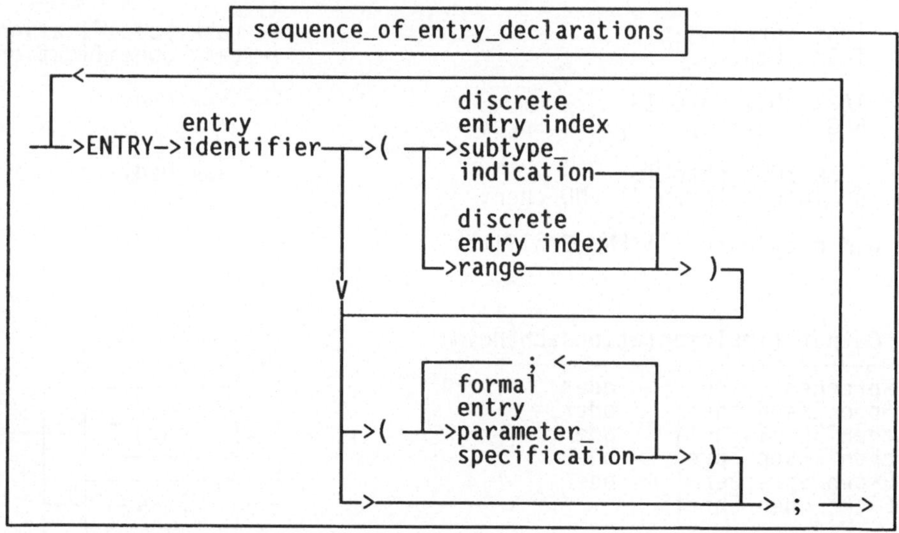

Z.B. (vgl. 10.3.1)

```
ENTRY Sitte;
ENTRY Power(Volt:IN NATURAL);
ENTRY Message_Family(1..10)(Letter:OUT STRING);
```

Die Eingangs-Vereinbarungen eines Prozesses müssen in der Prozeß-Spezifikation (10.1) aufgelistet sein und in ihren formalen Parametern übereinstimmen mit den formalen Parametern der entsprechenden Eingangs-Vereinbarungen in den ACCEPT-Anweisungen (siehe unten 10.3.1) des Prozeß-Rumpfs (10.1).

10.3.1 Rendezvous von Prozessen (ACCEPT)

Man sagt, zwei parallele Prozesse haben ein Rendezvous, wenn ein Prozeß einen Eingang ENTRY eines anderen Prozesses aufruft und der andere Prozeß diesen Aufruf mit einer ACCEPT-Anweisung (siehe unten) oder einer bedingten Anweisung SELECT (10.3.3) entgegennimmt.

Wer dynamisch zuerst zum Rendezvous kommt, wartet auf den Partner. Kommt das Rendezvous zustande, dann wartet der aufrufende Prozeß, bis die ACCEPT- bzw. SELECT-Anweisung vom aufgerufenen Prozeß ausgeführt wurde. Erst dann ist das Rendezvous beendet und beide Prozesse laufen unabhängig parallel weiter.

Dabei können Parameterwerte in beiden Richtungen IN, OUT und IN OUT übergeben werden. Wird ein Prozeß von mehreren Prozessen zugleich aufgerufen, so entstehen Warteschlangen.

Ein Eingangs-Aufruf (englisch entry call statement) ist nach Syntaxdiagramm A.1 von der Form

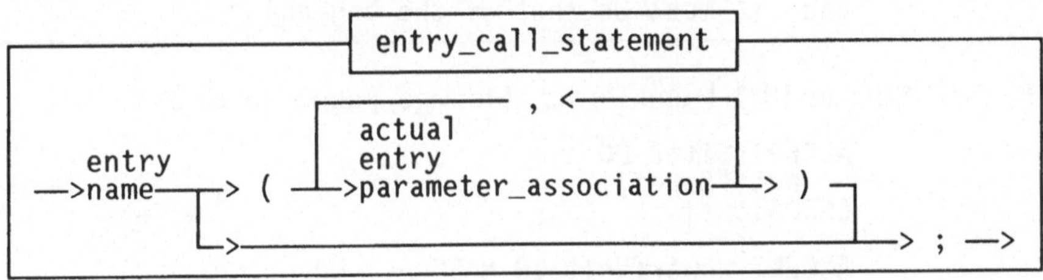

Z.B. (vgl. Sitte in 10.3.1 und Power, Message_Family in 10.3)

```
Sitte;
Power(Volt=>220);
Message_Family(3)(Mailbox);
```

Die Eingangs-Aufrufe für Eingänge eines parallelen Prozesses können im Rumpf anderer paralleler Prozesse als Anweisungen vorkommen. Ein Eingangs-Aufruf im Rumpf des eigenen Prozesses würde zu einer Totschleife führen.

Eingangs-Aufrufe werden entgegengenommen von ACCEPT-Anweisungen für den betreffenden Eingang.

Eine ACCEPT-Anweisung (englisch accept statement) ist nach Syntaxdiagramm A.1 von der Form

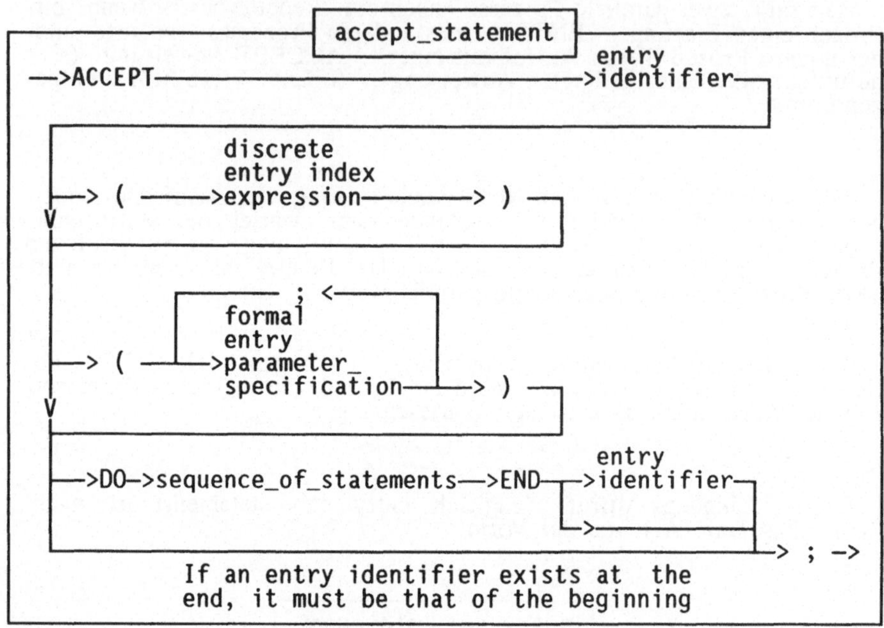

z.B. (vgl. Sitte in 10.3.1 und Power, Message_Family in 10.3)

```
ACCEPT Sitte DO
   put("Spre");
END Sitte;

ACCEPT Power(Volt:IN NATURAL) DO
   Local_Task_Variable_Voltage:=Volt;
END Power;

ACCEPT Message_Family(3)(Letter:OUT STRING) DO
   Letter:="Hallo";
END Message_Family;
```

Eine ACCEPT-Anweisungen für einen Eingang muß im Anweisungsteil des Rumpfes des Prozesses stehen, in dessen Prozeß-Spezifikation der Eingang (eindeutig) vereinbart wurde.

Anders als bei einem statisch eindeutig festgelegten Sprungziel (label 4.3), sind Eingänge nur dynamisch festgelegt:

a) Zu einem im Prozeß P vereinbarten ENTRY Eingang kann es im Prozeß P mehrere verschiedene ACCEPT-Anweisungen für diesen Eingang geben. Nur die jeweils von P dynamisch erreichte ACCEPT-Anweisung für diesen Eingang wird aufrufbar.

Für das Rendezvous von einem aufrufenden Prozeß A mit einem aufgerufenen Prozeß P gelten folgende Regeln:

b) Ruft ein Prozeß A einen Eingang eines Prozesses P auf, bevor P eine zum Eingang gehörige ACCEPT-Anweisung dynamisch erreicht hat, so wartet A beim ENTRY-Aufruf (bis zum Rendezvous).

c) Erreicht ein Prozeß P eine ACCEPT-Anweisung,bevor deren Eingang von irgend einem Prozeß A aufgerufen wurde, so wartet P bei der ACCEPT-Anweisung (bis zum Rendezvous).

d) Ruft ein Prozeß A einen Eingang eines Prozesses P auf und hat P eine zum Eingang gehörige ACCEPT-Anweisung erreicht (Rendezvous), so wartet A solange,bis P die ACCEPT-Anweisung abgearbeitet hat. Danach werden die Prozesse A und P fortgesetzt.

Für das Rendezvous von mehreren aufrufenden parallelen Prozessen A1..An mit einem aufgerufenen Prozeß P gelten folgende Regeln:

e) Rufen mehrere, dann zu einer Warteschlange angeordnete, Prozesse A1..An einen Eingang eines Prozesses P auf, so ruft der erste Prozeß A1 den Prozeß P nach den Rendezvous-Regeln b, c, d auf, wird danach aus der Warteschlange entfernt und der nächste Prozeß ruft auf u.s.w.

Die Warteschlange gilt für den Eingang, d.h. nicht notwendig nur für diese ACCEPT-Anweisung, sondern auch für nachfolgende ACCEPT-Anweisungen mit dem gleichen Eingang.

Das nachfolgenden Beispiel GuteSitt enthält die Eingänge Spre.Sitte, chen.Sitte, sowie dazu passende ACCEPT-Anweisungen und Eingangs-Aufrufe, die es in Rendezvous-Technik ermöglichen, gute Tischsitten einzuhalten, d.h. beim Essen nicht zu sprechen. Man vergleiche GuteSitt mit SchlSitt (10.2).

Da keine ENTRY-Parameter übergeben werden sollen, könnte man in den Prozessen Spre, chen auch auf die DO...END Klammerungen verzichten, falls der Ada-Compiler kein automatisches Time-Slicing vornähme, d.h. falls ein einmal im Prozessor laufender Prozeß bis zum nächsten Rendevous oder bis zur Terminierung ungehemmt abläuft und keine echt zeitlich parallellen Läufe zuläßt. Laut Ada Manual sollte aber ein Ada-Compiler automatisches Time-Slicing von Prozessen vornehmen.

(Ada Ref.Manual 9: Parallel Tasks ... may be implemented ... with interleaved executions ... Different Tasks proceed independently).

Erreicht der dynamische Programmablauf das BEGIN des Hauptprogramms, so werden zuerst die zwei im Hauptprozess Essen spezifizierten Unterprozesse Spre, chen in implementationsabhängiger Reihenfolge aktiviert. Beide halten sofort bei ihrer auf BEGIN folgenden ACCEPT-Anweisung.

Danach wird der Hauptprozeß Essen aktiviert, druckt "Essen " aus, und hat dann nacheinander ein Rendezvous mit Spre und chen.

Beim Eingangs-Aufruf Spre.Sitte hält Essen solange, bis Spre den Text "Spre" ausgedruckt hat und beim Eingangs-Aufruf chen.Sitte hält Essen solange, bis chen den Text "chen " ausgedruckt hat.

```
--------------------------- GuteSitt ---------------------------
--           Gute Sitten: Nicht beim Essen Sprechen           --
----------------------------------------------------------------

WITH text_io;USE text_io;

PROCEDURE GuteSitt IS

    TASK Spre IS ENTRY Sitte;END Spre;        -- entry declaration
    TASK chen IS ENTRY Sitte;END chen;        -- entry declaration

    TASK BODY Spre IS BEGIN
      ACCEPT Sitte DO put("Spre" );END Sitte; -- accept statement
    END SPRE;

    TASK BODY chen IS BEGIN
      ACCEPT Sitte DO put("chen ");END Sitte; -- accept statement
    END chen;

BEGIN
    put("Essen ");Spre.Sitte;chen.Sitte;    -- entry call statements
END GuteSitt;
```

```
| Output
|----------
|Essen Sprechen
```

Alle drei Prozesse terminieren automatisch von selbst, wenn der dynamische Programm-Ablauf im Prozess das END des Prozesses erreicht. Ein gleichzeitiges Terminieren ist nicht erforderlich.

Das vorzeitige Terminieren des Hauptprogramms, das alle noch laufenden Unter-Prozesse zum Abbruch bringen würde, ist in Ada, anders als in SIMULA, nicht zu befürchten, da ein Hauptprozeß stets die Terminierung aller seiner Unterprozesse abwartet, bevor er selbst terminiert (vgl. Regel 10.2f).

10.3.2 Echtzeit-Verzögerung (DELAY)

In Ada gibt es, wie sonst nur in PEARL, standardmäßig Echtzeit-Verzögerungen in Sekunden s vom Typ DURATION (STANDARD, Anhang A.2.C) und dazu eine Verzögerungsanweisung "DELAY s ;". Außerdem gibt es in Ada ein vordefiniertes Bibliothekspaket calendar (A.2.I) mit einer Datums-Echtzeit t in Jahren, Monaten, Tagen und Sekunden vom Typ time und dazu Funktionen "t:=clock;", year(t), month(t), day(t), seconds(t) sowie die zugehörige inverse Funktion time_of(jear,month, day, seconds) u.a.m. Die Subtraktion "t1-t2" zweier Datums-Zeiten t1, t2 vom Typ time ergibt als Resultat eine Verzögerung s vom Typ DURATION.

Der Typ DURATION ist im Paket STANDARD (A.2.C) vordefiniert als implementationsabhängiger Festkommazahlen-Typ (vgl. 1.8)

```
TYPE DURATION IS DELTA implementation_defined
               RANGE implementation_defined;          ,
```

der Verzögerungen in Sekunden angibt und mindestens einen Tag, d.h. 86_400 Sekunden, in seinem Bereich erfassen muß. DURATION'SMALL (vordefiniertes Attribut, A.2.A) muß kleinergleich 20 Millisekunden sein, braucht aber nicht notwendig wertgleich mit system.tick (im system definierte Konstante, A.2.D) zu sein.

Eine Verzögerungsanweisung (englisch delay statement) ist nach Syntaxdiagramm A.1 (simple statement) von der Form

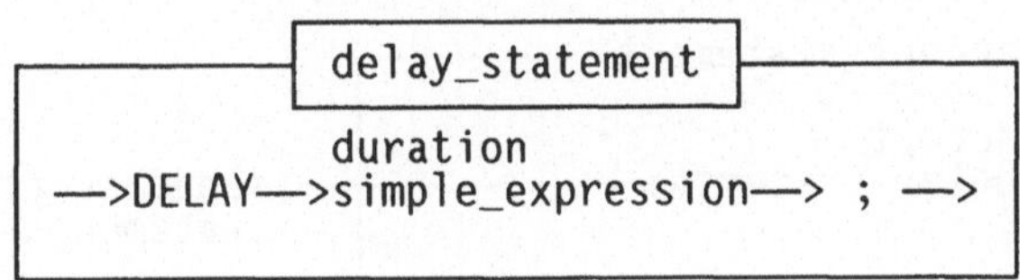

z.B. (vgl. nExp_Wait in Random A.3.4)

```
DELAY 3.0;                          -- in seconds
DELAY DURATION(nExp_Wait(2.0));     -- neg.exp.(Poisson-)Distr.

DECLARE                             -- global Interval:DURATION;
   USE calendar;
   Next_Time:time:=
    clock+Interval;                 -- "+" ergibt time
   BEGIN
     LOOP
        DELAY Next_Time-clock;      -- "-" ergibt DURATION
           -- Aktionen, zeitlich
           -- klein zu Interval
        Next_Time:=
          Next_Time+Interval;       -- "+" ergibt time
     END LOOP;                      -- 1 Durchgang pro Interval
   END;
```

10.3.3   Bedingtes Rendezvous: SELECT

Die in 10.3.1 beschriebene einfache Rendezvous-Technik von Eingangsaufruf (entry call statement) und ACCEPT-Anweisung (accept statement) wird in diesem Abschnitt erweitert auf "bedingte" Rendezvous durch Einführung von SELECT-Anweisungen.

SELECT-Anweisungen gibt es sowohl für bedingte Eingangsaufrufe (timed or conditional entry call) als auch für bedingte ACCEPT-Anweisungen (selective wait).

In SELECT-Anweisungen kommen auch DELAY-Anweisungen (10.3.2) als Rendzvous-Alternativen vor.

Eine (ACCEPT-)SELECT-Alternative (englisch select alternative) ist nach Syntaxdiagramm A.1 von der Form

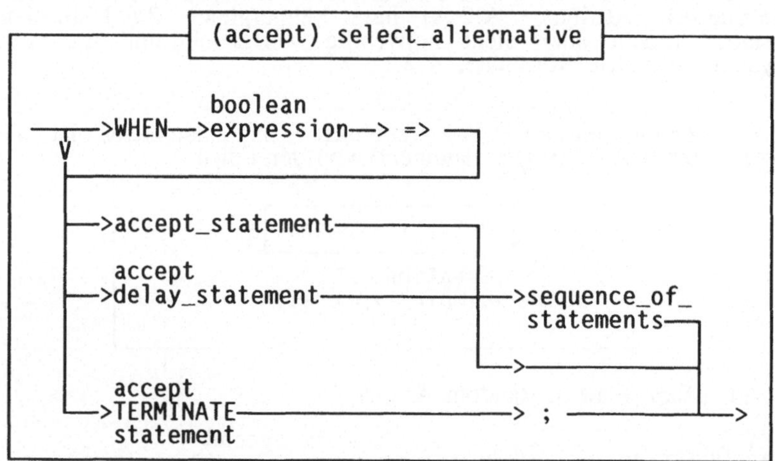

z.B.

```
WHEN Winter => ACCEPT Snow;put("Snow    accepted now");
             DELAY   3.0;put("nothing accepted 3 s");
             TERMINATE;
```

Eine ACCEPT-SELECT-Alternative heißt "offen", wenn sie keinen WHEN-Teil besitzt oder wenn der boole'sche Ausdruck ihres WHEN-Teils TRUE ergibt.

Eine SELECT-Anweisung (englisch select statement) ist nach Syntaxdiagramm A.1 von der Form

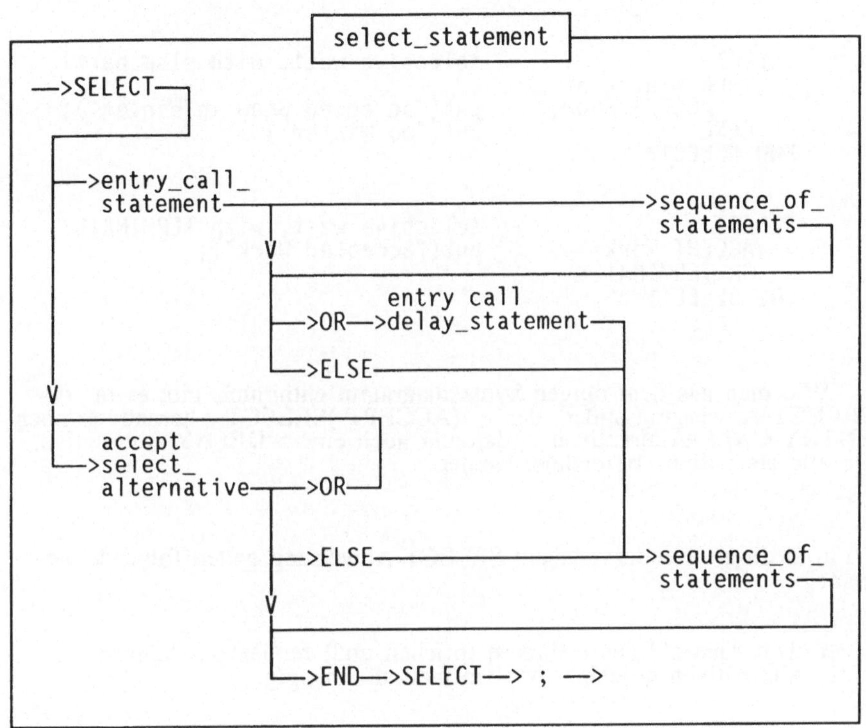

z.B.

```
SELECT                  -- timed entry call
    You.Within_3_s;     put("call                  Within_3_s");
    OR DELAY    3.0;    put("call not accepted within 3 s");
END SELECT;


SELECT                  -- conditional entry call
    You.Now;            put("call                  Now");
    ELSE               put("call not accepted now");
END SELECT;


LOOP
    SELECT              -- selective wait, with loop
        ACCEPT Start;   put("accepted Start, looping");
    OR ACCEPT Stop ;    put("accepted Stop , exiting");EXIT;
    END SELECT;
END LOOP;
```

```
SELECT                      -- selective wait, timed
   ACCEPT Within_3_s;  put("          accepted Within_3_s");
   OR      DELAY  3.0;  put("nothing accepted within 3 s");
END SELECT;


SELECT                      -- selective wait, with else part
   WHEN Winter =>
       ACCEPT Snow;        put("accepted Snow in Winter");
   ELSE                    put("no Winter");
END SELECT;


SELECT                      -- selective wait, with TERMINATE
   ACCEPT Work;            put("accepted Work");
   OR TERMINATE;
END SELECT;
```

Wie man aus dem obigen Syntaxdiagramm entnimmt, gibt es in der
SELECT-Anweisung außer den   (ACCEPT-)SELECT-Alternativen noch
ENTRY-CALL-Alternativen,   darunter auch eine   DELAY-Alternative,
die alle als "offen" bezeichnet werden.

Für bedingte Rendezvous mit SELECT-Anweisung gelten folgende Regeln:

a) Die Auswahl aus mehreren (offenen und) rendezvous-fähigen
    Alternativen geschieht implementationsabhängig.

b) Wenn keine Alternative rendezvous-fähig ist (und auch keine
   Else-Alternative vorhanden ist), dann wartet der Prozess,
   bis wieder eine Alternative rendezvous-fähig wird   .

c) Eine offene DELAY-Alternative wird ausgewählt, wenn keine
    andere Alternative innerhalb der Zeit ausgewählt wurde, die
    in der DELAY-Alternative angegeben ist.

d) Eine ELSE-Alternative wird ausgewählt, wenn keine andere
   Alternative sofort (zu diesem Zeitpunkt) ausgewählt werden
   kann.

e) Eine offene TERMINATE-Alternative wird ausgewählt, wenn
    keine Warteschlangen mehr vor Eingängen des Prozesses stehen
    und alle seine Unterprozesse terminiert sind.

Eine SELECT-Anweisung kann mehrere verschiedene offene Alterna-
tiven für den gleichen Eingang aufweisen (siehe a).

10.3.4 Transit von Individuen durch Stationen, s. A.3.7

Der Autor diese Skripts bietet für eine häufig vorkommende Form
paralleler Prozesse, nämlich Transit von Individuen durch parallele Stationen, ein eigenes komfortables Paket Transit (Anhang
A.3.7) an, das den Programmierer entlastet von Protokollführung,
statistischer Auswertung und Ausgabe-Aufbereitung. Eine entsprechende Klasse SIMULATRANSIT hatte der Autor bereits in den
SIMULA NEWSLETTER Aug. 1980 veröffentlicht.

```
----------- Transit-Auszug, volle Spezif. siehe A.3.7 ------------

WITH Numeric;USE Numeric;
GENERIC
   Population:POSITIVE; -- Number of  Individs
   Transition:POSITIVE; -- Number of  Stations
   Format    :POSITIVE; -- RANGE 6..16: Protocol, Dia_Plot
PACKAGE Transit IS ...

   TYPE IND IS RECORD ...
      Protocol  :BOOLEAN:=TRUE;              -- Protocol      ,in out
      name:STRING(1..12):="     Indivd"; -- Name          ,in out
      Action    :NATURAL:=0  ;              -- Number of Ons ,   out
      Time      :FLOAT  :=0.0;              -- last Action   ,   out
      Station   :AC_STA;                    -- of IND        ,   out
      Pred,Succ :AC_IND;                    -- of IND        ,   out
   END RECORD;

   TYPE STA IS RECORD ...
      Protocol  :BOOLEAN:=TRUE;              -- Protocol      ,in out
      name:STRING(1..12):="    Station"; -- name          ,in out
      Content   :NATURAL:=0  ;              -- Number of INDs,   out
      Time      :FLOAT  :=0.0;              -- last 'Content>0'  out
      First,Last:AC_IND;                    -- of STA        ,   out
   END RECORD;

   Individ:AR_AC_IND(1..Population  );
   Station:AR_AC_STA(0..Transition+1);
   Source :    AC_STA RENAMES Station(0            );
   Sink   :    AC_STA RENAMES Station(Transition+1);
   FUNCTION Empty(S:AC_STA) RETURN BOOLEAN;     -- Content=0
   FUNCTION Full (S:AC_STA) RETURN BOOLEAN;     -- Content=Capacity

   FUNCTION  Time          RETURN    NONEG_FLOAT ;
   PROCEDURE Time_Lapse(Time_DIFF:NONEG_FLOAT);
   PROCEDURE Time_Delay(Time_DIFF:NONEG_FLOAT);
   PROCEDURE Time_Abort                         ;

   PROCEDURE On (I:AC_IND;S:AC_STA); ...
   Long_Protocol:BOOLEAN:=FALSE;
   PROCEDURE Dia_Plot(S1         :   AC_STA); ...
   Long_Diagrams:BOOLEAN:=FALSE;
   PROCEDURE WXE;              --   -------*------- ...
   PROCEDURE Protocol_Restart;

END Transit;
```

Der Benutzer instantiiert das Paket Transit aktuell mit den generischen Parametern

```
Population, d.h. Anzahl der Individuen im Modell, und
Transition, d.h. Anzahl der Stationen  im Modell,
```

worauf das Paket automatisch die Individ(uen) als eindimensionale Reihe der Länge Population und die Station(en) als eindimensionale Reihe der Länge Transition vereinbart, zuzüglich einer Station Source und einer Station Sink. Die Individuen befinden sich zu Anfang alle in der Station Source.

Da ein Individuum nie in zwei verschiedenen Stationen zugleich sein darf, kann das Paket Transit jederzeit Auskunft geben, in welcher Station Individ(I).Station sich das I-te Individuum befindet, wieviel Individuen Station(J).Content sich in der J-ten Station befinden, und wer das erste Station(J).First, das nächste Station(J).First.Succ oder das letzte Station(J).Last Individuum in der Schlange der Individuen der J-ten Station ist. Einzelheiten entnehme man den RECORD-Vereinbarungen der INDividuen und STATionen im Paket Transit (Anhang A.3.7).

Der Benutzer kann nun die parallelen Prozesse zur Umsetzung von Individuen von einer Station in eine andere Station frei in Ada programmieren. Immer wenn die Umsetzung eines Individuums I aus seiner derzeitigen Station I.Station in eine andere Station S vorgenommen werden soll, ruft der Benutzer die

```
Transit-Prozedur On(I,S)
```

auf. Dabei erledigt das Paket Transit alle Umsetzungsformalitäten und deren statistische Erfassung für das automatische Protokoll und für die spätere automatische Gesamt-Statistik. Das Print-Plot-Protokoll der Umsetzungen startet automatisch und kann durch die

```
Protokoll-Prozedur Protocol_Restart
```

jederzeit neu initialisiert werden. Eine Zeitraffung, die nur neue Protokolle liefert, wenn sich die Ergebnisse wesentlich ändern, ist mit Long_Protocol: =FALSE; voreingestellt. Diese Zeitraffung kann z.B. für Testzwecke, mit Long_Protocol:=TRUE; jederzeit wieder ausgeschaltet werden.

Die automatisch ermittelten statistischen Gesamt-Resultate können zu jeder Zeit in Diagramm-Form mittels

```
Plot-Prozeduren für Stationsbilder Dia_Plot(S1,S2,...) und
Plot-Prozeduren für Verästelungen, z.B. WXE
```

(west-knot-east branch), dargestellt werden als 2-dimensionaler Print-Plot in modell-adäquater Anordnung (Anmerkung des Autors: "Ein Bild ist instruktiver als seitenweise Zahlentabellen"). Eine Daten-Raffung, in der nur die Gesamt-Daten der Stationen, nicht aber die Einzel-Daten der darin enthaltenen Individuen angegeben werden, ist mit Long_Diagrams:=FALSE; voreingestellt. Diese Datenraffung kann, z.B. für Testzwecke, mit Long_Diagrams: =TRUE; jederzeit wieder ausgeschaltet werden.

Das Paket Transit hat intern im body eine (Nicht-Echt-) Zeit Transit_Time und einen Prozess Time_Slice. Der Benutzer fragt die Zeit ab durch Time , veranlaßt Zeitsprünge durch Time_Lapse(Time_Diff) , Verzögerungen durch Time_Delay(Time_Diff) und ist unabhängig von Echtzeit-Implementationsabhängigkeiten.

Eine Umstellung des Pakets Transit auf Echtzeit calendar.time (Anhang A.2.I) und Echtzeit-Verzögerung DELAY (siehe DURATION 10.3.2) wäre leicht möglich.

Weder die Individ(uen) noch die Station(en) sind selbst Prozesse (TASK, 10.1/2). Sie können aber zur statistischen Überwachung von Prozessen eingesetzt werden. Im Beispiel ParShops (10.3.4.1) sind den Stationen Prozesse zugeordnet und im Beispiel EpidInf (10.3.4.2) sind den Individuen Prozesse zugeordnet.

10.3.4.1 Parallele Kundenabfertigung (Jobs in parallel Shops)

Das einfache Simulationsmodell "Parallele Kundenabfertigung" ist in der Literatur als "Jobs in parallel Shops" bekannt. Es bietet vielfältige Anwendungsmöglichkeiten, z.B. "Warenhaus", "Postamt", "Krankenhaus", "Autoreparatur-Werkstatt", "Auto-Waschstraßen", "Multiprozessor-Rechenanlage" u.a.m. und ist auch in komplexeren Modellen als Bestandteil enthalten.

Obwohl im Mittel pro Minute genau so viele (3) Kunden ankommen wie alle (3) Verkaufstände zusammen im Mittel pro Minute bedienen (3), entstehen durch zeitweiligen Kunden-Andrang Wartezeiten (max. 17.78 Minuten) für die Kunden und durch zeitweiligen Kunden-Mangel Untätigkeitszeiten (englisch idle time, max. 11.43 %) für die Verkaufsstände.

```
---------------------------------- ParShops ----------------------------------
--    Parallele Kundenabfertigung  ( Jobs in parallel Shops )   --
--      Transit of Customer-Individ's through Shop-Station's      --
------------------------------------------------------------------------------

WITH text_io,Numeric,Random,Transit;
USE  text_io,Numeric,Random        ;

PROCEDURE ParShops IS

   Population:CONSTANT POSITIVE:=300;--Number of Customers
   Transition:CONSTANT POSITIVE:=  4;--Number of Shops+Queue
   Format    :CONSTANT POSITIVE:=  6;--RANGE 6..16:Prot,Dia_Plot
   PACKAGE T IS NEW Transit(Population,Transition,Format);USE T;
```

```
   PACKAGE I_io IS NEW integer_io(INTEGER);USE I_io    ;
   PACKAGE F_io IS NEW   float_io(  FLOAT);USE F_io    ;
   Shops        :CONSTANT POSITIVE:=Transition-1; -- Number of Shops
   SUBTYPE SHOP_RANGE IS POSITIVE RANGE 1..Shops       ;
   Custom     :AC_STA RENAMES Source                   ;
   Queue      :AC_STA RENAMES Station(Shops+1)          ;

   Ariv_Rate :CONSTANT POS_FLOAT:=FLOAT(Shops)         ;
   Ariv_Ticks:CONSTANT POS_FLOAT:=3.0                  ;
   Tick_Rate :CONSTANT POS_FLOAT:=Ariv_Ticks*Ariv_Rate;
   Time_Tick :CONSTANT POS_FLOAT:=1.0/Tick_Rate        ;
   Work_Mean :CONSTANT POS_FLOAT:=1.0                  ;
   Work_Devia:CONSTANT POS_FLOAT:=0.1*Work_Mean        ;


   TASK TYPE SHOP_TASK IS
      ENTRY Numb(S:SHOP_RANGE);
      ENTRY Work                 ;
   END SHOP_TASK;
   TYPE AC_SHOP_TASK IS ACCESS SHOP_TASK;
   Shop       :ARRAY(SHOP_RANGE) OF AC_SHOP_TASK;


   TASK BODY SHOP_TASK IS
      N:SHOP_RANGE;
   BEGIN
      ACCEPT Numb(S:SHOP_RANGE) DO N:=S;END Numb;
      LOOP
         SELECT
            ACCEPT Work;
            Time_Delay(Norm_Rand(Work_Mean,Work_Devia));
            On(Station(N).FIRST,Sink);
         OR TERMINATE;
         END SELECT;
      END LOOP;
   END SHOP_TASK;


   PROCEDURE Diagrams IS
   BEGIN
      Dia_Plot(                               Custom      );new_line
      ;                                          I          ;
      put(  "Arrivaltime is neg.exp.distributed"        );new_line
      ;                                          V          ;
      put(  "Ariv_Rate=" );put(Ariv_Rate ,Format-3,2,0) ;
      put(", Time_Tick=" );put(Time_Tick ,Format-3,2,0) ;new_line;
      Dia_Plot(                               Queue       );
      put("Workingtime is normally distributed"         );new_line
      ;                                          I          ;
      put(  "Work_Mean=" );put(Work_Mean ,Format-3,2,0) ;
      put(", Work_Devia=");put(Work_Devia,Format-3,2,0) ;new_line;
      IF             1< SHOP_RANGE'LAST THEN   XE          ;
         FOR S IN 3 .. SHOP_RANGE'LAST LOOP WXE;END LOOP
                                         WS ;END IF   ;new_line;
      FOR    S IN        SHOP_RANGE          LOOP  V ;END LOOP;new_line;
      Dia_Plot(Station(SHOP_RANGE))                      ;new_line;
      FOR    S IN        SHOP_RANGE          LOOP  V ;END LOOP;
   END Diagrams;
```

```
BEGIN

   Custom.name   :="       Custom";
   Queue.name    :="       Queue";
   Sink.Protocol:=         FALSE ;

   FOR S IN SHOP_RANGE LOOP
      Shop   (S)           :=NEW SHOP_TASK ;
      Shop   (S).Numb(S)                   ;
      Station(S).name    :="       Shop ";
      Station(S).Capacity:=          1   ;
      Station(S).Protocol:=        FALSE  ;
   END LOOP;

   WHILE NOT Full(Sink) LOOP
      Long_Protocol:=Queue.Content>=46;          -- Protocol-lens
      IF NOT Empty(Custom) THEN On(Custom.FIRST,Queue);END IF;
      FOR T IN 1..INTEGER(nExp_Wait(1.0)*Ariv_Ticks) LOOP
         Time_Lapse(Time_Tick);
         FOR S IN SHOP_RANGE LOOP
            IF NOT (Empty(Queue) OR Full(Station(S))) THEN
                On(Queue.FIRST,Station(S));Shop(S).Work;
            END IF;
         END LOOP;
      END LOOP;
   END LOOP            -- automatic Protocol
   ;                                        new_line;
   put("Fig.1: Parallel Shops, Protocol");new_line;
   put("-----                          ");new_line
   ;                            Diagrams  ;new_line;
   put("Fig.2: Parallel Shops, Diagrams");new_line;
   put("-----                          ");new_line;

END ParShops;
```

Nachfolgend findet man das automatische Protokoll (Fig.1) und das mit Hilfe der in ParShops programmierten Prozedur Diagrams ausgedruckte Modell mit statistischen Resultaten (Fig.2).

Die erste Zeile des Protokolls z.B. besagt, daß zur Zeit Time (=20.44) das Individuum Nummer (51) mit einem Prozeduraufruf ON aus der bisherigen (Custom) in die neue Station Nummer (4, d.h. Queue) umgesetzt wurde und der Inhalt der neuen Station dann Cont (=1) betrug.

Auch im zeitlich gerafften Protokoll erkennt man noch den Peak von Cont (=47) Individuen in der Station Nummer (4, d.h. Warteschlange Queue) zur Zeit Time (=100.11..56). Das Auffinden dieses Peaks wird dadurch erleichtert, daß für Werte von Cont oberhalb einer gewählten Schranke (LONG_Protocol:=Queue.Content>=46;) auf "Zeitlupe" umgeschaltet wird, siehe task main. Die "Zeitlupe" wird im Protokoll mit '&' markiert.

```
                          Station.Content           Long_Protocol=&
 Time On(Ind,Stat) +---1----5------------------->  300
 20.44     51      4 !****..........................    1
 38.44    102      4 !************..................    9
 60.78    153      4 !******........................    2
 72.44    204      4 !****************..............   24
 84.44    255      4 !********************..........   44
100.11    299      4 !*********************.........   47&
100.56    300      4 !*********************.........   47&
Fig.1: Parallel Shops, Protocol
-----
```

```
;------------------;
!    Custom      0!
!------------------!
!Life:min  idl% max!
!  0.00  0.00100.56!
!Wait:min  med  max!
!  0.00 53.94100.56!
!Cont:min  med  max!
!    0    161   300!
!    On    ex   mom!
!   300   300     0!
\------------------/
         !
         V
;------------------;
!    Queue       4!
!------------------!
!Life:min  idl% max!
!  0.00 10.56117.89!
!Wait:min  med  max!
!  0.11  6.30 17.78!
!Cont:min  med  max!
!    0     18    47!
!    On    ex   mom!
!   300   300     0!
\------------------/
         !
         *--------------------------*--------------------------,
         V                          V                          V
```

```
;------------------; ;------------------; ;------------------;
!    Shop        1! !    Shop        2! !    Shop        3!
!------------------! !------------------! !------------------!
!Life:min  idl% max! !Life:min  idl% max! !Life:min  idl% max!
!  0.11 11.12119.00! !  0.11 11.31118.00! !  0.33 11.43118.89!
!Wait:min  med  max! !Wait:min  med  max! !Wait:min  med  max!
!  0.78  1.06  1.33! !  0.89  1.05  1.33! !  0.89  1.05  1.22!
!Cont:min  med  max! !Cont:min  med  max! !Cont:min  med  max!
!    0     1     1! !    0     1     1! !    0     1     1!
!    On    ex   mom! !    On    ex   mom! !    On    ex   mom!
!   100   100    0! !   100   100    0! !   100   100    0!
\------------------/ \------------------/ \------------------/
         V                    V                    V
```

Arrivaltime is neg.exp.distributed
Ariv_Rate= 3.00, Time_Tick= 0.11

Workingtime is normally distributed
Work_Mean= 1.00, Work_Devia= 0.10

Fig.2: Parallel Shops, Diagrams

10.3.4.2   Epidemie-Bekämpfung (Epidemic Infection)

Das Simulationsmodell "Epidemie-Bekämpfung" ist in der Literatur als "Epidemic Infection" bekannt und wurde u.a. für die Welt-Gesundheits-Organisation entwickelt. Nicht nur Ausbreitung der Infektion, sondern auch deren Eindämmung durch Quarantäne-Maßnahmen (als "Spontan-Heilung" interpretierbar), wird erfaßt. Es bietet vielfältige Anwendungsmöglichkeiten, z.B. auf Grippe-Epidemien.

Die Erst-Infektion des Individ(uums) Nummer 1 geschieht exogen durch eine Individuum-Nummer Population + 1 außerhalb der Population mit Individ(1).Value1: = Population + 1; Person(1).Infection(1);.

Nach den Incubat_Days zeigen sich bei den Individuen die Symptom(e) und sie können dann weitere Individuen, mit denen sie täglich gemäß Contact_Rate Kontakt haben, anstecken mit der Wahrscheinlichkeit Infect_Prob. Die Ansteckung wird unwahrscheinlicher, wenn nur noch wenige gesunde Disposed-Individuen, aber bereits viele ausgeheilte und immunisierte Sink-Individuen in der Population zu finden sind.

Wenn ein Symptom(ierter) an einem Tag t innerhalb der Symptom_Days mit Wahrscheinlichkeit Cure_Prob(1..Symptom_Days) schließlich zum Arzt geht und sich einer Cure unterzieht, dann ermittelt der Arzt mit einer Erfolgswahrscheinlichkeit Find_Prob auch alle anderen vom Patienten bereits angesteckten Symptom(ierten), um sie ebenfalls zu kurieren. Kurierte Infector(en) werden mit einem negativen Value1 markiert und gehen dann für die Zeit der Ansteckungsgefahr Symptom_Days in Quarant(äne).

Anders als im Modell von Dahl, Nygaard (in SIMULA, NRC 1960), wo der Ansteckende sich die Menge der von ihm Angesteckten notierte, notiert sich in unserem Modell der Angesteckte Infectand den Ansteckenden Infector mit   Infectand.Value1: =Infector.Number;   . Das erspart Mengenbildung bei den Individuen und führt doch zum gleichen Simulations- rgebnis. Ohne Mengenbildung können aber größere Populationen im Simulationsprogramm durchgerechnet werden, was gerade für Epidemie-Modelle entscheidend ist. Außerdem wird Cure rekursiv durchgeführt!

```
------------------------------- EpidInf -----------------------------
--    Epidemie - Bekaempfung   ( Epidemic Infection )            --
--       Transit of Person-Individ's through Infection-Station's --
---------------------------------------------------------------------

WITH text_io,Numeric,Random,Transit;
USE  text_io,Numeric,Random         ;

PROCEDURE EpidInf IS

    Population:CONSTANT POSITIVE:= 18;--Number of Persons, Value1 :
    --                            Disposed=0,Infected>0,Cured<0
    Transition:CONSTANT POSITIVE:=  3;--Number of Infect-Stations :
    --                            Incubat,Symptom,Quarant
    Format    :CONSTANT POSITIVE:=  6;--RANGE 6..16:Prot. ,Dia_Plot
    PACKAGE T IS NEW Transit(Population,Transition,Format);USE T;
```

```ada
PACKAGE I_io IS NEW integer_io(INTEGER);USE I_io     ;
PACKAGE F_io IS NEW   float_io(  FLOAT);USE F_io     ;

SUBTYPE PERSON_RANGE IS POSITIVE RANGE 1..Population;

Dispos      :AC_STA RENAMES Source                  ;
Incubat     :AC_STA RENAMES Station(1)              ;
Symptom     :AC_STA RENAMES Station(2)              ;
Quarant     :AC_STA RENAMES Station(3)              ;
Immune      :AC_STA RENAMES Sink                    ;

Contact_Rate:CONSTANT POS_FLOAT   := 0.75                           ;
Infect_Prob :CONSTANT POS_FLOAT   := 0.75                           ;
Incubat_Days:CONSTANT NONEG_FLOAT:= 3.0                             ;
Symptom_Days:CONSTANT POSITIVE    := 6                              ;
Cure_Prob   :CONSTANT ARRAY(1..Symptom_Days)
OF                    NONEG_FLOAT:=(0.0,0.1,0.1,0.2, 0.1,0.0);
Find_Prob   :CONSTANT PROB        := 0.1                            ;
Quarant_Days:CONSTANT NONEG_FLOAT:= 6.0                             ;
Day         :CONSTANT POS_FLOAT   := 1.0                            ;
Time_Tick   :CONSTANT POS_FLOAT   := 0.1/Contact_Rate              ;

TASK TYPE PERSON_TASK IS
    ENTRY Infection(P:PERSON_RANGE);
END PERSON_TASK;

FOR PERSON_TASK'STORAGE_SIZE USE 1024; -- 1 KB per instance

TYPE AC_PERSON_TASK IS ACCESS PERSON_TASK;

Person        :ARRAY(PERSON_RANGE) OF AC_PERSON_TASK;

PROCEDURE Infect(Infector,Infectand:AC_IND) IS
BEGIN

    Infectand.Value1:=Infector.Number;
    Person(Infectand.Number).Infection(Infectand.Number);

END Infect;

PROCEDURE Cure(Infector:AC_IND) IS
    Infected:AC_IND:=Symptom.FIRST;
BEGIN

    Infector.Value1:=-Infector.Value1;

    WHILE Infected/=NULL
    LOOP

        IF Infected.Value1=Infector.Number AND Draw(Find_Prob)
        THEN Cure(Infected);
        END IF;

        Infected:=Infected.SUCC;

    END LOOP;

END Cure;
```

```
TASK BODY PERSON_TASK IS
   I:POSITIVE;
BEGIN

   SELECT

      ACCEPT Infection(P:PERSON_RANGE) DO I:=P;END Infection;

      On(Individ(I),Incubat);Time_Delay(Incubat_Days);
      On(Individ(I),Symptom);

      FOR D IN 1..Symptom_Days LOOP
         FOR Contact IN 1..POIS_COME(Contact_Rate) LOOP
            IF Draw(Infect_Prob*FLOAT(Dispos.Content)/
                  FLOAT(Population+Immune.Content)) THEN
                  Infect(Individ(I),Dispos.FIRST);
            END IF;
         END LOOP; -- Contact
         IF Draw(Cure_Prob(D)) THEN Cure(Individ(I));END IF;
         IF Individ(I).Value1<0 THEN

            On(Individ(I),Quarant);Time_Delay(Quarant_Days);

            EXIT;
         END IF;
         Time_Delay(Day);
      END LOOP; -- Symptom_Days

      On(Individ(I),Immune);

   OR TERMINATE;
   END SELECT;

END PERSON_TASK;

PROCEDURE Diagrams IS
BEGIN
   Dia_Plot( Dispos    );
   put("Contact is Poisson-distributed");               new_line
   ;             I        ;
   put("Contact_Rate=");put(Contact_Rate,Format-3,2,0);
   put(",   Time_Tick=");put(   Time_Tick,Format-3,2,0);new_line
                 V        ;
   put(" Infect_Prob=");put( Infect_Prob,Format-3,2,0);
   put(",   Find_Prob=");put(   Find_Prob,Format-3,2,0);new_line
   ;Dia_Plot(Incubat   );
   put("Cure_Pr(Day)=");
   FOR D IN 1..Symptom_Days LOOP
      put                (Cure_Prob(D),Format-3,2,0);
   END LOOP;                                             new_line
   ;             I       ;  SE;  WS   ;                  new_line
   ;             V       ;  I ;  V    ;                  new_line
   ;Dia_Plot(Symptom     ,  Ip,Quarant);                new_line
   ;            XE       ; WN ;  I    ;                  new_line
   ;             V       ;  O ;  I    ;                  new_line
   ;            XE       ; WE ;  WN   ;                  new_line
   ;             V       ;
END Diagrams;
```

```
BEGIN

    Dispos.name :="     Disposed"; Dispos.Protocol:=FALSE;
    Incubat.name:="     Incubated";Incubat.Protocol:=FALSE;
    Symptom.name:=" Symptomated";
    Quarant.name:="   Quarantine";Quarant.Protocol:=FALSE
    ;                              Immune.Protocol:=FALSE;
    FOR P IN PERSON_RANGE LOOP
        Person(P):=NEW PERSON_TASK;
    END LOOP;

    Individ(1).Value1        :=Population+1;      -- exogene Infection
    Person (1).Infection(1)                 ;     --       of Person(1)

    WHILE NOT(Empty(Incubat) AND Empty(Symptom) AND Empty(Quarant))
    LOOP
        LONG_Protocol:=Symptom.Content>=5;        --        Protocol-lens
        Time_Lapse(Time_Tick);
    END LOOP            -- automatic Protocol
    ;                                       new_line;
    put("Fig. 1: Epidemic Infection, Protocol");new_line;
    put("------"                             );new_line
    ;                              Diagrams   ;new_line;
    put("Fig. 2: Epidemic Infection, Diagrams");new_line;
    put("------                            ");new_line;

END EpidInf;
```

Nachfolgend findet man das automatische Protokoll (Fig.1) und
das mit Hilfe der in ParShops programmierten Prozedur Diagrams
ausgedruckte Modell mit statistischen Resultaten (Fig.2).

Bei den gewählten Werten für Contact_Rate, Infect_Prob, Cure_
Prob, Find_Prob ergibt sich ein gedämpfter Verlauf der Epidemie.
Es sind zwar alle (18) Dispos-Individuen für eine Infektion dis-
poniert, aber nur (15) Incubat-Individuen werden angesteckt. Die
angesteckten Individuen durchlaufen in unserem Modell die volle
Zeit Incubat_Days und sind dann Symptom(iert). Während der Zeit
Symptom_Days werden auf eigenen Wunsch oder durch Cure-Suchen
einige (6) Symptom(ierte) in Quarant(äne) gesteckt.

Die vom Krankheitsverlauf her vorgesehenen (6) Symptom_Days wurden durch Anwendung von Cure reduziert (im Mittel 4.82 Tage). Auch
die Gesamtdauer der Epidemie nahm mit Cure ab (38.00 Tage).

Bei anderen Ausgangswerten oder anderen Random-Werten könnte
man als Ergebnis auch zufällig die volle Verhinderung der Epidemie
(nur 1 Symptom(iert)) oder die volle Ausbreitung der Epidemie (alle Individuen Symptom(iert), keines in Quarant(äne)) erhalten.

Für jeden Ausgangswerte-Satz sollte man mehrere Programmläufe
durchführen, um den Einfluß der Random-Zufälligkeiten richtig
einschätzen zu können. Da es wesentlich darauf ankommt, ob die
Cure zufällig schon bei den ersten Individuuen einsetzt oder
nicht, sind Epidemie-Verläufe höchst instabil.

```
                        Station.Content            Long_Protocol=&
   Time On(Ind,Stat) +------1----------5------------>   18
    6.27      2     2 !***********..................    2
    8.67      4     2 !***************..............    4
    9.73      6     2 !********************..........   6&
   14.80      8     2 !**************...............    3
   16.27     10     2 !**************...............    3
   18.00     12     2 !******************...........    5
   25.47     14     2 !***********..................    2
```
Fig. 1: Epidemic Infection, Protocol

```
;------------------;
!  Disposed      0!
!------------------!
!Life:min  idl% max!
!  0.00  0.00 38.13!
!Wait:min  med  max!
!  0.00 15.80 38.13!
!Cont:min  med  max!
!     0     7    18!
!    On    ex   mom!
!    18    15     3!
'------------------'          Contact is Poisson-distributed
         !                    Contact_Rate=  0.75,  Time_Tick=  0.13
         V                      Infect_Prob=  0.75,  Find_Prob=  0.10
;------------------;
!  Incubated     1!
!------------------!
!Life:min  idl% max!
!  0.00 12.99 30.80!
!Wait:min  med  max!
!  3.07  3.07  3.07!
!Cont:min  med  max!
!     0     2     4!
!    On    ex   mom!
!    15    15     0!
'------------------'  Cure_Pr(Day)=  0.00  0.10  0.10  0.20  0.10 /
         !            ;------------------;           V       0.00
         V            !                  !           V
;------------------;  !               ;------------------;
!  Symptomated   2!  !               !  Quarantine    3!
!------------------!  !               !------------------!
!Life:min  idl% max!  !               !Life:min  idl% max!
!  3.07  6.02 31.87!  !               ! 10.80 11.27 38.00!
!Wait:min  med  max!  !               !Wait:min  med  max!
!  1.07  4.82  6.80!  !               !  6.13  6.13  6.13!
!Cont:min  med  max!  !               !Cont:min  med  max!
!     0     3     6!  !               !     0     2     3!
!    On    ex   mom!  !               !    On    ex   mom!
!    15    15     0!  !               !     6     6     0!
'------------------'  !               '------------------'
        *------------------/                  !
        V                                     !
        *------------------------------------/
        V
Fig.2: Epidemic Infection, Diagrams
-----
```

10.3.5   Pragmas für Synchronisation, siehe A.2.B

Greifen parallele Prozesse außerhalb von Synchronisationsstellen gemeinsam auf Prozessoren oder periphere Ressourcen zu, so ist die Reihenfolge des Zugriffs implementationsabhängig. Es können jedoch auch Prioritäten vom INTEGER-Subtyp priority (implementationsabhängig, siehe system, A.2.D) - je größer die priority-Zahl desto größer die Priorität - gesetzt werden mit dem Pragma PRIORITY (siehe Anhang A.2.B)

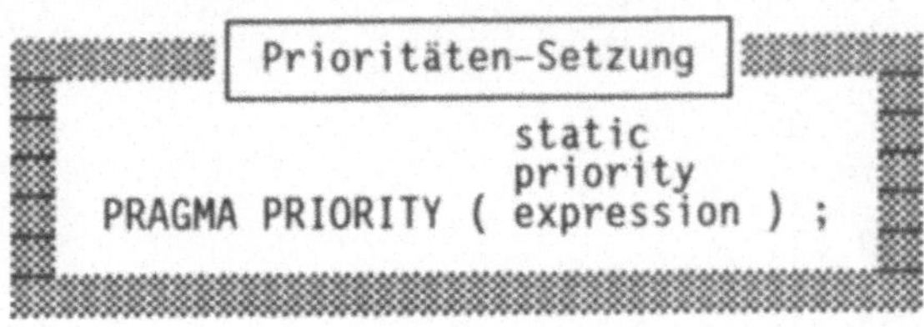

z.B.

```
TASK Alarm IS PRAGMA PRIORITY(3);ENTRY Start;END ALARM;
```

Das Pragma PRIORITY kann in einer Prozeß-Spezifikation oder zu Beginn im Vereinbarungsteil des Hauptprogramms stehen.

Im nachfolgenden Beispiel PrioSitt wird analog zu GuteSitt (10.3.1) eine Sitten-gerechte Synchronisation von "Essen" und "Spre", "chen" mit Hilfe des Pragmas PRIORITY vorgenommen. Falls das Pragma PRIORITY nicht implementiert ist, wird der Output von PrioSitt allerdings so unvorhersehbar wie bei SchlSit (10.2).

```
------------------------------ PrioSitt ------------------------------
--      Prioritaeten als Sitte: Erst Essen , dann Sprechen.      --
--      (aber Pragmas brauchen nicht implementiert zu sein)      --
----------------------------------------------------------------------

WITH text_io;USE text_io;

PROCEDURE PrioSitt IS PRAGMA PRIORITY(3);               -- main decl

    TASK      Spre  IS PRAGMA PRIORITY(2);END Spre;     -- task spec
    TASK      chen  IS PRAGMA PRIORITY(1);END chen;     -- task spec

    TASK BODY Spre  IS                                  -- task body
    BEGIN put("Spre" );END Spre;

    TASK BODY chen  IS                                  -- task body
    BEGIN put("chen ");END chen;

BEGIN put("Essen ");END PrioSitt;                       -- main stat
```

```
| Output            (implementationsabhängig, d.h. nicht portabel)
|------------------
|Essen Sprechen     (falls das Pragma PRIORITY  implementiert ist)
                    (sonst versch. Output  wie bei SchlSitt, 10.2)
```

Greifen parallele Prozesse außerhalb von Synchronisationsstellen von Rendezvous auf eine gemeinsame globale Variable zu, so ist die Reihenfolge des Zugriffs implementationsabhängig. Darüber hinaus können sogar verschiedene Kopien für die globale Variable in den verschiedenen Prozessen existieren!

Diese Schwierigkeiten vermeidet man durch Beachtung folgender Eindeutigkeits-Regeln für Zugriff auf gemeinsame globale Variable (englisch shared variable) :

a) Liest ein Prozeß zwischen zwei Synchronisationspunkten eine globale Variable (shared variable),

so darf die Variable zu keiner Zeit zwischen diesen zwei Synchronisationspunkten von einem anderen Prozess beschrieben werden.

b) Beschreibt ein Prozeß zwischen zwei Synchronisationspunkten eine globale Variable (shared variable),

so darf die Variable zu keiner Zeit zwischen diesen zwei Synchronisationspunkten von einem anderen Prozeß gelesen oder beschrieben werden.

Diese Eindeutigkeits-Regeln werden in den Beispielen ParShop (10.3.4.1) und EpidInf (10.3.4.2) eingehalten, da das Paket Transit (10.3.4, A.3.7) mit Time_Slice arbeitet. Alle Prozesse, die Time_Lapse oder Time_Delay benutzen, müssen sich in die Warteschlange von Time_Slice einordnen; zur Zeit ist immer nur ein Prozess aktiviert.

Die Vermehrung der Synchronisationsstellen auf die Stellen aller Zugriffe auf gemeinsame globale Variable vom Typ skalar (1.4) oder ACCESS (6.1), und damit die automatische Einhaltung der obigen Eindeutigkeitsregeln, ist möglich mit dem Pragma SHARED (siehe Anhang A.2.B)

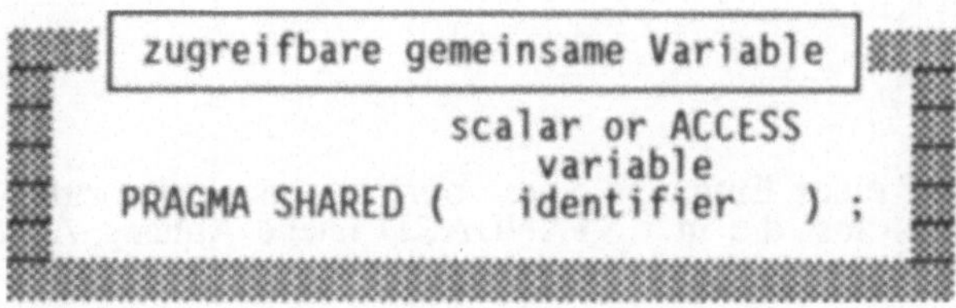

z.B.

```
... Register:POSITIVE;PRAGMA SHARED(Register); ...
```

Das Pragma SHARED kann nur für gemeinsame globale Variablen (shared variable) vom Typ skalar (1.4) oder ACCESS (Zeiger, 6) wirksam sein. Das Pragma SHARED muß unmittelbar nach der Vereinbarung der gemeinsamen globalen Variablen (shared variable) stehen.

Eingriffe in die Rendezvous-Technik (ACCEPT 10.3.1, SELECT 10.3.3) sind möglich mit der ABORT-Anweisung (englisch abort statement).

Eine ABORT-Anweisung ist nach Syntaxdiagramm A.1 (für simple statement) von der Form

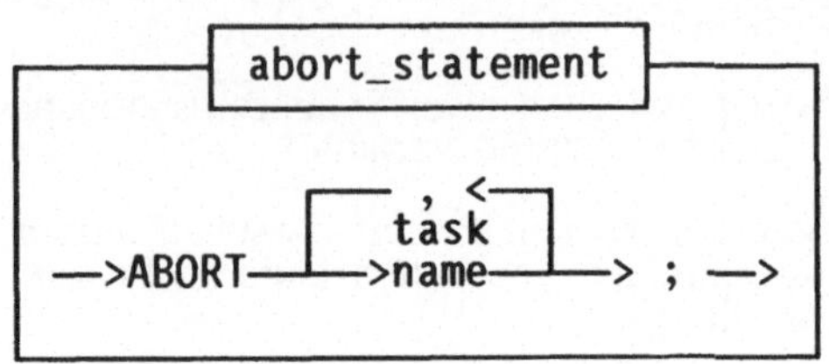

z.B.

ABORT Queue, Shop(2), Table.ALL;

Mit einer ABORT-Anweisung können Prozesse "abnormal" terminiert werden. Die abnormale Terminierung eines Prozesses findet statt spätestens bei seiner nächsten Rendezvous-Synchronisationsstelle.

Wird ein Prozeß abnormal terminiert während er eine Variable beschreibt, so ist der Wert der Variablen undefiniert. Abnormal terminierte Prozesse verschwinden automatisch aus Warteschlangen.

Der Aufruf eines Eingangs eines normal oder abnormal terminierten Prozesses löst die in STANDARD (siehe Anhang A.2.C) vordefinierte Ausnahme

TASKING_ERROR

aus. Dagegen kann man sich schützen, indem man vorher für den aufzurufenden Prozeß P das vordefinierte Attribut (siehe Anhang A.2.A)

P'CALLABLE

abfragt.

10.4 Testfragen

zu	Frage	abdeckbare Antwort
10	Laufen parallele Prozesse tatsächlich parallel auf physikalisch verschiedenen Prozessoren ab?	implementationsabhängig, bisher nein
10.3	Was ist für die Vereinbarung eines Prozesses obligat:	
	eine Prozeß-Spezifikation?	ja
	ein Prozeß-Rumpf?	ja
10.3	Welche der folgenden sind korrekte Eingangs-Vereinbarungen?	
	ENTRY E(1..10);	alle
	ENTRY E(BOOLEAN);	(indiziert)
	ENTRY E1,E2;	keine Liste inkorrekt
	ENTRY E(1..5,1..5);	2-dim inkorrekt
	ENTRY E(OUT INTEGER);	OUT inkorrekt
	ENTRY E(FLOAT);	FLOAT inkorrekt
	ENTRY E(I1,I2:INTEGER);	alle
	ENTRY E(B:BOOLEAN);	(parametrisiert)
	ENTRY E(F:FLOAT);	
10.3.2	Bewirkt "DELAY s;" tatsächlich eine Verzögerung um s Echtzeit-Sekunden, d.h. würde die Echtzeit-Simulation einer Fabrik über einen Tag tatsächlich einen Tag im Rechner verweilen?	ja
10.3.2	Kann man Echtzeit-Simulationen im Rechner beliebig beschleunigen, indem man z.B. "DELAY s;" ersetzt durch "DELAY s/1000;" ?	implementationsabhängig, siehe DURATION'SMALL (Anhang A.2.A)

11 MASCHINENNAHE SPRACHELEMENTE

An maschinennahen Sprachelementen bietet Ada unter anderem

- Klauseln zur Darstellung von

  Speicherbelegungen,
  Codierungen,
  Addressierungen (11.1),

- Anweisungen zum Einfügen von

  Maschinencode (11.2.1),

- Pragma INTERFACE zum Anschluß von

  Fremdsprachen-Unterprogrammen (11.2.2),

- Generische Unterprogramme (Ausschaltung von Kontrollen):

  unkontrollierte Speicherfreigabe (11.3.1),
  unkontrollierte Typ-Konvertierung (11.3.2),

- Pragma SUPPRESS, Unterdrückung von Laufzeit-Checks (11.4):

  ACCESS_CHECK, CONSTRAINT_ERROR (A.2.C),
  DISCRIMINANT_CHECK,
  INDEX_CHECK,
  LENGTH_CHECK,
  RANGE_CHECK,
  DIVISION_CHECK, NUMERIC_ERROR (A.2.C),
  OVERFLOW_CHECK,
  ELABORATION_CHECK, PROGRAM_ERROR (A.2.C),
  STORAGE_CHECK, STORAGE_ERROR (A.2.C).

Außerdem weisen wir hin auf

- vordefinierte maschinennahe Attribute (A.2.A), z.B.

  P'MACHINE_MANTISSA

- vordefinierte sonst. maschinennahe Pragmas (A.2.B), z.B.

  PRAGMA MEMORY_SIZE(6_000_000);

- maschinennahe Bestandteile aus STANDARD (A.2.C), z.B.

  TYPE CHARACTER ... (ASCII-Code)
  STORAGE_ERROR:EXCEPTION;

- maschinennah vordefiniertes Paket system (A.2.D), z.B.

  system.max_mantissa

- maschinennahe Implementations-Konventionen (A.2.F).

11.1 Darstellungsklauseln

Eine Darstellungsklausel (englisch representation clause), d.h.

Längen-Darstellungsklausel (length clause),
Aufzähl-Darstellungsklausel (enumer. repres. clause),
Verbund-Darstellungsklausel (record repres. clause),
Address-Darstellungsklausel (address clause),

ist nach Syntaxdiagramm A.1 von der Form

```
              ┌─ representation clause ─┐
              │                         │
              type or                length clause
              subtype                          ─>SIZE─
   ─>FOR────────>name──────────> '──────────────────────
                                  ├──────>STORAGE_SIZE──
                                  │
                                  └──────>SMALL─
              type or
              subtype or
              nontype              representation clause
             >simple_             address clause
              name─────────────────────────────────

   ─USE<──────────────────
        address clause
            ─>AT─
   ─>───────────────────>simple_
        length clause    expression─
     enumer.repres.clause  or aggregate

                           static
     record repres.clause  integer
   ─>RECORD────────>AT─>MOD─>simple_
                 │           expression─────
                 V
                          ; <────────────────

           compo    static
           nent     integer              static
          ─>name─>AT───>simple_           integer
                      expression─>RANGE─>range─

                          ; <────────────
   ─>END─>RECORD──────────────────────────> ; ─>
```

z.B.

```
FOR DRIVER_TYPE'STORAGE_SIZE USE -- length clause
    2000;

FOR FAMILY_TYPE                  USE -- enumer.repres.clause
    (Harry=>1,Rosi=>2,Lutz=>12);

FOR USER_RECORD_TYPE             USE -- record repres.clause
    RECORD     AT MOD 8
      Group     AT      0 RANGE  0.. 7
      Number    AT      0 RANGE  8..31
      Name      AT      4 RANGE  0..15
      Password AT       4 RANGE 16..31
    END RECORD;

FOR Object       USE 16#0010#     -- address clause

FOR Program_Unit USE 16#0100#     -- address clause

FOR En_try       USE 16#1000#     -- address clause
```

Darstellungsklauseln sind Vereinbarungs-Grundelemente und als solche in jedem Vereinbarungsteil (declarative part, Syntaxdiagramm A.1) sowie in Paket- oder Prozess-Spezifikationen (Syntaxdiagramm A.1) zugelasen.

11.2 Maschinencode und Fremdsprachen

Das Einfügen von Maschinencode (11.2.1) und der Aufruf von Fremdsprachen-Unterprogrammen(11.2.2) sind in der Sprachdefinition von Ada mit enthalten. Umgekehrt wäre es Aufgabe der Fremdsprache, dort den Anschluß von Ada-Unterprogrammen zu ermöglichen.

Sprachteile primitiverer Sprachen (z.B. FORTRAN) können im allgemeinen leicht in komplexere Sprachen (z.B. Ada) eingefügt werden. Umgekehrt ist das schwieriger, z.B. gibt es in FORTRAN keine rekursiven Unterprogramme, keine generischen Parameter, keine parallelen Prozesse.

11.2.1 Folgen von Maschinencode, siehe A.2.J

Maschinencode (siehe Paket machine_code, A.2.J) kann in ein Ada-Programm eingefügt werden durch Aufruf einer Prozedur, deren Folge von Anweisungen nur Maschinencode-Anweisungen enthält.

Im Vereinbarungsteil dieser Prozedur dürfen nur USE-Klauseln vorkommen. Es dürfen keine Ausnahme-Behandlungen vorkommen. Label, Pragma und Kommentar sind wie üblich zugelassen.

Eine Maschinencode-Anweisung (englisch code statement) ist nach Syntaxdiagramm A. 1 (siehe auch aggregate) von der Form

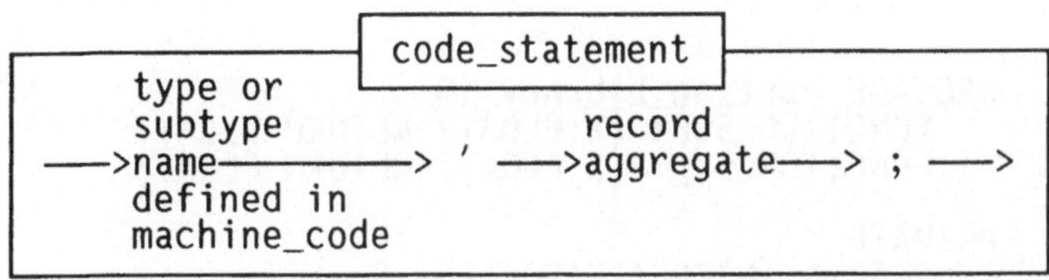

z.B.

```
M:MASK;
PROCEDURE Set_Mask;PRAGMA INLINE(Set_Mask);
PROCEDURE Set_Mask IS
 USE machine_code;
 BEGIN
   SI_FORMAT'(Code=>       ssm,  --            machine code
             B   =>M'base_reg,  -- impl.predef.Attribute, "
             D   =>M'disp     ); -- impl.predef.Attribute, "
 END Set_Mask;
```

In der Prozedur wird jeder Maschinen-Befehl in Form eines typisierten Aggregats niedergeschrieben. Der Basis-Typ des Aggregats muß im implementationsabhängig vordefinierten Bibliotheks-Paket machine_code (siehe Anhang A.2.J) definiert sein, im obigen Beispiel der Typ SI_FORMAT.

Implementationsabhängig können Einschränkungen für die Form der Maschinencode-Befehle (in Aggregat-Form) oder Pragmas für die Maschinencode-Befehlsausführung (z.B. Register-Konventionen) gegeben sein, die dann im Anhang F (A.2.F) dokumentiert sein müssen.

11.2.2   Fremdsprachen-Unterprogramme, siehe A.2.B

Unter der Voraussetzung, daß

- alle Kommunikation nur über Parameter und Funktions-Resultat geschieht (keine Nebeneffekte zulässig wie z.B. Heraus-Sprünge oder Wertzuweisungen an globale Größen) und

- Parameterversorgung in Ada möglich ist (z.B. ist ALGOL60-/ SIMULA-"name"-Parameterversorgung in Ada normalerweise nicht möglich),

kann ein Fremdsprachen-Unterprogramm angeschlossen werden an ein Ada-Programm durch ein Pragma INTERFACE (siehe A.2.B):

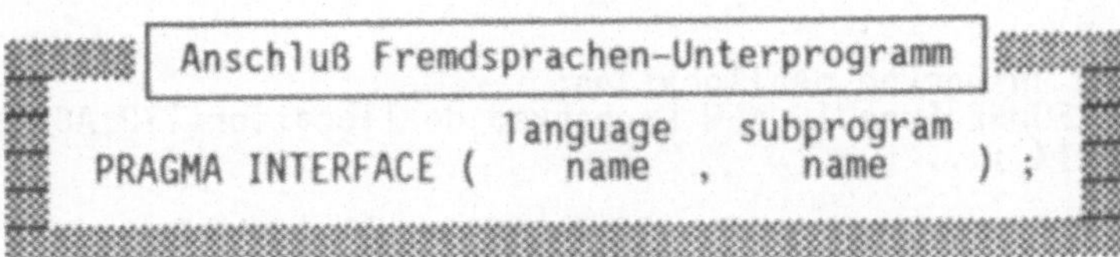

z.B.

```
        PACKAGE Fortran_Library IS
          FUNCTION Sqrt (X:FLOAT) RETURN FLOAT;
          FUNCTION Exp  (X:FLOAT) RETURN FLOAT;

        PRIVATE
          PRAGMA INTERFACE(FORTRAN,Sqrt);
          PRAGMA INTERFACE(FORTRAN,Exp );
        END Fortran_Library;
```

Angaben über die Programmstellen, an denen das Pragma zulässig ist, entnehme man Anhang A.2.B .

Implementationsabhängig können Einschränkungen für die Pragma-Parameter gegeben sein, die dann im Anhang F (A.2.F) dokumentiert sein müssen. Das Pragma braucht nicht implementiert zu sein.

11.3 Ausschaltung von Kontrollen

Zur Optimierung des Programmablaufs können automatische Kontrollen ausgeschaltet werden und der Programmierer kann selbst Speicherfreigabe mit unchecked_deallocation (11.3.1) oder selbst Typ-Konvertierung mit unchecked_conversion (11.3.2) übernehmen.

11.3.1 Unkontrollierte Speicherfreigabe

Für unkontrollierte, vom Programmierer selbst zu verantwortende Speicherfreigabe gibt es die generische vordefinierte Bibliotheks-Prozedur unchecked_deallocation (Anhang A.2.E) :

```
                  Unkontrollierte Speicherfreigabe

    GENERIC
        TYPE OBJECT IS LIMITED PRIVATE;
        TYPE NAME    IS ACCESS  OBJECT ;

    PROCEDURE unchecked_deallocation ( X : IN OUT NAME ) ;
```

z.B.

```
    WITH unchecked_deallocation;...
    PROCEDURE Free IS NEW unchecked_deallocation(TYP,AC_TYP);...
    Free(X);...
```

Nach der Ausführung von Free(X) hat X den Wert NULL.

11.3.2 Unkontrollierte Typ-Konvertierung

Für unkontrollierte, vom Programmierer selbst zu verantwortende Typ-Konvertierung gibt es die generische vordefinierte Bibliotheksfunktion unchecked_conversion (Anhang A.2.E):

```
┌─────────────────────────────────────────┐
│    Unkontrollierte Typ-Konvertierung     │
└─────────────────────────────────────────┘

GENERIC
   TYPE SOURCE IS LIMITED PRIVATE;
   TYPE TARGET IS LIMITED PRIVATE;

FUNCTION unchecked_conversion ( S: SOURCE ) RETURN TARGET;
```

z.B.

```
WITH unchecked_conversion;...
FUNCTION NAT IS NEW unchecked_conversion(INTEGER,NATURAL);..
Y:=NAT(X);...
```

Nach der Ausführung hat NAT(X) den Typ NATURAL. Die unkontrollierte Typ-Konvertierung von INTEGER nach NATURAL geschieht durch bitweise-unveränderte Übergabe des INTEGER Werts als NATURAL Wert.

Ist eine solche bitweise Übergabe nicht möglich, kann z.B. ein BOOLEAN Wert nicht als INTEGER Wert bitweise übergeben werden, dann ist unkontrollierte Typ-Konvertierung nicht zulässig.

11.4 Unterdrückung von Laufzeit-Checks, siehe A.2.B

Zur Beschleunigung des Ablaufs bereits ausgetesteter Programme können automatische Laufzeit-Checks unterdrückt werden mit dem Pragma SUPPRESS (siehe Anhang A.1):

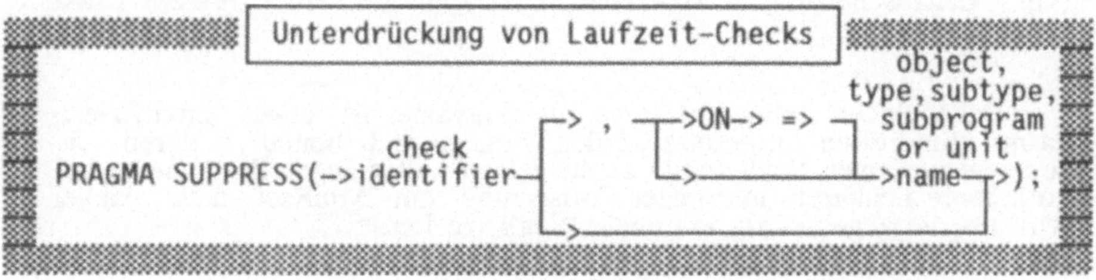

```
┌─────────────────────────────────────────┐
│    Unterdrückung von Laufzeit-Checks     │
└─────────────────────────────────────────┘
                                                    object,
                                               type,subtype,
                         ┌─> , ─┬─>ON-> => ─┐   subprogram
                 check   │      │           │   or unit
PRAGMA SUPPRESS(->identifier─┤      └─>─────────────┴─>name─┬─>);
                         │                                  │
                         └─>─────────────────────────────────┘
```

z.B. (mit A,B:MATRIX; , MATRIX siehe 5.1)

```
PRAGMA SUPPRESS(ACCESS_CHECK          );
PRAGMA SUPPRESS( INDEX_CHECK          );
PRAGMA SUPPRESS( INDEX_CHECK,ON=>A );
PRAGMA SUPPRESS( INDEX_CHECK,MATRIX);
```

Das Pragma darf nur am Anfang eines Unterprogramm-Vereinbarungs-teils oder einer Paket-Spezifikation gesetzt werden.

Die im Pragma zulässigen Bezeichner für Laufzeit-Checks (englisch check identifier) sind alle im Anhang A.2.B beim Pragma SUPPRESS aufgelistet.

Als (optionale) Namen (englisch name) der nicht zu checkenden Größen sind Bezeichner (identifier) oder mit Selektoren endende Namen (expanded name) von Konstanten, Variablen, Typen, Prozessen oder generischen Einheiten zulässig. Auch Namen von Unterprogrammen sind zulässig, dann steht der Name für alle seine überladenen Unterprogramme.

Das Pragma braucht nicht implementiert zu sein.

11.5   Rundreise-Problem

Die Beschleunigung des Ablaufs eines ausgetesteten Programms durch Setzen von Pragmas wird nun am folgenden größeren Beispiel TravSale vorgeführt.

Mit Hilfe von Pragmas   INLINE(name) (vgl. 9.5) werden Unterprogramme durch entsprechende Programmtexte substituiert und dadurch Unterprogramm-Aufrufzeiten eingespart und mit Hilfe des Pragmas SUPPRESS(INDEX_CHECK) (vgl. 11.4) werden Index-Bereich-Checks unterdrückt und dadurch die Aufsuch-Zeiten für indizierte Größen verkürzt.

Bekanntlich führt das Rundreise-Problem (englisch traveling salesman problem) durch N> =1 Städte auf N! verschiedene Rundreisen und ist daher mit einem gewöhnlichen Backtracking-Verfahren (vgl. Labyrint, 5.1) wegen der zu erwartenden langen Laufzeiten (vgl. Zeitabschätzung in TowHanoi, 0.2.2) nur für etwa N<20 exakt lösbar.

Das Backtracking-Verfahren in TravSale ist etwas modifiziert, da nur Rundreisen fortgesetzt werden (branch and bound), deren bis zur gegenwärtigen Stadt First zurückgelegte Weglänge Part auch bei vorherberechenbarer minimaler Fortsetzung um MinRest nicht länger wird als die gegenwärtig minimale Weglänge Len.

In unserem Beispiel führt die Rundreise durch die N=16 Hauptstädte der Bundesländer Deutschlands, die in ebener Projektion mit Luftlinien-Abständen Koordinaten in 10 km Einheiten eingegeben werden. Die eingegebene erste Rundreise führt durch 2 Schwerin, 1 Kiel, 3 Hamburg, 4 Bremen, 6 Hannover, 9 Duesseldorf, 12 Wiesbaden, 13 Mainz, 14 Saarbruecken, 15 Stuttgart, 16 Muenchen, 11 Erfurt, 10 Dresden, 8 Magdeburg, 7 Potsdam, 5 Berlin, Länge=2277 km.

```
-------------------------- TravSale --------------------------
-- Travelling Salesman: Kuerzeste Rundreise durch N>=1 Staedte --
--                         Startweg  Way(1)...Way(Start)...Way(N) --
--------------------------------------------------------------
WITH text_io,Numeric;USE text_io,Numeric;   -- Min, Sqrt in Numeric

PROCEDURE TravSale IS
   PRAGMA SUPPRESS(INDEX_CHECK);
   PACKAGE I_io IS NEW integer_io(INTEGER);USE I_io;
   PACKAGE F_io IS NEW   float_io(  FLOAT);USE F_io;
   Start:CONSTANT POSITIVE:= 7;
   N    :CONSTANT POSITIVE:= 16;
   Town :ARRAY(1..N,1..2) OF INTEGER ; Last:POSITIVE:=Town'LAST;
   Way  :ARRAY(1..N     ) OF POSITIVE; Change        :POSITIVE;
   D    :ARRAY(1..N,1..N) OF FLOAT    ; Len,Part,Rest:FLOAT;
   MinD :ARRAY(1..N)      OF FLOAT    ; MinRest       :FLOAT;
   One  :CONSTANT FLOAT   := 1.0-100.0*FLOAT'EPSILON;

   PROCEDURE ChangeWay(l,r:POSITIVE) IS BEGIN
      Change:=Way(l);Way(l):=Way(r);Way(r):=Change; END ChangeWay;
   PROCEDURE BoundWay(First:POSITIVE) IS BEGIN Part:=0.0;
   FOR i IN 1..First-1 LOOP Part:=Part+D(Way(i),Way(i+1 ));
      END LOOP;           Rest:=      D(Way(1),Way(Last));
      FOR i IN First..Last LOOP     IF      i  <    Last   THEN
                     Rest:=Rest+D(Way(i),Way(i+1 ));END IF;
                            IF First=i  AND i<Last THEN
                  MinD(i):=      D(Way(i),Way(i+1 ));ELSE
                  MinD(i):=      D(Way(i),Way(1   ));END IF;
         FOR j IN First..Last LOOP  IF      i  /=  j       THEN
            MinD(i):=Min(MinD(i),      D(Way(i),Way(j  )));END IF;
      END LOOP;END LOOP;MinRest:=0.0;FOR i IN First..Last LOOP
      MinRest:=MinRest+MinD(i);END LOOP;END BoundWay;
   PROCEDURE PutWay IS BEGIN put("Way=(");put(Way(1),0);
      FOR i IN 2..Town'LAST LOOP put(",");put(Way(i),0);END LOOP;
      put("), Len=");Len:=Part+Rest;put(Len,3,1,0);new_line;
      END PutWay;
   PROCEDURE GetWay IS BEGIN
      FOR i IN Town'RANGE(1) LOOP
         put(i,2);put("/");put(N,2);put(" Town int x y :");
         FOR j IN Town'RANGE(2) LOOP get(Town(i,j));
      END LOOP;skip_line;END LOOP;
      put("Start-Way  pos " );put(N,2);put("* :");
      FOR i IN  Way'RANGE LOOP get(Way(i));END LOOP;new_line;
      FOR i IN Town'RANGE LOOP FOR j IN Town'RANGE LOOP
         D(i,j):=Sqrt(FLOAT(Town(i,1)-Town(j,1))**2
                    + FLOAT(Town(i,2)-Town(j,2))**2);END LOOP;
      END LOOP;BoundWay(Start);PutWay;END GetWay;
   PRAGMA INLINE(ChangeWay,BoundWay,PutWay);

   PROCEDURE BackTrack(First:POSITIVE) IS
   BEGIN FOR Next IN First..Last LOOP
      ChangeWay(First,Next);          BoundWay (First  );
      IF(Part+   Rest)/Len<One THEN PutWay                ;END IF;
      IF(Part+MinRest)/Len<One THEN BackTrack(First+1);END IF;
      ChangeWay(First,Next);
   END LOOP;END BackTrack;

BEGIN GetWay;BackTrack(Start);END TravSale;
```

Output	Input
1/16 Town int x y :	25 69 Kiel
2/16 Town int x y :	33 61 Schwerin
3/16 Town int x y :	24 60 Hamburg
4/16 Town int x y :	17 56 Bremen
5/16 Town int x y :	46 49 Berlin
6/16 Town int x y :	22 48 Hannover
7/16 Town int x y :	44 47 Potsdam
8/16 Town int x y :	34 45 Magdeburg
9/16 Town int x y :	01 37 Duesseldorf
10/16 Town int x y :	49 33 Dresden
11/16 Town int x y :	30 32 Erfurt
12/16 Town int x y :	10 23 Wiesbaden
13/16 Town int x y :	09 22 Mainz
14/16 Town int x y :	00 14 Saarbruecken
15/16 Town int x y :	16 08 Stuttgart
16/16 Town int x y :	32 00 Muenchen
Start-Way pos 16* :	2 1 3 4 6 9 12 13 14 15 16 11 10 8 7 5

```
Way=(2,1,3,4,6,9,12,13,14,15,16,11,10,8,7,5), Len=227.7
Way=(2,1,3,4,6,9,12,13,14,15,16,11,10,7,5,8), Len=224.1
Way=(2,1,3,4,6,9,12,13,14,15,16,11,10,5,7,8), Len=223.1
```

Der Leser möge sich durch Probelauf auf einem Personalcomputer davon überzeugen, daß bereits diese Anzahl N=16 zu groß ist für die volständige Durchrechnung des Backtrackings mit Start=2, d.h. man legt nur die erste Stadt Way(1)=2 Schwerin fest (ohne Beschränkung der Allgemeinheit, effektiv N=15).

Legt man jedoch mit Start=7 die ersten 6 Städte Schwerin, Kiel, Hamburg, Bremen, Hannover, Düsseldorf fest, so ergibt die vollständige Durchrechnung des Backtrackings in einigen Sekunden die resultierende kürzeste Rundreise durch die Städte: 2 Schwerin, 1 Kiel, 3 Hamburg, 4 Bremen, 6 Hannover, 9 Duesseldorf, 12 Wiesbaden, 13 Mainz, 14 Saarbruecken, 15 Stuttgart, 16 Muenchen, 11 Erfurt, 10 Dresden, 5 Berlin, 7 Potsdam, 8 Magdeburg, Länge=2231 km.

Ungelöst ist das Problem, ob überhaupt exakte Lösungsverfahren mit einer Potenz von N, d.h. wesentlich weniger als N! Schritten angebbar sind. In der Informatik glaubt man an die "Unlösbarkeit" und empfiehlt statt dessen z.B. eine "Näherungslösung", die in $N*N*log_2(N)$ Schritten höchstens die doppelte Rundreise-Länge liefert: Man beginne mit N=1 und füge iterativ jeweils eine so auszuwählende neue Stadt zwischen zwei so auszuwählende aufeinander folgende Städte ein, daß die Rundreise-Länge nur minimal anwächst.

Es erscheint kurios, daß der menschliche Betrachter bei diesem für den Computer exakt unlösbaren Problem der Deutschland-Rundreise (effektiv N=15) die exakte Lösung "offenbar sofort sieht".

Beim Programm TravSale werden mit Hilfe des Pragmas INLINE die "Programmteile" ChangeWay, BoundWay und PutWay zu "textuellen Makros", vergleichbar mit Makro-Expansion in C .

"Textuelle Ersetzung" mit INLINE verkürzt die Programm-Laufzeit wegen entfallender Unterprogrammaufrufe und Parameterübergabe, verlängert aber den Programm-Text durch textuelle Expansion, und empfiehlt sich daher nur für Programmteile, die nicht so oft im Programm vorkommen, aber oft im Programmablauf aufgerufen werden. Für das nur einmal aufgerufene Unterprogramm GetWay würde "textuelle Ersetzung" mit Hilfe vonINLINE kaum Vorteile bringen.

"Unterprogramm-Schreibweise" ist unverzichtbar für das Hauptprogramm TravSale und für das rekursive Unterprogramm BackTrack.

11.6 Testfragen

zu	Frage	abdeckbare Antwort
11.1	Wie stellt man Ada um vom amerikanischen ASCII-Zeichensatz (STANDARD, A.2.C) auf deutschen Zeichensatz (DIN 66003,Deutsche Referenzversion)?	Am einfachsten durch "Täuschung" des Ada Compilers: deutsche Tastatur, deutscher Schirm , deutscher Drucker , vgl. 1.2
11.2/3	Ist für die vordefinierten Pakete, Prozeduren bzw. Funkionen system (A.2.D), unchecked_deallocation (A.2.E), unchecked_conversion (A.2.E), machine_code (A.2.J), eine Verfügbarmachung mit WITH erforderlich?	ja
11.4	Was bewirkt das am Anfang eines Unterprogramm-Vereinbarungsteils bzw. einer Paket-Spezifikation gesetzte PRAGMA SUPPRESS(INDEX_CHECK); ?	Unterdrückung aller Index – Checks im Unterprogramm bzw. Paket .
11.5	Ist "textuelle Ersetzung" für das Unterprogramm BackTrack mit Hilfe des Pragmas INLINE möglich? PROCEDURE BackTrack...END BackTrack; INLINE (BackTrack);	nein, rekursive textuelle Ersetzung im voraus, ohne Abbruch durch akt . Parameter, ergibt unendlichen Text.
11.5	Welche neue Stadt D,E wird zwischen welchen alten Städten A,B,C nach dem erwähnten (nicht exakten) Näherungsverfahren in die Reise aufgenommen?	Hinzunahme von D : + AD= 1 + CD=sqrt(2) − AC= 1 ───────── + 1.41 Hinzunahme von E : + BE= 1 + CE= 2 − BC=sqrt(5) ───────── + 0.76 d.h. E zwischen B C in Reise aufnehmen

```
   ^
1 ─|      C*              E
   |      * ***
   |      *    ***
   |      *       ***
   |      *         **
0  D────────A*************B──>

   0        1        2        3
```

A ANHANG

A.1 SYNTAX-DIAGRAMME (Feldmann)

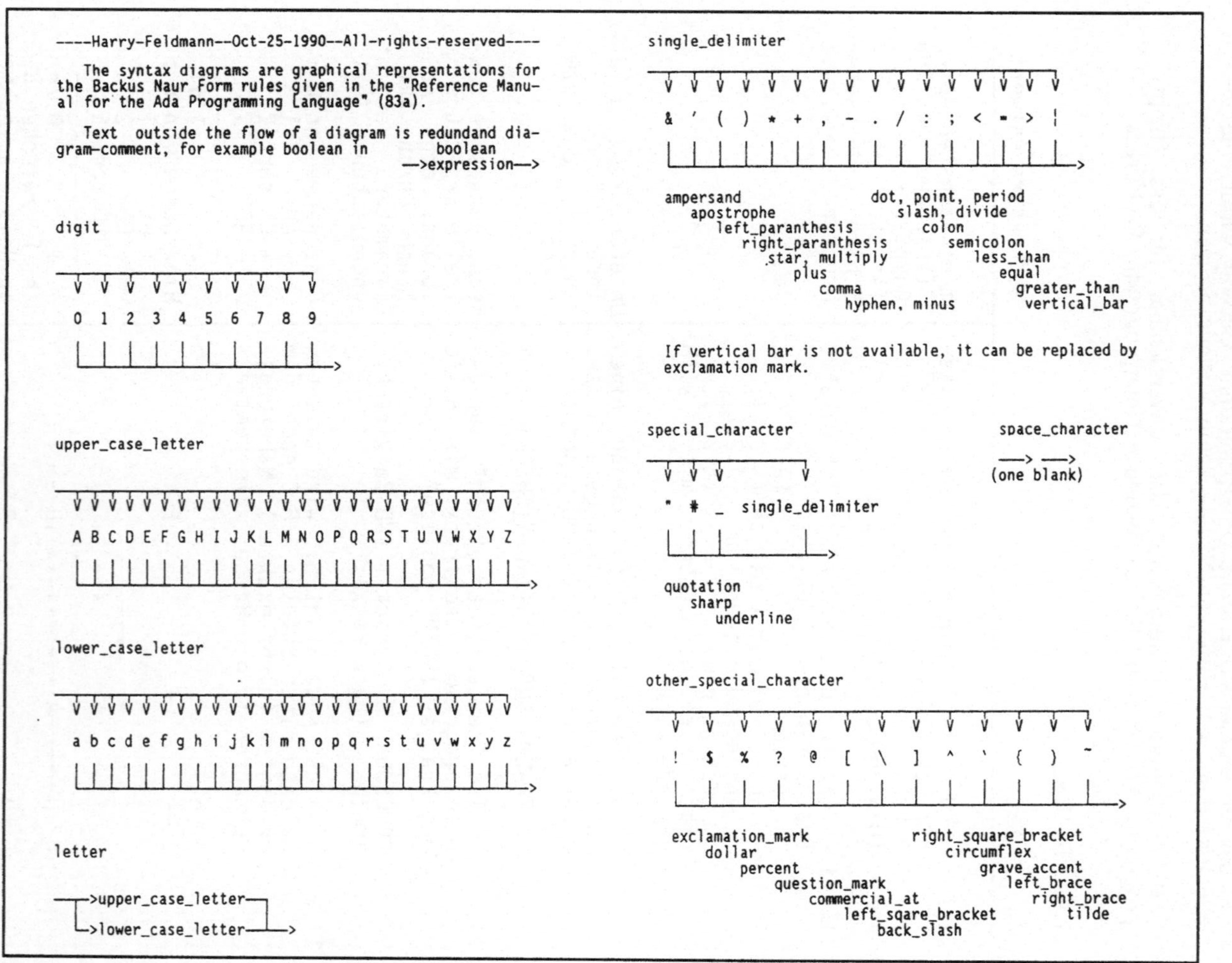

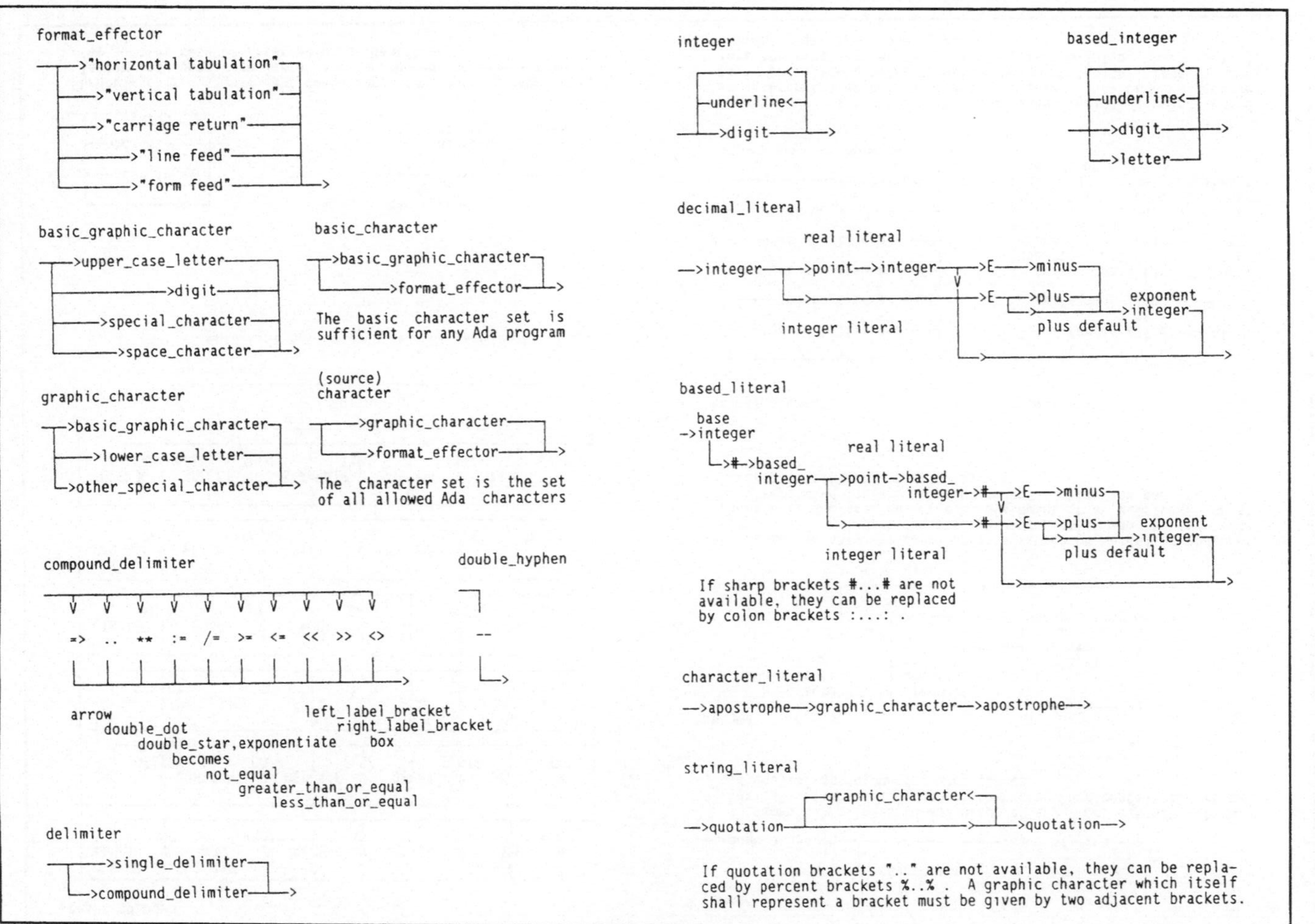

format_effector
>"horizontal tabulation"
>"vertical tabulation"
>"carriage return"
>"line feed"
>"form feed"

basic_graphic_character
>upper_case_letter
>digit
>special_character
>space_character

basic_character
>basic_graphic_character
>format_effector
The basic character set is sufficient for any Ada program

graphic_character
>basic_graphic_character
>lower_case_letter
>other_special_character

(source) character
>graphic_character
>format_effector
The character set is the set of all allowed Ada characters

compound_delimiter
=> .. ** := /= >= <= << >> <>
arrow
double_dot
double_star,exponentiate
becomes
not_equal
greater_than_or_equal
less_than_or_equal
left_label_bracket
right_label_bracket
box

double_hyphen
--

delimiter
>single_delimiter
>compound_delimiter

integer
underline<
>digit

based_integer
underline<
>digit
>letter

decimal_literal
real literal
>integer >point >integer >E >minus
>E >plus
exponent
>integer
plus default
integer literal

based_literal
base
>integer
>#->based_integer >point->based_integer->#->E->minus
real literal
>#->E->plus
exponent
>integer
plus default
integer literal
If sharp brackets #...# are not available, they can be replaced by colon brackets :...: .

character_literal
>apostrophe >graphic_character >apostrophe

string_literal
graphic_character<
>quotation >quotation
If quotation brackets ".." are not available, they can be replaced by percent brackets %..% . A graphic character which itself shall represent a bracket must be given by two adjacent brackets.

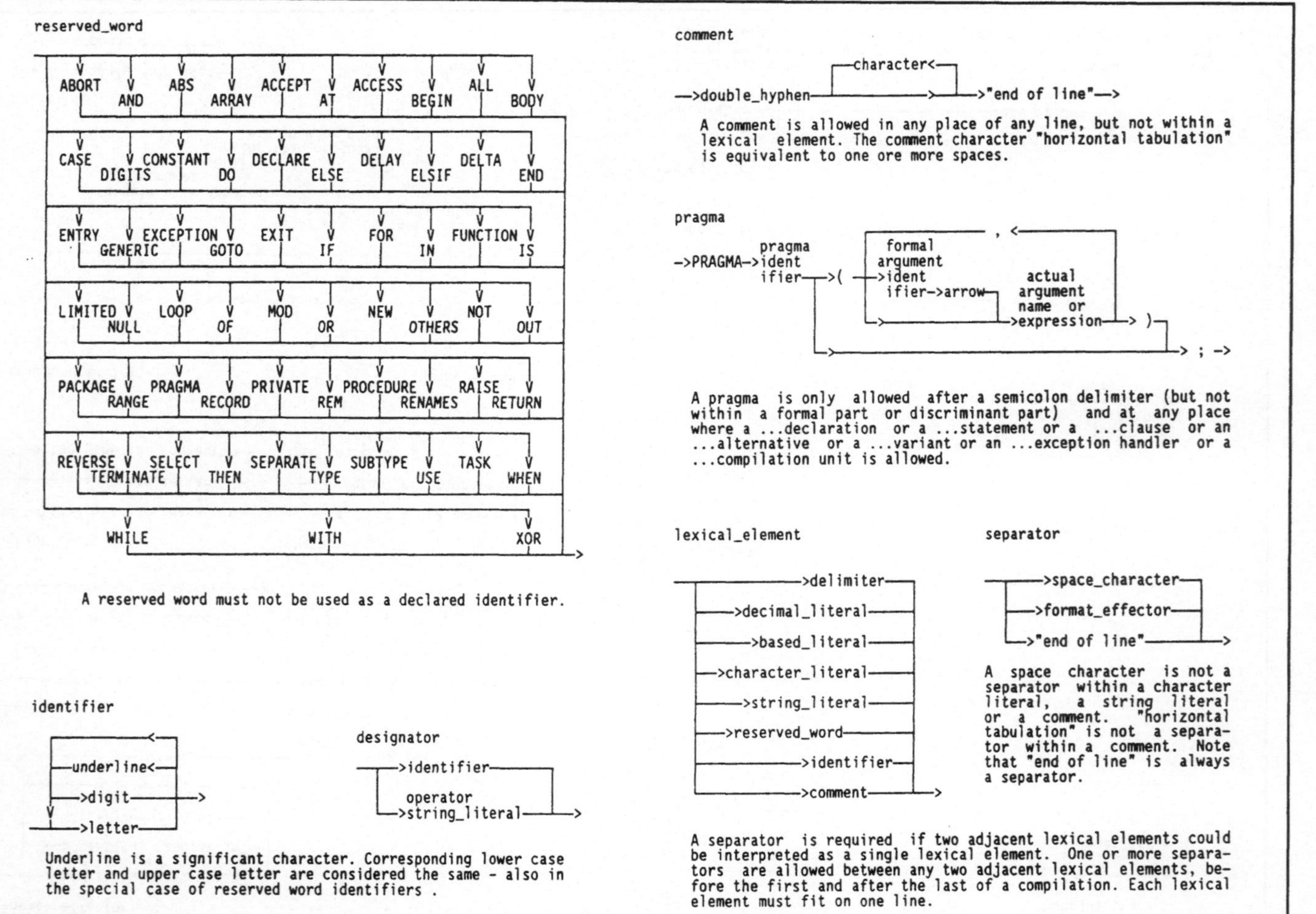

A reserved word must not be used as a declared identifier.

Underline is a significant character. Corresponding lower case
letter and upper case letter are considered the same - also in
the special case of reserved word identifiers .

comment

A comment is allowed in any place of any line, but not within a
lexical element. The comment character "horizontal tabulation"
is equivalent to one ore more spaces.

pragma

A pragma is only allowed after a semicolon delimiter (but not
within a formal part or discriminant part)   and at any place
where a ...declaration or a ...statement or a ...clause or an
...alternative or a ...variant or an ...exception handler or a
...compilation unit is allowed.

lexical_element

separator

A space character is not a
separator within a character
literal,   a string literal
or a comment.   "horizontal
tabulation" is not a separator within a comment. Note
that "end of line" is always
a separator.

A separator is required if two adjacent lexical elements could
be interpreted as a single lexical element. One or more separa-
tors are allowed between any two adjacent lexical elements, before the first and after the last of a compilation. Each lexical
element must fit on one line.

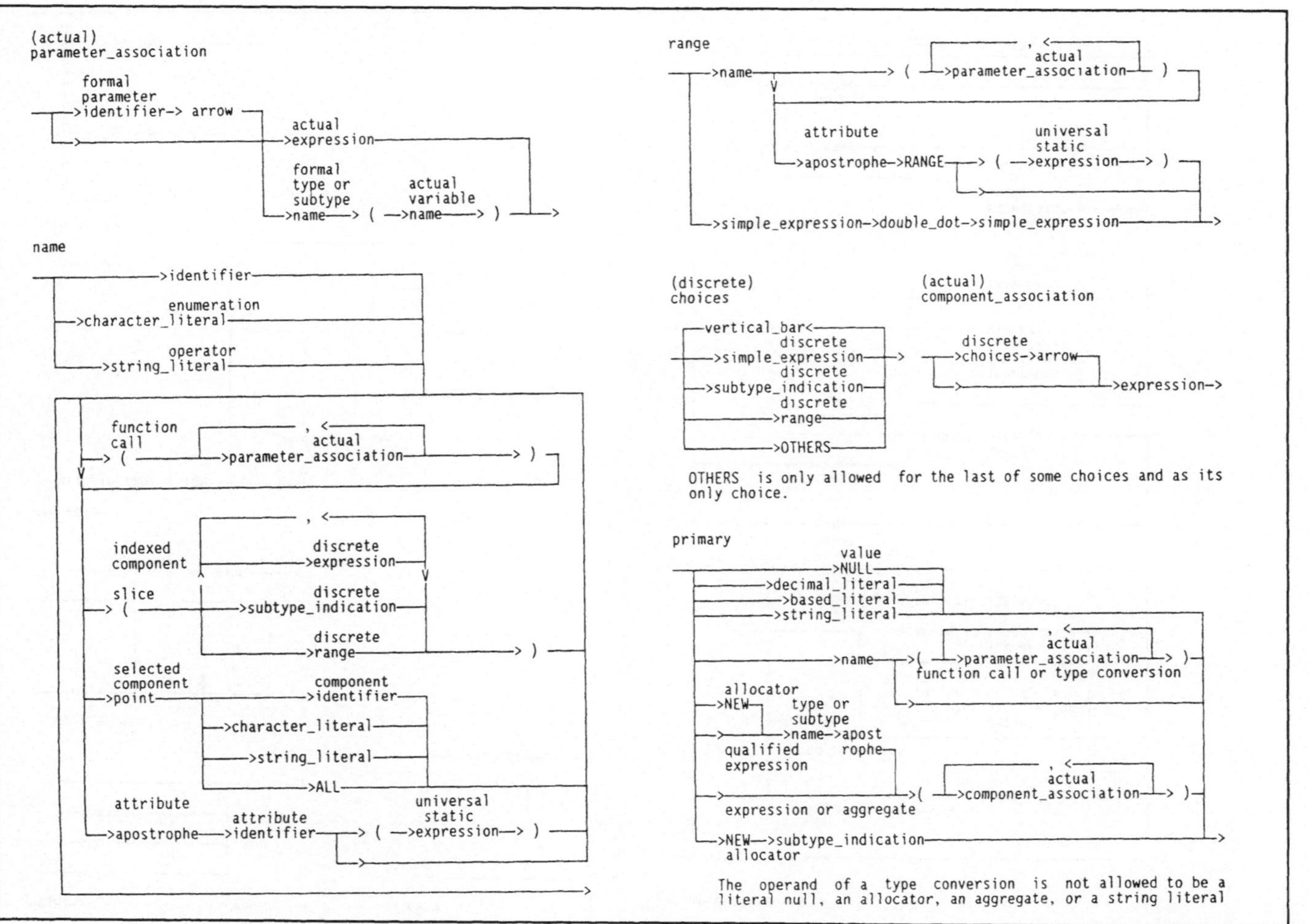

(actual)
parameter_association
formal
parameter
>identifier-> arrow
actual
>expression
formal
type or
subtype
>name---> (-->name--->) --->
actual
variable

name
>identifier
enumeration
>character_literal
operator
>string_literal
function
call
> (->parameter_association--->)
, <
actual
indexed
component
discrete
>expression
slice
> (->subtype_indication
discrete
discrete
>range
>)
, <
selected
component
>point
component
>identifier
>character_literal
>string_literal
>ALL
attribute
attribute
>apostrophe-->identifier---> (-->expression-->)
universal
static

range
>name---> (--->parameter_association---)
, <
actual
attribute
universal
static
>apostrophe->RANGE---> (-->expression--->)
>simple_expression->double_dot->simple_expression

(discrete)
choices
vertical_bar<
discrete
>simple_expression
discrete
>subtype_indication
discrete
>range
>OTHERS

(actual)
component_association
discrete
>choices->arrow
>expression->

OTHERS is only allowed for the last of some choices and as its
only choice.

primary
value
>NULL
>decimal_literal
>based_literal
>string_literal
>name--->(--->parameter_association-->)
, <
actual
function call or type conversion
allocator
>NEW
type or
subtype
>name->apost
rophe
qualified
expression
>(--->component_association-->)
, <
actual
expression or aggregate
>NEW-->subtype_indication
allocator

The operand of a type conversion is not allowed to be a
literal null, an allocator, an aggregate, or a string literal

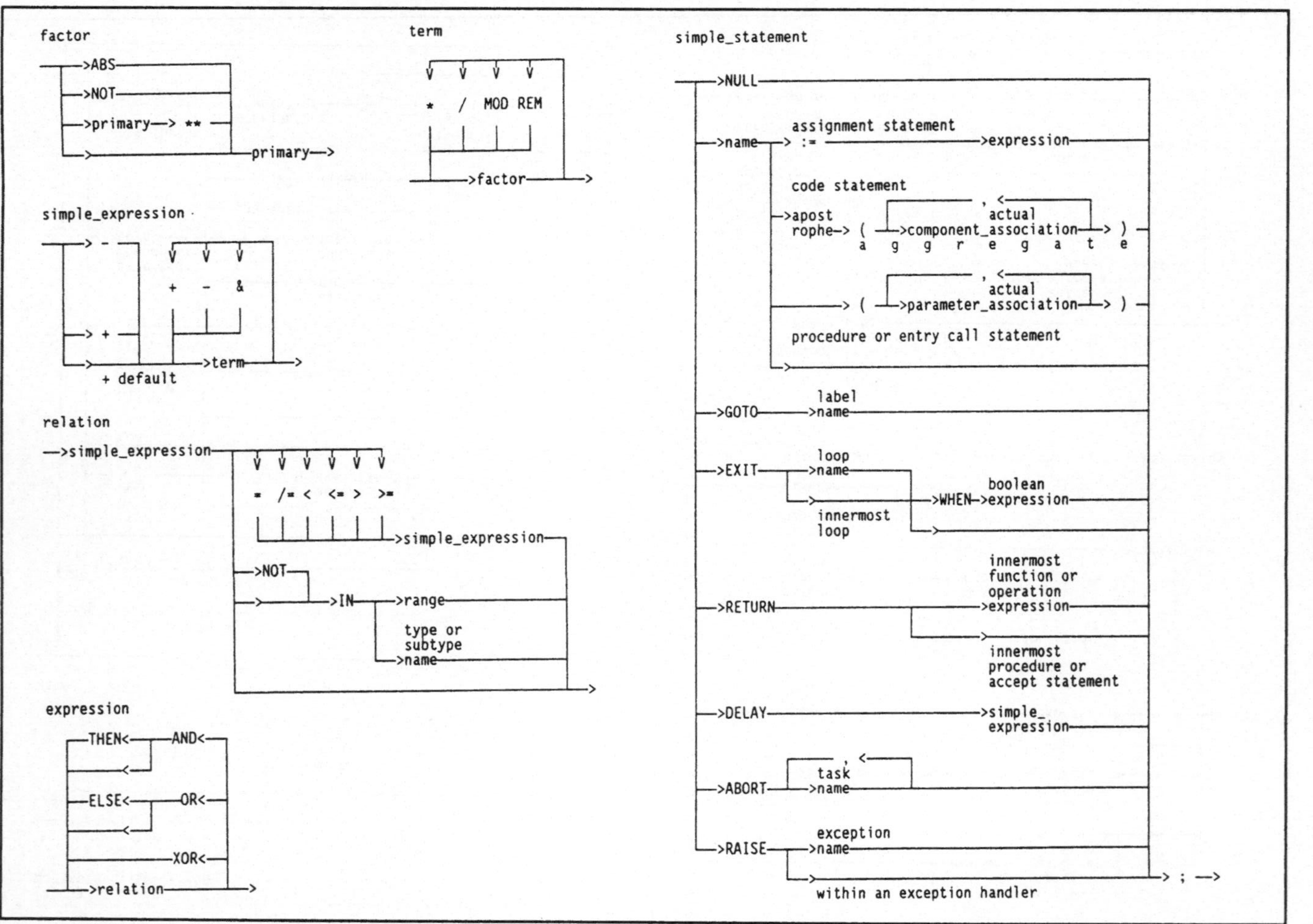

factor
>ABS
>NOT
>primary—> **
>primary—>

term
* / MOD REM
>factor

simple_expression
-
+
+ default
+ - &
>term

relation
—>simple_expression
= /= < <= > >=
>simple_expression
>NOT
>IN >range
type or subtype >name

expression
THEN< AND<
ELSE< OR<
XOR<
>relation

simple_statement
>NULL
>name assignment statement > := >expression
code statement
>apostrophe-> (>component_association->) , actual aggregate
> (>parameter_association->) , actual
procedure or entry call statement
>GOTO label >name
>EXIT loop >name >WHEN->expression boolean innermost loop
>RETURN innermost function or operation >expression innermost procedure or accept statement
>DELAY >simple_expression
>ABORT task , < >name
>RAISE exception >name
within an exception handler
> ; —>

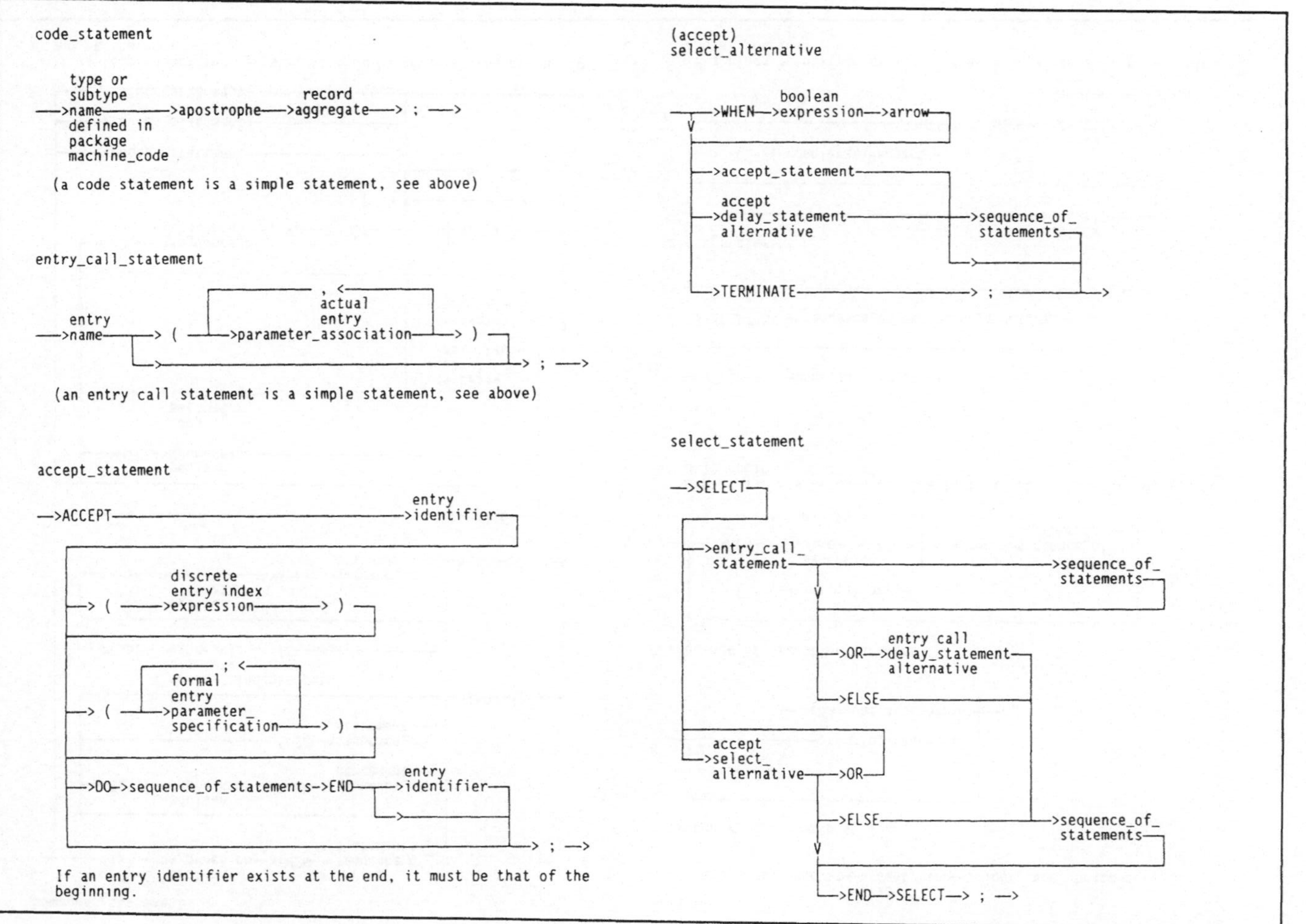

code_statement

type or
subtype   record
—>name————>apostrophe——>aggregate——> ; —>
defined in
package
machine_code

(a code statement is a simple statement, see above)

entry_call_statement

, <
actual
entry
—>name——> (——>parameter_association——>)
——> ; —>

(an entry call statement is a simple statement, see above)

accept_statement

entry
—>ACCEPT————————————————>identifier

discrete
entry index
—> (——>expression——>)

formal
entry
—> (——>parameter_specification——>)

—>DO—>sequence_of_statements—>END——>identifier
entry
—> ; —>

If an entry identifier exists at the end, it must be that of the beginning.

(accept)
select_alternative

boolean
—>WHEN—>expression—>arrow
V

—>accept_statement
accept
—>delay_statement
alternative
—>sequence_of_statements

—>TERMINATE————> ; —>

select_statement

—>SELECT
—>entry_call_statement
—>sequence_of_statements
V
entry call
—>OR—>delay_statement
alternative
—>ELSE
accept
—>select_alternative—>OR
—>ELSE—>sequence_of_statements
V
—>END—>SELECT—> ; —>

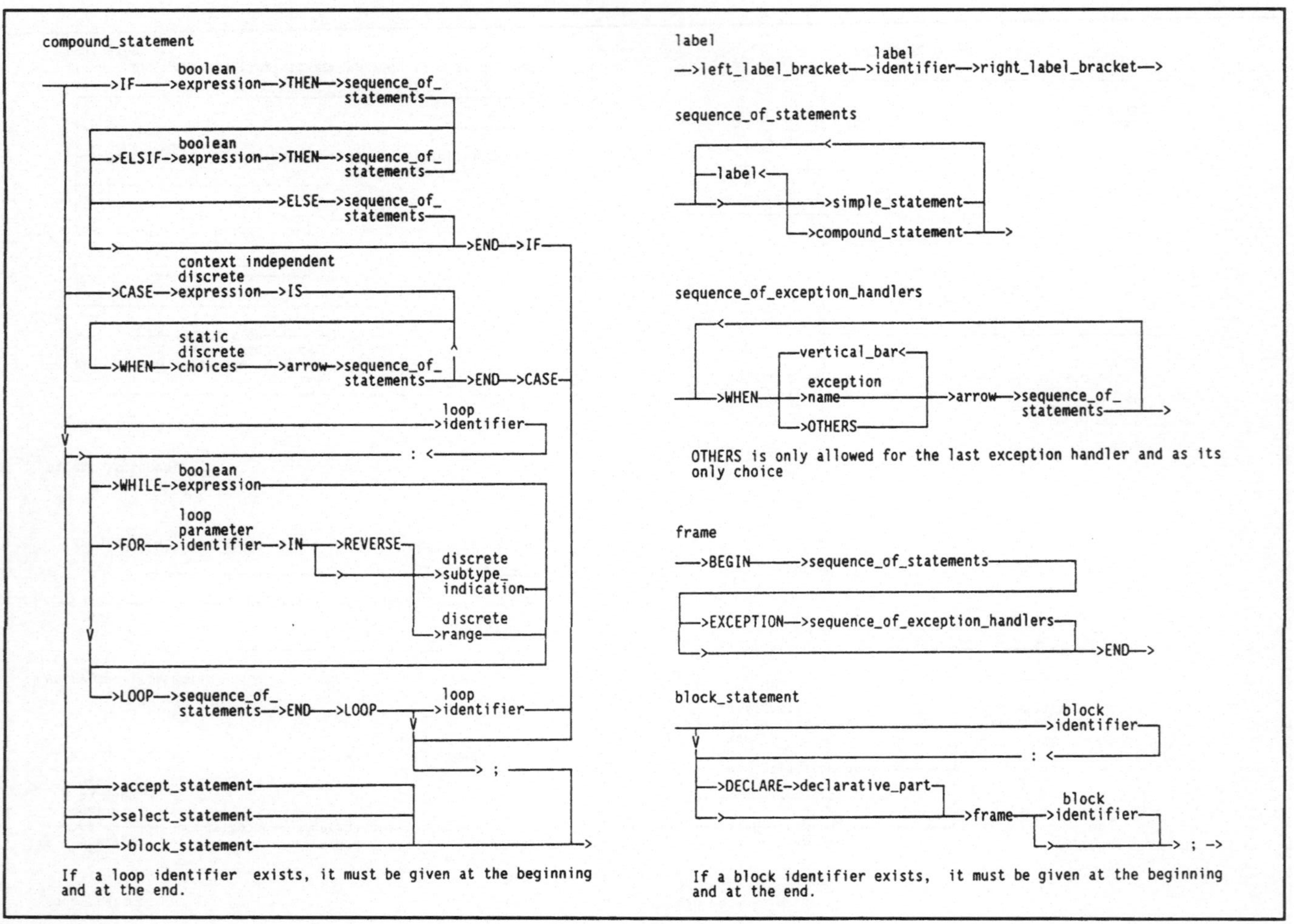

compound_statement
IF boolean expression THEN sequence_of_statements
ELSIF boolean expression THEN sequence_of_statements
ELSE sequence_of_statements
END IF
CASE context independent discrete expression IS
WHEN static discrete choices arrow sequence_of_statements END CASE
loop identifier :
WHILE boolean expression
FOR loop parameter identifier IN REVERSE
discrete subtype_indication
discrete range
LOOP sequence_of_statements END LOOP loop identifier
;
accept_statement
select_statement
block_statement
If a loop identifier exists, it must be given at the beginning and at the end.

label
left_label_bracket identifier label right_label_bracket

sequence_of_statements
label
simple_statement
compound_statement

sequence_of_exception_handlers
vertical_bar
WHEN exception name arrow sequence_of_statements
OTHERS
OTHERS is only allowed for the last exception handler and as its only choice

frame
BEGIN sequence_of_statements
EXCEPTION sequence_of_exception_handlers
END

block_statement
block identifier :
DECLARE declarative_part frame block identifier ; ->
If a block identifier exists, it must be given at the beginning and at the end.

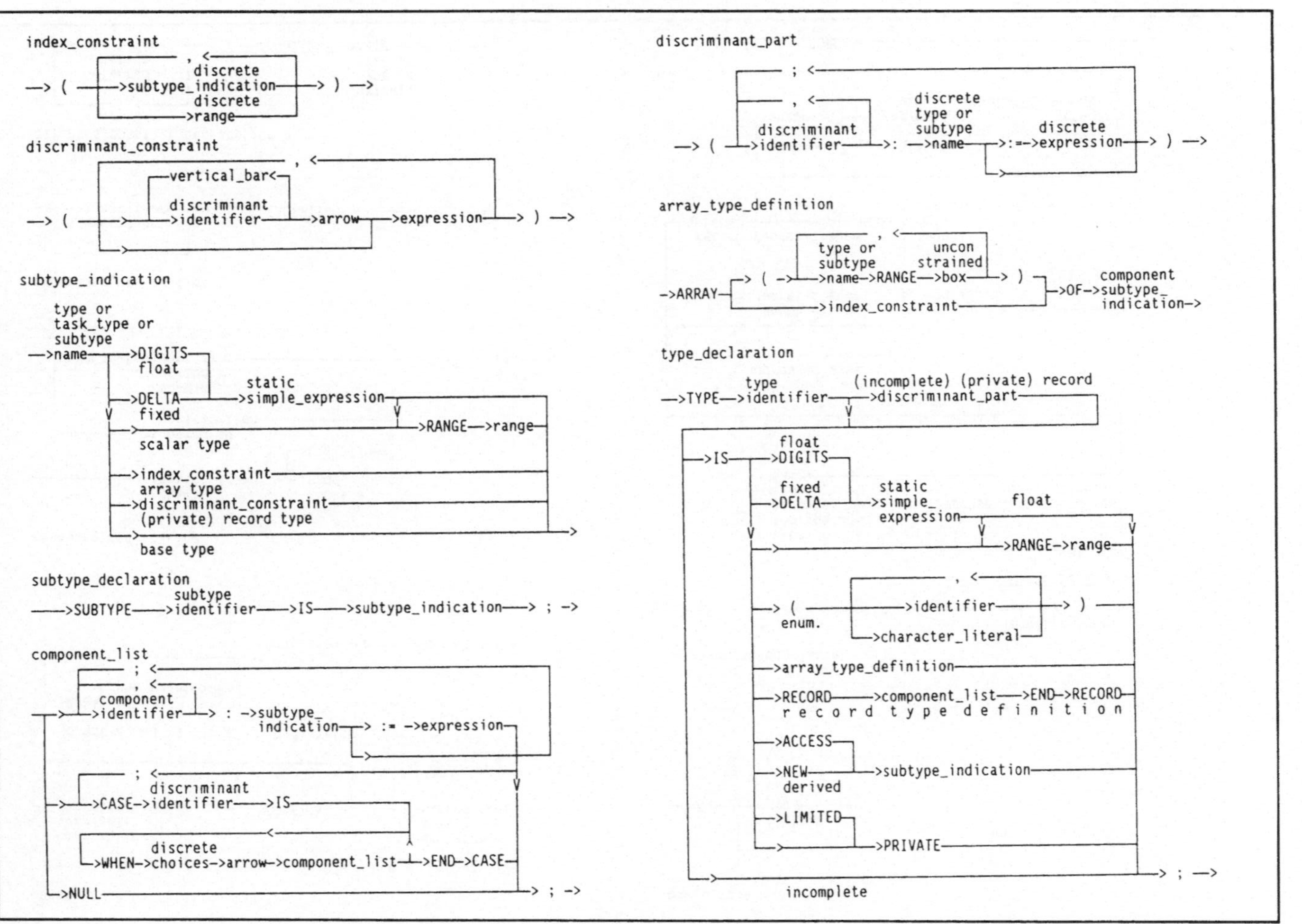

index_constraint
, <
discrete
->subtype_indication ->) ->
discrete
->range
-> (

discriminant_constraint
vertical_bar<
, <
discriminant
->identifier ->arrow ->expression ->) ->
-> (

subtype_indication
type or
task_type or
subtype
->name ->DIGITS
float
static
->DELTA ->simple_expression
fixed
->RANGE ->range
scalar type
->index_constraint
array type
->discriminant_constraint
(private) record type
->
base type

subtype_declaration
subtype
->SUBTYPE ->identifier ->IS ->subtype_indication -> ; ->

component_list
; <
component , <
->identifier -> : ->subtype_
indication -> : = ->expression
->
; <
discriminant
->CASE ->identifier ->IS
<
discrete
->WHEN ->choices ->arrow ->component_list ->END ->CASE
->NULL -> ; ->

discriminant_part
; <
, <
discrete
type or
discriminant subtype discrete
->identifier -> : ->name -> : = ->expression ->) ->
->
-> (

array_type_definition
type or , <
subtype uncon
strained
->name ->RANGE ->box ->)
component
->OF ->subtype_
indication->
->ARRAY -> (-> ->index_constraint

type_declaration
type (incomplete) (private) record
->TYPE ->identifier ->discriminant_part
float
->IS ->DIGITS
fixed static
->DELTA ->simple_
expression float
->RANGE ->range
, <
-> (->identifier ->)
enum. ->character_literal
->array_type_definition
->RECORD ->component_list ->END ->RECORD
r e c o r d   t y p e   d e f i n i t i o n
->ACCESS
->NEW ->subtype_indication
derived
->LIMITED
->PRIVATE
-> ; ->
incomplete

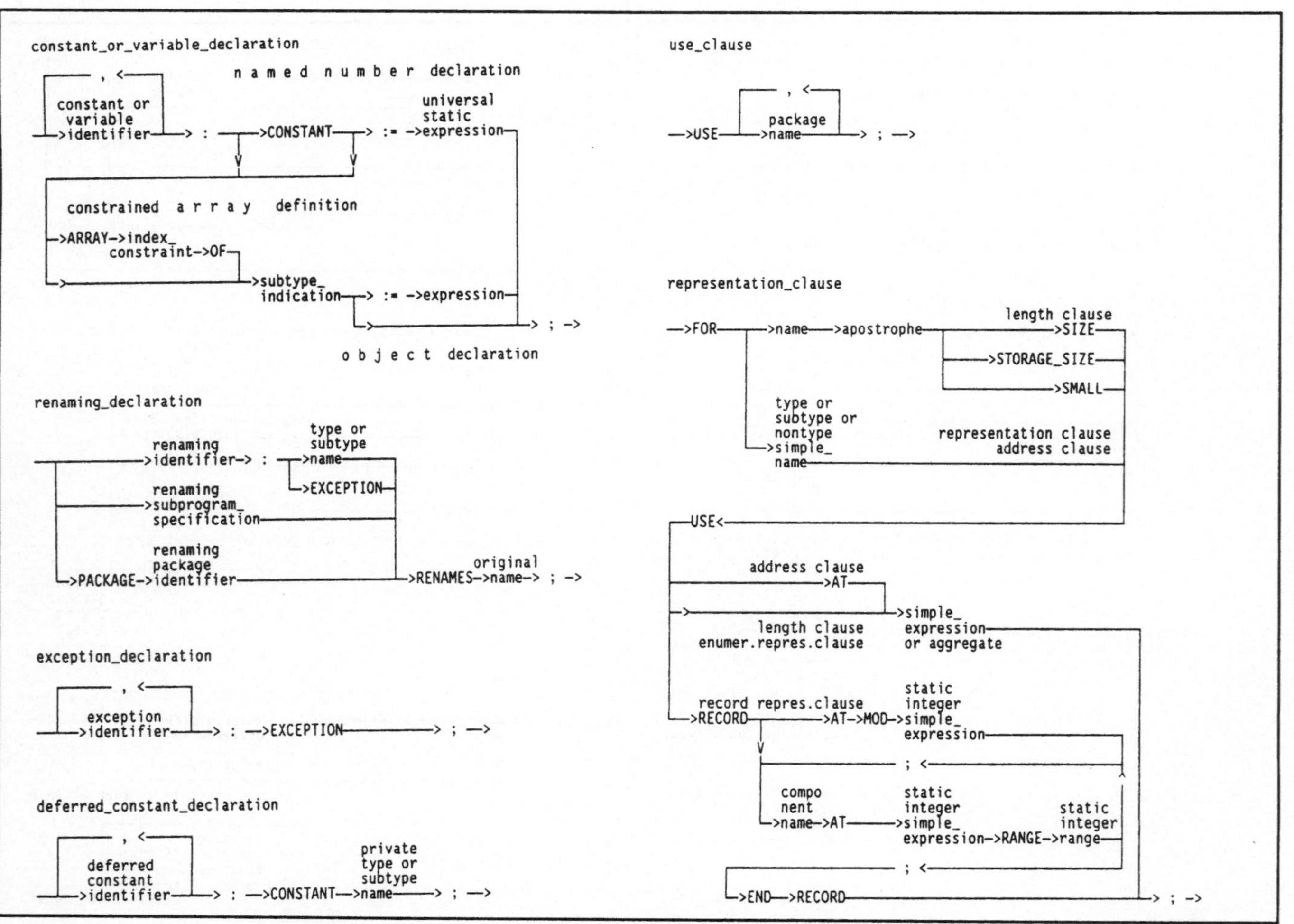

constant_or_variable_declaration
named number declaration
constant or variable
->identifier-> : ->CONSTANT-> := ->expression
universal static
constrained array definition
->ARRAY->index_constraint->OF-
->subtype_indication-> := ->expression
> ; ->
object declaration
use_clause
->USE-->package ->name-> ; ->
representation_clause
->FOR-->name-->apostrophe
length clause
->SIZE
->STORAGE_SIZE
->SMALL
type or subtype or nontype ->simple_name
representation clause
address clause
USE<
address clause
->AT
->simple_expression or aggregate
length clause
enumer.repres.clause
record repres.clause
->RECORD-->AT->MOD->simple_expression
static integer
compo nent ->name->AT->simple_expression->RANGE->range
static integer
->END->RECORD-> ; ->
renaming_declaration
renaming ->identifier-> :
type or subtype ->name
->EXCEPTION
renaming ->subprogram_specification
renaming package ->PACKAGE->identifier
->RENAMES->name-> ; ->
original
exception_declaration
exception ->identifier-> : ->EXCEPTION-> ; ->
deferred_constant_declaration
deferred constant ->identifier-> : ->CONSTANT-->name-> ; ->
private type or subtype

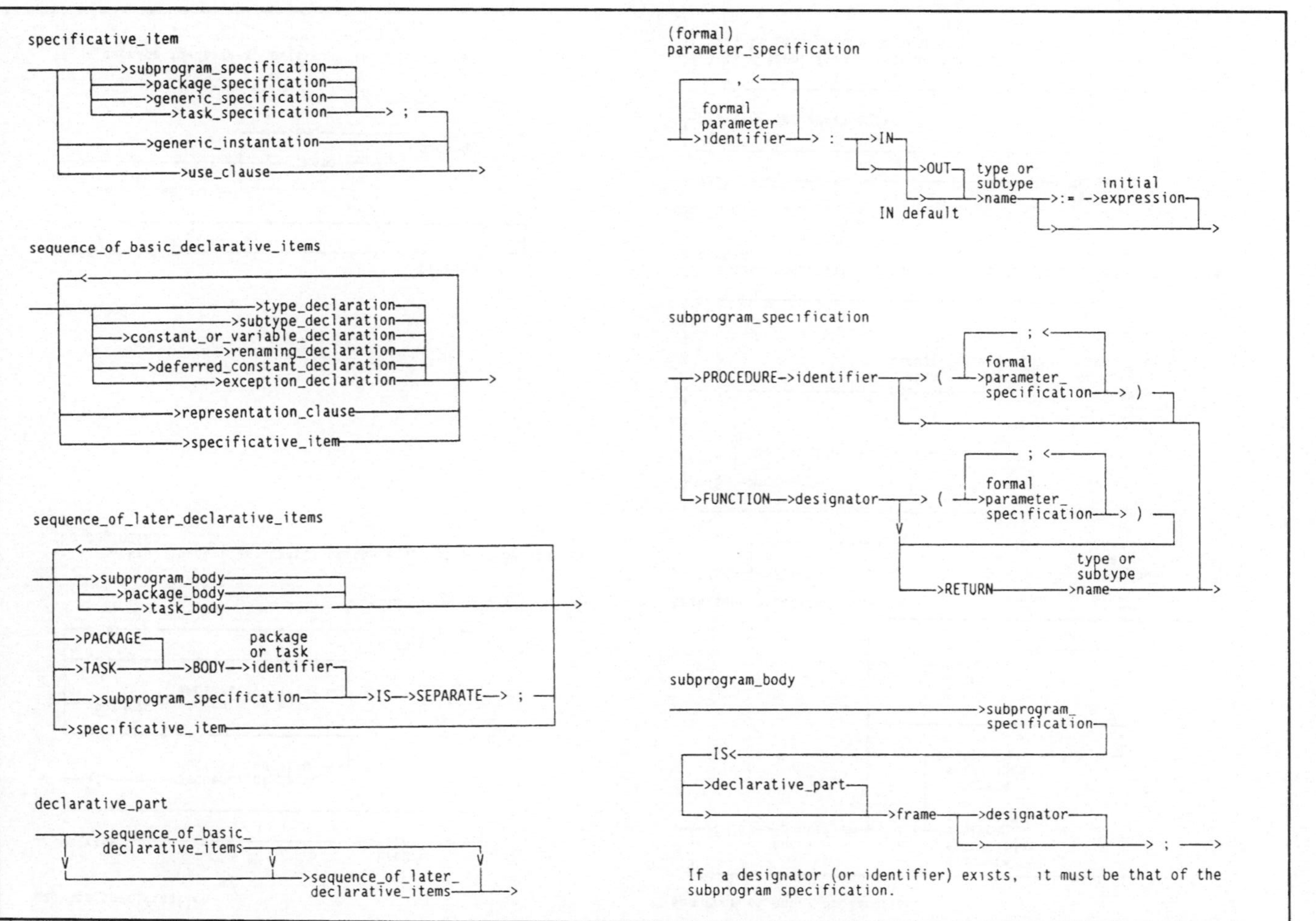
specificative_item
>subprogram_specification
>package_specification
>generic_specification
>task_specification
>generic_instantation
>use_clause

sequence_of_basic_declarative_items
>type_declaration
>subtype_declaration
>constant_or_variable_declaration
>renaming_declaration
>deferred_constant_declaration
>exception_declaration
>representation_clause
>specificative_item

sequence_of_later_declarative_items
>subprogram_body
>package_body
>task_body
>PACKAGE
package
or task
>TASK >BODY >identifier
>subprogram_specification >IS >SEPARATE > ;
>specificative_item

declarative_part
>sequence_of_basic_
declarative_items
>sequence_of_later_
declarative_items

(formal)
parameter_specification
, <
formal
parameter
>identifier > : >IN
>OUT
type or
subtype
>name >:= ->expression
initial
IN default

subprogram_specification
; <
formal
>PROCEDURE->identifier > (>parameter_
specification >)
; <
formal
>FUNCTION >designator > (>parameter_
specification >)
type or
subtype
>RETURN >name

subprogram_body
>subprogram_
specification
IS<
>declarative_part
>frame >designator
> ;

If a designator (or identifier) exists, it must be that of the
subprogram specification.

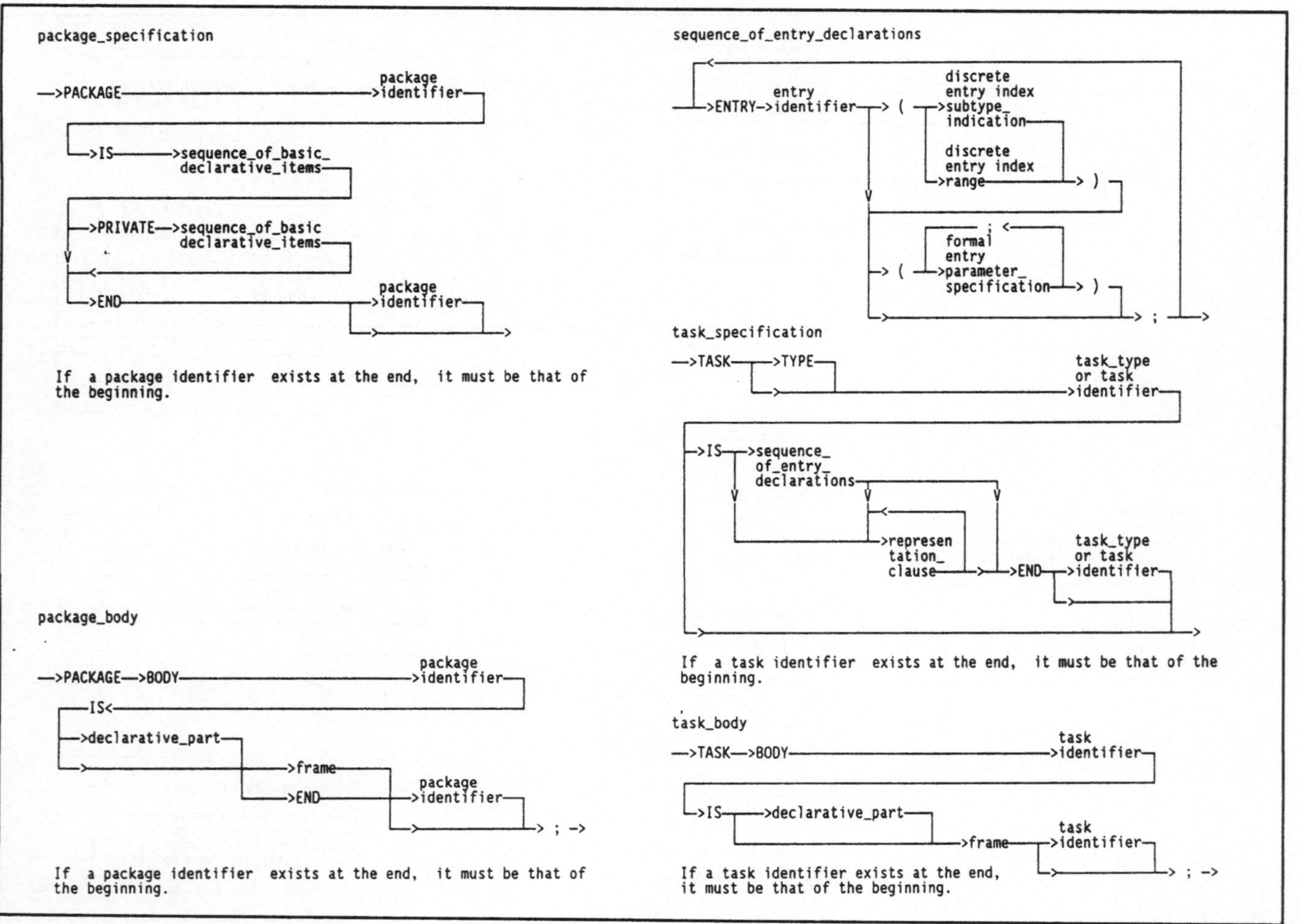
package_specification
—>PACKAGE >identifier package
>IS >sequence_of_basic_ declarative_items
>PRIVATE—>sequence_of_basic declarative_items
>END >identifier package
If a package identifier exists at the end, it must be that of the beginning.

package_body
—>PACKAGE—>BODY >identifier package
—IS<
—>declarative_part
>frame
>END >identifier package
> ; ->
If a package identifier exists at the end, it must be that of the beginning.

sequence_of_entry_declarations
>ENTRY->identifier entry (>subtype_ indication discrete entry index
>range discrete entry index)
(>parameter_ specification formal entry)
> ;

task_specification
—>TASK—>TYPE task_type or task >identifier
>IS—>sequence_ of_entry_ declarations
>represen tation_ clause >END task_type or task >identifier
If a task identifier exists at the end, it must be that of the beginning.

task_body
—>TASK—>BODY task >identifier
>IS—>declarative_part >frame task >identifier > ; ->
If a task identifier exists at the end, it must be that of the beginning.

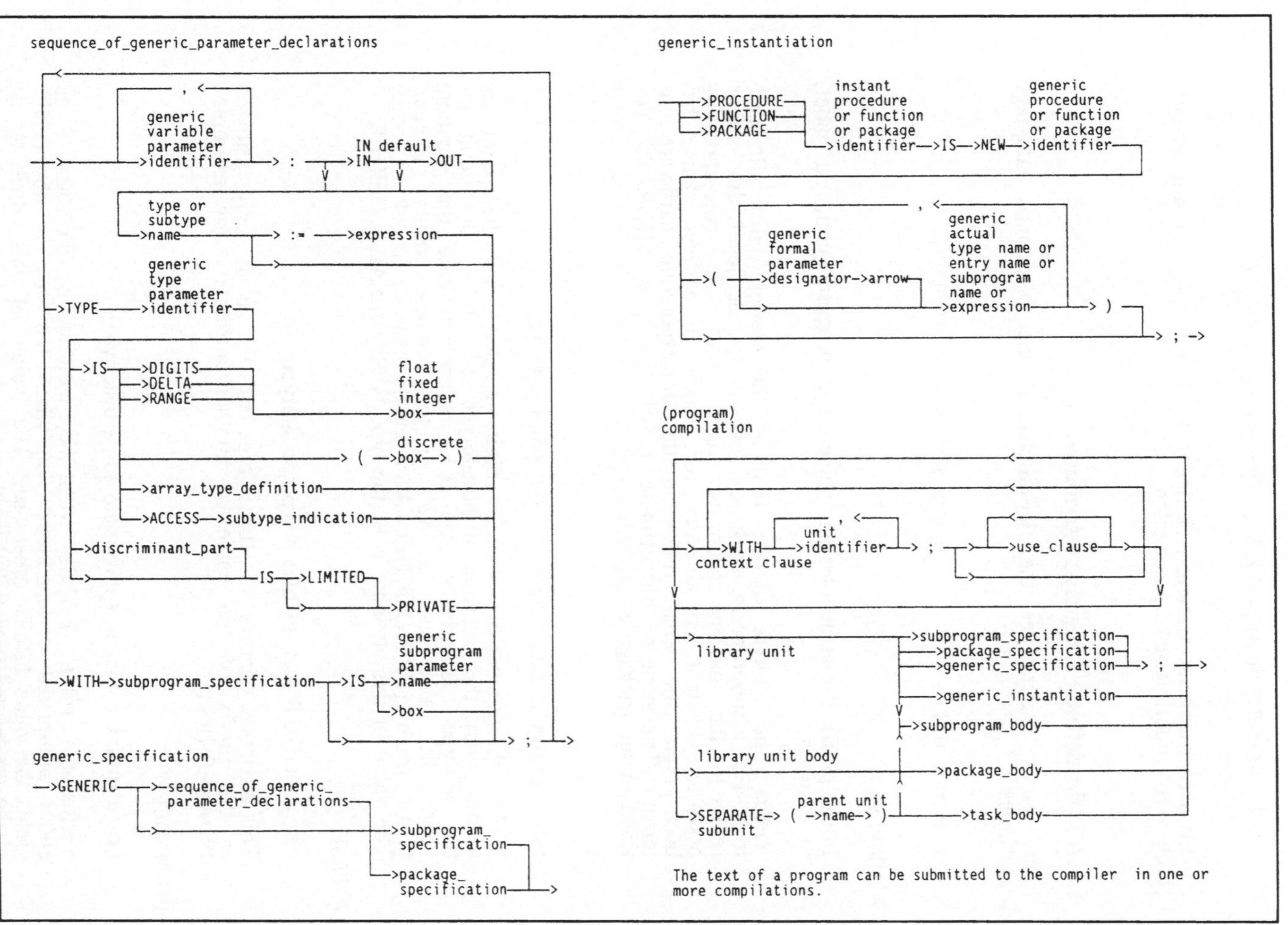

sequence_of_generic_parameter_declarations
generic variable parameter >identifier
: IN default >IN >OUT
type or subtype >name
> := >expression
generic type parameter >identifier
>TYPE
>IS >DIGITS >DELTA >RANGE
float fixed integer >box
discrete > (->box->)
>array_type_definition
>ACCESS >subtype_indication
>discriminant_part
IS >LIMITED
>PRIVATE
generic subprogram parameter
>WITH >subprogram_specification >IS >name
>box
> ;
generic_specification
->GENERIC >sequence_of_generic_parameter_declarations
>subprogram_specification
>package_specification

generic_instantiation
>PROCEDURE >FUNCTION >PACKAGE
instant procedure or function or package
>identifier >IS >NEW
generic procedure or function or package >identifier
generic formal parameter >designator >arrow
generic actual type name or entry name or subprogram name or >expression
> (>)
> ; ->

(program) compilation
>WITH unit >identifier > ;
context clause
>use_clause
library unit
>subprogram_specification
>package_specification
>generic_specification
>generic_instantiation
>subprogram_body
library unit body
>package_body
>SEPARATE-> (->name->)
parent unit subunit
>task_body
> ;

The text of a program can be submitted to the compiler in one or more compilations.

A.2   STANDARD-BIBLIOTHEK (Predefined Library)

Im nachfolgenden Anhang A.2 findet der Leser eine Zusammenstellung von vordefinierten Sprachteilen.

A.2.A   Predefined Language Attributes

This annex summarizes the definitions of the predefined language attributes.

A t t r i b u t e   M e a n i n g

P'ADDRESS

For a prefix P that denotes an object, a program unit, a label, or an entry:

Yields the address of the first of the storage units allocated to P. For a subprogram, package, task unit, or label, this value refers to the machine code associated with the corresponding body or statement. For an entry for which an address clause has been given, the value refers to the corresponding hardware interrupt. The value of this attribute is of the type ADDRESS defined in the package SYSTEM.

P'AFT

For a prefix P that denotes a fixed point subtype:

Yields the number of decimal digits needed after the point to accommodate the precision of the subtype P, unless the delta of the subtype P is greater than 0.1, in which case the attribute yields the value one. (P'AFT is the smallest positive integer N for which (10**N)*P'DELTA is greater than or equal to one.) The value of this attribute is of the type 'UNIVERSAL_INTEGER'

P'BASE

For a prefix P that denotes a type or subtype:

This attribute denotes the base type of P. It is only allowed as the prefix of the name of another attribute: for example, P'BASE'FIRST.

P'CALLABLE

For a prefix P that is appropriate for a task type:

Yields the value FALSE when the execution of the task P is either completed or terminated, or when the task is abnormal; yields the value TRUE otherwise. The value of this attribute is of the predefined type BOOLEAN.

P'CONSTRAINED

For a prefix P that denotes an object of a type with discriminants:

Yields the value TRUE if a discriminant constrained applies to the object P, or if the object is a constant (including a formal parameter or generic formal parameter of mode in); yields the value FALSE otherwise. If P is a generic formal parameter of mode in out, or if P is a formal parameter of mode in out or out and the type mark given in the corresponding parameter specification denotes an unstrained type with discriminants, the value of this attribute is obtained from that of the corresponding actual parameter. The value of this attribute is of predefined type BOOLEAN.

For a prefix P that denotes a private type or subtype:

Yields the value FALSE if P denotes an unconstrained nonformal private type with discriminants; also yields the value FALSE if P denotes a generic formal private type and the associated actual subtype is either an unconstrained type with discriminants or an unconstrained array type; yields the value TRUE otherwise. The value of this attribute is of the predefined type BOOLEAN.

P'COUNT

For a prefix P that denotes an entry of a task unit:

Yields the number of entry calls presently queued on the entry (if the attribute is evaluated within an accept statement for the entry P, the count does not include the calling task). The value of this attribute is of the type 'UNIVERSAL_INTEGER'.

P'DELTA

For a prefix P that denotes a fixed point subtype:

Yields the value of the delta specified in the fixed accuracy definition for the subtype P. The value of this attribute is of the type 'UNIVERSAL_REAL'.

P'DIGITS

For a prefix P that denotes a floating point subtype:

Yields the number of decimal digits in the decimal mantissa of model numbers of the subtype P. (This attribute yields the number D). The value of this attribute is of the type 'UNIVERSAL_INTEGER'.

P'EMAX

For a prefix P that denotes a floating point subtype:

Yields the largest exponent value in the binary canonical form of model numbers of the subtype P. (This attribute yields the product 4*B). The value of this attribute is of the type 'UNIVERSAL_INTEGER'. P'EMAX=4*P'MANTISSA.

P'EPSILON

For a prefix P that denotes a floating point subtype:

Yields the abolute value of the difference between the model number 1.0 and the next model number above, for the subtype P. The value of this attribute is of the type 'UNIVERSAL_REAL'. P'EPSILON=2.0**(1-P'MANTISSA) .

P'FIRST

For a prefix P that denotes a scalar type, or a subtype of a scalar type:

Yields the lower bound of P. The value of this attribute has the same type as P.

For a prefix P that is appropriate for an array type, or that denotes a constrained array subtype:

Yields the lower bound of the first index range. The value of this attribute has the same type as this lower bound.

P'FIRST(N)

For a prefix P that is appropriate for an array type, or that denotes a constrained array subtype:

Yields the lower bound of the N-th index range. The value of this attribute has the same type as this lower bound. The argument N must be a staic expression of the type universal_integer. The value of N must be positive (nonzero) and no greater than the dimensionality of the array.

P'FIRST_BIT

For a prefix P that denotes a component of a record object:

Yields the offset, from the start of the first storage units occupied by the component, of the first bit occupied by the component. This offset is measured in bits. The value of this attribute is of the type 'UNIVERSAL_INTEGER'.

P'FORE

For a prefix P that denotes a fixed point subtype:

Yields the minimum number of characters needed for the integer part of the decimal representation of any value of the subtype P, assuming that the representation does not include an exponent, but includes a one-character prefix that is either a minus sign or a space. (This minimum number does not include superfluous zeros or underlines, and is at least two.) The value of this attribute is of the type 'UNIVERSAL_INTEGER'.

P'IMAGE

For a prefix P that denotes a discrete type or subtype:

This attribute is a function with a single parameter. The actual parameter X must be a value of the base type of P. The result type is the predefined type STRING. The result is the image of the value of X, that is, a sequence of characters representing the value in display form. The image of an integer value is the corresponding decimal literal; without underlines, leading zeros, exponent, or trailing spaces; but with a one character prefix that is either a minus sign or a space.

The image of an enumeration value is either the corresponding identifier in upper case or the corresponding character literal (including the two apostrophes); neither leading nor trailing spaces are included. The image of a character other than a graphic character is implementation-defined.

P'LARGE

For a prefix P that denotes a real subtype:

The attribute yields the largest positive model number of the subtype P. The value of this attribute is of the type 'UNIVERSAL_REAL'.
P'LARGE=2.0**P'EMAX*(1.0-2.0**(-P'MANTISSA)) (float. pt.P)
P'LARGE=P'SMALL*(2**P'MANTISSA-1) (fixed point.P)

P'LAST

For a prefix P that denotes a scalar type, or a subtype of a scalar type:

Yields the upper bound of P. The value of this attribute has the same type as P.

For a prefix P that is appropriate for an array type, or that denotes a constrained array subtype:

Yields the upper bound of the first index range. The value of this attribute has the same type as this upper bound.

P'LAST(N)

For a prefix P that is appropriate for an array type, or that denotes a constrained array subtype:

Yields the upper bound of the N-th index range. The value of this attribute has the same type as this upper bound. The argument N must be a static expression of the type universal_integer. The value of N must be positive (nonzero) and not greater than the dimensionality of the array.

P'LAST_BIT

For a prefix P that denotes a component of a record object:

Yields the offset, from the start of the first of the storage units occupied by the component, of the last bit occupied by the component. This offset is measured in bits. The value of this attribute is of the type 'UNIVERSAL_INTEGER'.

P'LENGTH

For a prefix P that is appropriate for an array type, or that denotes a constrained array subtype:

Yields the number of values of the first index range (zero for a null range). The value of this attribute is of the type 'UNIVERSAL_INTEGER' .
P'LENGTH=P'LAST-P'FIRST+1   for integer index, not null array.

P'LENGTH(N)

For a prefix P that is appropriate for an array type, or that denotes a constrained array subtype:

Yields the number of values of the N-th index range (zero for a null range). The value of this attribute is of the type 'UNIVERSAL_INTEGER'. The argument N must be a static expression of the type 'UNIVERSAL_INTEGER'. The value of N must be positive nonzero) and no greater than the dimensionality of the array.
P'LENGTH(N)=P'LAST(N)-P'FIRST(N)+1   (integer N, P not null)

P'MACHINE_EMAX

For a prefix P that denotes a floating point type or subtype:

Yields the largest value of exponent for the machine representation of the base type of P. The value of this attribute is of the type 'UNIVERSAL_INTEGER'.

P'MACHINE_EMIN

For a prefix P that denotes a floating point type or subtype:

Yields the smallest (most negative) value of exponent for the machine representaion of the base type of P. The value of this attribute is of the type 'UNIVERSAL_INTEGER'.

P'MACHINE_MANTISSA

For a prefix P that denotes a floating point type or subtype:

Yields the number of digits in the mantissa for the machine representation of the base type of P (the digits are extended digits in the range 0 to P'MACHINE_RADIX-1). The value of this attribute is of the type 'UNIVERSAL_INTEGER'.

P'MACHINE_OVERFLOWS

For a prefix P that denotes a real type or subtype:

Yields the value TRUE if every predefined operation on values of the base type of P either provides a correct result or raises the exception NUMERIC_ERROR in overflow situations; yields the value FALSE otherwise. The value of this attribute is of the predefined type BOOLEAN.

P'MACHINE_RADIX

For a prefix P that denotes a floating point type or subtype:

Yields the value of the radix used by the machine representation of the base type of P. The value of this attribute is of the type 'UNIVERSAL_INTEGER'.

P'MACHINE_ROUNDS

For a prefix P that denotes a real type or subtype:

Yields the value TRUE if every predefined arithmetic operation on values of the base type of P either returns an exact result or performs rounding; yields the value FALSE otherwise. The value of this attribute is of the predefined type BOOLEAN.

P'MANTISSA

For a prefix P that denotes a real subtype:

Yields the number of binary digits in the binary mantissa of model numbers of the subtype P. (This attribute yields the number B for a floating point type, or for a fixed point type.) The value of this attribute is of the type 'UNIVERSAL_INTEGER'

P'POS

For a prefix P that denotes a discrete type or subtype:

This attribute is a function with a single parameter. The actual parameter X must be a value of the base type of P. The result type is of the type 'UNIVERSAL_INTEGER'. The result is the position number of the value of the actual parameter.

P'POSITION

For a prefix P that denotes a component of a record object:

Yields the offset, from the start of the first storage unit occupied by the record, of the first of the storage units occupied by the component. This offset is measured in storage units. The value of this attribute is of the type 'UNIVERSAL_INTEGER'.

P'PRED

For a prefix P that denotes a discrete type or subtype:

This attribute is a function with a single parameter. The actual parameter X must be a value of the base of P. The result type is the base type of P. The result is the value whose position number is one less than that of X. The expression CONSTRAINED_ERROR is raised if X equals P'BASE'FIRST.

P'RANGE

For a prefix P that is appropriate for an array type, or that denotes a constrained array subtype:

Yields the first index range of P, that is, the range P'FIRST..P'LAST

P'RANGE(N)

For a prefix P that is appropriate for an array type, or that denotes a constrained array subtype:

Yields the N-th index range of P, that is, the range P'FIRST(N) .. P'LAST(N)

P'SAFE_EMAX

For a prefix P that denotes a floating point type or subtype:

Yields the largest exponent value in the binary canonical form of safe numbers of the base type of P. (This attribute yields the number E). The value of this attribute is of the type 'UNIVERSAL_INTEGER'.
P'SAFE_EMAX>=P'BASE'EMAX

P'SAFE_LARGE

For a prefix P that denotes a real type or subtype:

Yields the largest positive safe number of the base type of P. The value of this attribute is of the type 'UNIVERSAL_REAL'.
P'SAFE_LARGE>=P'BASE'LARGE   for floating point P
P'SAFE_LARGE=P'BASE'LARGE   for fixed point P

P'SAFE_SMALL

For a prefix P that denotes a real type or subtype:

Yields the smallest positive (nonzero) safe number of the base type of P. The value of this attribute is of the type 'UNIVERSAL_REAL'.
P'SAFE_SMALL<=P'BASE'SMALL   for floating point P
P'SAFE_SMALL=P'BASE'SMALL   for fixed point P

P'SIZE

For a prefix P that denotes an object:

Yields the number of bits allocated to hold the object. The value if this attribute is of the type 'UNIVERSAL_INTEGER'.

For a prefix P that denotes any type or subtype:

Yields the minimum number of bits that is needed by the implementation to hold any possible object of the type or subtype P. The value of this attribute is of the type 'UNIVERSAL_INTEGER'.

P'SMALL

For a prefix P that denotes a real subtype:

Yields the smallest positive (nonzero) model of the subtype P. The value of this attribute is of the type 'UNIVERSAL_REAL'. P'SMALL=2.0**(-P'EMAX-1)

P'STORAGE_SIZE

For a prefix P that denotes an access type or subtype:

Yields the total number of storage units reserved for the collection associated with the base type of P. The value of this attribute is of the type 'UNIVERSAL_INTEGER'.

For a prefix P that denotes a task type or a task object:

Yields the number of storage units reseved for each activation of a task of the type P or for the task object P. The value of this attribute is of the type 'UNIVERSAL_INTEGER'.

P'SUCC

For a prefix P that denotes a discrete type or subtype:

This attribute is a function with a single parameter. The parameter X must be a value of the base type of P. The result type is the base type of P. The result is the value whose position number is one greater than that of X. The exception CONSTRAINT_ERROR is raised if X equals P'BASE'LAST.

P'TERMINATED

For a prefix P that is appropriate for a task type:

Yields the value TRUE if the task P is terminated; yields the value FALSE otherwise. The value of this attribute is of the predefined type BOOLEAN.

P'VAL

For a prefix P that denotes a discrete type or subtype:

This attribute is a special function with a single parameter X which can be of any integer type. The result type is base type of P. The result is the value whose position number is the 'UNIVERSAL_INTEGER' value corresponding to X . The exception CONSTRAINT_ERROR is raised if the 'UNIVERSAL_INTEGER' value corresponding to X is not in the range P'POS(P'BASE'FIRST) ..P'POS(P'BASE'LAST).

P'VALUE

For a prefix P that denotes a discrete type or subtype:

This attribute is a function with a single parameter.The actual parameter X must be a value of the predefined type STRING. The result type is the base type of P. Any leading and any tailing spaces of the sequence of characters that corresponds to X are ignored.

For an enumeration type, if the sequence of characters has the syntax of an enumeration literal and if this literal exists for the base type of P, the result is the corresponding enumeration value. For an integer type, if the sequence of characters has the syntax of an integer literal, with an optional single leading character that is a plus or minus sign, and if there is a corresponding value in the base type of P, the result is this value. In any other case, the exception CONSTRAINT_ERROR is raised.

P'WIDTH

For a prefix P that denotes a discrete subtype:

Yields the maximum image length over all values of the subtype (the image is the sequence of characters returned by the attribute IMAGE). The value of this attribute is of the type 'UNIVERSAL_INTEGER'.

A.2.B Predefined Language Pragmas

This annex summarizes the definitions of language-defined pragmas.

P r a g m a   M e a n i n g

CONTROLLED

> Takes the simple name of an access type as the single argument. This pragma is only allowed immediately within the declarative part or package specification that contains the declaration of the access type; the declaration must occur before the pragma. This pragma specifies that automatic storage reclamation must not be performed for objects designated by values of the access type, except upon leaving the innermost block statement, subprogram body, or task body that encloses the access type declaration, or after leaving the main program.

ELABORATE

> Takes one or more simple names denoting library units as arguments. This pragma is only allowed immediately after the context clause of a compilation unit (before the subsequent library unit or secondary unit). Each argument must be the simple name of a library unit mentioned by the context clause. This pragma specifies that the corresponding library unit body must be elaborated before the given compilation unit is a subunit, the library unit body must be elaborated before the body of the ancestor library unit of the subunit.

INLINE

> Takes one ore more names as arguments; each name is either the name of a subprogram or the name of a generic subprogram. This pragma is only allowed at the place of a declarative item in a declarative part or package specification, or after a library u-nit in a compilation, but before any subsequent compilation u-nit. This pragma specifies that the subprogram bodies should be expanded inline at each call whenever possible; in the case of a generic subprogram, the pragma applies to calls of its instantiations. For each call of the named subprograms, an implementation is free to follow or ignore the recommandation expressed by the pragma.

INTERFACE

> Takes a language name and a subprogram name as arguments. This pragma is allowed at the place of a declarative item, and must apply in this case to a subprogram declared by an earlier declarative part or package specification. This pragma is also allowed for a library unit; in this case the pragma must appear in the subprogram declaration, and before any subsequent compilation unit. This pragma specifies the other language (and thereby the calling conventions) and informs the compiler that an object module will be supplied for the corresponding subprogram. This pragma need not be provided by all implementations.

LIST

Takes one of the identifiers ON or OFF as the single argument.
This pragma is allowed anywhere a pragma is allowed. It specifies that listing of the compilation is to be continued or sus-
pended until a LIST pragma with the opposite argument is given
within the same compilation. The pragma itself is always listed
if the compiler is producing a listing.

MEMORY_SIZE

Takes a numeric literal as the single argument. This pragma is
only allowed at the start of a compilation, before the first
compilation unit (if any) of the compilation. The effect of
this pragma is to use the value of the specified numeric literal for the definition of the named number MEMORY_SIZE.

OPTIMIZE

Takes one of the identifiers TIME or SPACE as the single argument. This pragma is only allowed within a declarative part and
it applies to the block or body enclosing the declarative part.
It specifies whether time or space is the primary optimization
criterion.

PACK

Takes the simple name of a record or array type as the single
argument. The allowed positions for this pragma, and the restrictions on the named type, are governed by the same rules as
for a representation clause. The pragma specifies that storage
minimization should be the main criterion when selecting the
representation of the given type.

PAGE

This pragma has no argument, and is allowed anywhere a pragma
is allowed. It specifies that the program text which follows
the pragma should start on a new page (if the compiler is currently producing a listing).

PRIORITY

Takes a static expression of the predefined integer subtype
PRIORITY as the single argument. This pragma is only allowed
within the specification of a task unit or immediately within
the outermost declarative part of a main program. It specifies
the priority of the task (or task of the task type) or the priority of the main program.

SHARED

Takes the simple name of a variable as the single argument.
This pragma is allowed only for a variable declared by an object declaration and whose type is a scalar or access type; the
variable declaration and the pragma must both occur (in this
order) immediately within the same declarative part or package
specification. This pragma specifies that every read or update
of the variable is a synchronization point for that variable.

An implementation must restrict the objects for which this pragma is allowed to objects for which each of direct reading and direct updating is implemented as an indivisible operation.

STORAGE_UNIT

Takes a numeric literal as the single argument. This pragma is only allowed at the start of a compilation, before the first compilation unit (if any) of the compilation. The effect of this pragma is to use the value of the specified numeric literal for the definition of the named number STORAGE_UNIT.

SUPPRESS

Takes as arguments the identifier of a check and optionally also the name of either an object, a type or subtype, a subprogram, a task unit, or a generic unit. This pragma is only allowed either immediately within a declarative part or immediately within a package specification. In the latter case, the only allowed form is with a name that denotes an entity (or several overloaded subprograms) declared immediately with the package specification. The permission to omit the given check extends from the place of the pragma to the end of the declarative region associated with the innermost enclosing block statement or program unit. For a pragma given in a package specification, the permission extends to the end of the scope of the named entity.

If the pragma includes a name, the permission to omit the given check is further restricted: it is given only for operations on the named object or on all objects of the base type of a named type or subtype; for calls of a named subprogram; for activations of tasks of the named task type; or for instantiations of the given generic unit. The formal identifier of the name is ON.

The following checks correspond to situations in which the exception CONSTRAINT_ERROR may be raised; for these checks, the name (if present) must denote either an object or a type.

ACCESS_CHECK   When accessing a selected component, an indexed component, a slice, or an attribute, of an object designated by an access value, check that the access value is not null.

DISCRIMINANT_CHECK Check that a discriminant of a composite value has the value imposed by a discriminant constraint. Also, when accessing a record component, check that it exists for the current discriminant values.

INDEX_CHECK   Check that the bounds of an array value are equal to the corresponding bounds of an index constraint. Also, when accessing a component of an array object, check for each dimension that the given index value belongs to the range defined by the bounds of the array object. Also, when accessing a slice of an array object, check that the given discrete range is compatible with the range defined by the bounds of the array object.

LENGTH_CHECK   Check that there is a matching component for each component of an array, in the case of array assignments, type conversions, and logical operators for arrays of boolean components.

RANGE_CHECK   Check that a value satisfies a range constraint. Also, for the elaboration of a subtype indication, check that the constraint (if present) is compatible with the type mark. Also, for an aggregate, check that an index or discriminant value belongs to the corresponding subtype. Finally, check for any constraint checks performed by a generic instantiation.

The following checks correspond to situations in which the exception NUMERIC_ERROR is raised. The only allowed names in the corresponding pragmas are names of numeric types.

DIVISION_CHECK   Check that the second operand is not zero in the operations /, REM, MOD.
OVERFLOW_CHECK Check that the result of a numeric operation does not overflow.

The following check corresponds to situations in which the exception PROGRAM_ERROR is raised. The only allowed names in the corresponding pragmas are names denoting task units, generic units, or subprograms.

ELABORATION_CHECK When either a subprogram is called, a task activation is accomplished, or a generic instantiation is elaborated, check that the body of the corresponding unit has already been elaborated.

The following check corresponds to situations in which the exception STORAGE_ERROR is raised. The only allowed names in the corresponding pragmas are names denoting access types, task units, or subprograms.

STORAGE_CHECK   Check that execution of an allocator does not require more space than is available for a collection. Check that the space available for a task or subprogram has not succeeded.

For certain implementations, it may be impossible or too costly to suppress certain checks. The corresponding pragma SUPPRESS can be ignored.

SYSTEM_NAME

Takes an enumeration literal as the single argument. This pragma is only allowed at the start of a compilation, before the first compilation unit (if any) of the compilation. The effect of this pragma is to use the enumeration literal with the specified identifier for the definition of the constant SYSTEM_NAME. This pragma is only allowed if the specified identifier corresponds to one of the literals of the type NAME declared in the package SYSTEM.

A.2.C   The Predefined Language Environment STANDARD

This annex outlines the specification of the package STANDARD
containing all predefined identifiers in the language .

The operators that are predefined for the types declared in the
package STANDARD are given in comments since they are implicitly
declared. Apostrophes are used for pseudo-names of anonymous types
(such as 'IMPLEMENTATION_DEFINED' or 'UNIVERSAL_REAL').
Lower case letters are used for other undefined information (such
as predefined or any fixed point type).

```
PACKAGE STANDARD IS

TYPE BOOLEAN IS (FALSE,TRUE);

  -- The  predefined  relational  operators  for  this type are as
  -- follows:

  -- FUNCTION "="   (LEFT,RIGHT:BOOLEAN) RETURN BOOLEAN;
  -- FUNCTION "/="  (LEFT,RIGHT:BOOLEAN) RETURN BOOLEAN;
  -- FUNCTION "<"   (LEFT,RIGHT:BOOLEAN) RETURN BOOLEAN;
  -- FUNCTION "<="  (LEFT,RIGHT:BOOLEAN) RETURN BOOLEAN;
  -- FUNCTION ">"   (LEFT,RIGHT:BOOLEAN) RETURN BOOLEAN;
  -- FUNCTION ">="  (LEFT,RIGHT:BOOLEAN) RETURN BOOLEAN;

  -- The  predefined  logical operators and the predefined logical
  -- negation operator are as follows:

  -- FUNCTION "AND"(LEFT,RIGHT:BOOLEAN) RETURN BOOLEAN;
  -- FUNCTION "OR" (LEFT,RIGHT:BOOLEAN) RETURN BOOLEAN;
  -- FUNCTION "XOR"(LEFT,RIGHT:BOOLEAN) RETURN BOOLEAN;
  -- FUNCTION "NOT"(     RIGHT:BOOLEAN) RETURN BOOLEAN;

  -- In addition there are short-circuit forms  AND THEN  for AND,
  -- and OR ELSE for OR,  in which the left operand is always eva-
  -- luated first.


  -- The universal type 'UNIVERSAL_INTEGER' is predefined.

TYPE INTEGER IS 'IMPLEMENTATION_DEFINED';

  -- The predefined operators for this type are as follows:

  -- FUNCTION "="   (LEFT,RIGHT:INTEGER) RETURN BOOLEAN;
  -- FUNCTION "/="  (LEFT,RIGHT:INTEGER) RETURN BOOLEAN;
  -- FUNCTION "<"   (LEFT,RIGHT:INTEGER) RETURN BOOLEAN;
  -- FUNCTION "<="  (LEFT,RIGHT:INTEGER) RETURN BOOLEAN;
  -- FUNCTION ">"   (LEFT,RIGHT:INTEGER) RETURN BOOLEAN;
  -- FUNCTION ">="  (LEFT,RIGHT:INTEGER) RETURN BOOLEAN;

  -- FUNCTION "+"   (     RIGHT:INTEGER) RETURN INTEGER;
  -- FUNCTION "-"   (     RIGHT:INTEGER) RETURN INTEGER;
  -- FUNCTION "ABS"(     RIGHT:INTEGER) RETURN INTEGER;
```

```
-- FUNCTION "+"  (LEFT,RIGHT:INTEGER) RETURN INTEGER;
-- FUNCTION "-"  (LEFT,RIGHT:INTEGER) RETURN INTEGER;

-- FUNCTION "*"  (LEFT,RIGHT:INTEGER) RETURN INTEGER;
-- FUNCTION "/"  (LEFT,RIGHT:INTEGER) RETURN INTEGER;
-- FUNCTION "REM"(LEFT,RIGHT:INTEGER) RETURN INTEGER;

-- The sign of LEFT REM RIGHT is that of LEFT,
-- for  example:    1 REM -3 = 1 and -1 REM 3 = -1   .

-- FUNCTION "MOD"(LEFT,RIGHT:INTEGER) RETURN INTEGER;

-- The sign of LEFT MOD RIGHT is that of RIGHT,
-- for example:     1 MOD -3 = -2 and -1 MOD 3 = 2   .

-- FUNCTION "**" (LEFT,RIGHT:INTEGER) RETURN INTEGER;

-- In LEFT ** RIGHT , RIGHT must be not negative.

   -- An implementation may provide additional predefined
   -- integer types. It is recommended that the names of such
   -- additional types end with INTEGER as in SHORT_INTEGER
   -- or LONG_INTEGER. The specification of each operator
   -- for the type 'UNIVERSAL_INTEGER', or for any additional
   -- predefined integer type, is obtained by replacing INTEGER
   -- by the name of the type in the specification of the
   -- corresponding operator of the type INTEGER, except for
   -- the right operand of the exponentiating operator.


-- In  addition the relational operators are defined for any sca-
-- lar type that is not limited.


-- The universal type 'UNIVERSAL_REAL' is predefined.


TYPE FLOAT IS 'IMPLEMENTATION_DEFINED';

-- The predefined operators for this type are as follows:

-- FUNCTION "="   (LEFT,RIGHT:FLOAT) RETURN BOOLEAN;
-- FUNCTION "/="  (LEFT,RIGHT:FLOAT) RETURN BOOLEAN;
-- FUNCTION "<"   (LEFT,RIGHT:FLOAT) RETURN BOOLEAN;
-- FUNCTION "<="  (LEFT,RIGHT:FLOAT) RETURN BOOLEAN;
-- FUNCTION ">"   (LEFT,RIGHT:FLOAT) RETURN BOOLEAN;
-- FUNCTION ">="  (LEFT,RIGHT:FLOAT) RETURN BOOLEAN;

-- FUNCTION "+"   (     RIGHT:FLOAT) RETURN FLOAT;
-- FUNCTION "-"   (     RIGHT:FLOAT) RETURN FLOAT;
-- FUNCTION "ABS" (     RIGHT:FLOAT) RETURN FLOAT;

-- FUNCTION "+"  (LEFT,RIGHT:FLOAT) RETURN FLOAT;
-- FUNCTION "-"  (LEFT,RIGHT:FLOAT) RETURN FLOAT;
-- FUNCTION "*"  (LEFT,RIGHT:FLOAT) RETURN FLOAT;
-- FUNCTION "/"  (LEFT,RIGHT:FLOAT) RETURN FLOAT;

-- FUNCTION "**" (LEFT:FLOAT;RIGHT:INTEGER) RETURN FLOAT;
```

```
    --   An implementation may provide additional floating point
    --   types. It is recommended that the names of such additional
    --   types end with FLOAT as in SHORT_FLOAT or LONG_FLOAT.
    --   The specification of each operator for the type
    --   'UNIVERSAL_REAL' or for any additional predefined
    --   floating point type, is obtained by replacing FLOAT
    --   by the name of the type in the specification of the
    --   corresponding operator of the type FLOAT.


-- In  addition, the following operators  are predefined for uni-
-- versal types:

-- FUNCTION "*"(LEFT:'UNIVERSAL_INTEGER';
               RIGHT:'UNIVERSAL_REAL'     )RETURN'UNIVERSAL_REAL';
-- FUNCTION "*"(LEFT:'UNIVERSAL_REAL'    ;
               RIGHT:'UNIVERSAL_INTEGER')RETURN'UNIVERSAL_REAL';
-- FUNCTION "/"(LEFT:'UNIVERSAL_REAL'    ;
               RIGHT:'UNIVERSAL_INTEGER')RETURN'UNIVERSAL_REAL';


-- At least one anonymous fixed point type is predefined:

-- The  operations of an  ananymous fixed point type  include the
-- relational operators,  and the following arithmetic operators:
-- the unary and binary operators +  and -,   the multiplying ope-
-- rators *  and /,  and the operator ABS.


-- The type 'UNIVERSAL_FIXED' is predefined.

 -- The only operators for this type are

-- FUNCTION "*"(LEFT:any_fixed_point_type;
               RIGHT:any_fixed_point_type)
                                      RETURN'UNIVERSAL_FIXED';
-- FUNCTION "/"(LEFT:any_fixed_point_type;
               RIGHT:any_fixed_point_type)
                                      RETURN'UNIVERSAL_FIXED';




-- The  following characters form  the standard ASCII  character
-- set.  Character literals  corresponding  to control characters
-- are not identifiers; they have no apostrophe brackets  and are
-- indicated by lower case letters in this definition:



TYPE CHARACTER IS


(nul, soh, stx, etx,    eot, enq, ack, bel,
 bs,  ht,  lf,  vt,     ff,  cr,  so,  si,
 dle, dc1, dc2, dc3,    dc4, nak, syn, etb,
 can, em,  sub, esc,    fs,  gs,  rs,  us,
```

```
' ', '!', '"', '#',    '$', '%', '&', ''',
'(', ')', '*', '+',    ',', '-', '.', '/',
'0', '1', '2', '3',    '4', '5', '6', '7',
'8', '9', ':', ';',    '<', '=', '>', '?',

'@', 'A', 'B', 'C',    'D', 'E', 'F', 'G',
'H', 'I', 'J', 'K',    'L', 'M', 'N', 'O',
'P', 'Q', 'R', 'S',    'T', 'U', 'V', 'W',
'X', 'Y', 'Z', '[',    '\', ']', '^', '_',

'`', 'a', 'b', 'c',    'd', 'e', 'f', 'g',
'h', 'i', 'j', 'k',    'l', 'm', 'n', 'o',
'p', 'q', 'r', 's',    't', 'u', 'v', 'w',
'x', 'y', 'z', '{',    '|', '}', '~', del);

-- 128  ASCII character set without holes

FOR CHARACTER USE (0,1,2,3,...,127);


-- The predefined operators for the type  CHARACTER are the same
-- as for any enumeration type.



PACKAGE ASCII IS


-- Control characters:

   NUL :CONSTANT CHARACTER:= nul;      -- Null
   SOH :CONSTANT CHARACTER:= soh;      -- Start of Heading
   STX :CONSTANT CHARACTER:= stx;      -- Start of Text
   ETX :CONSTANT CHARACTER:= etx;      -- End of Text

   EOT :CONSTANT CHARACTER:= eot;      -- End of Transmission
   ENQ :CONSTANT CHARACTER:= enq;      -- Enquiry
   ACK :CONSTANT CHARACTER:= ack;      -- Acknowledge
   BEL :CONSTANT CHARACTER:= bel;      -- Bell

   BS  :CONSTANT CHARACTER:= bs ;      -- Backspace
   HT  :CONSTANT CHARACTER:= ht ;      -- Horizontal Tabulation
   LF  :CONSTANT CHARACTER:= lf ;      -- Line Feed
   VT  :CONSTANT CHARACTER:= vt ;      -- Vertical Tabulation

   FF  :CONSTANT CHARACTER:= ff ;      -- Form Feed
   CR  :CONSTANT CHARACTER:= cr ;      -- Carriage Return
   SO  :CONSTANT CHARACTER:= so ;      -- Shift-out
   SI  :CONSTANT CHARACTER:= si ;      -- Shift-in

   DLE :CONSTANT CHARACTER:= dle;      -- Data Link Escape
   DC1 :CONSTANT CHARACTER:= dc1;      -- Device Control Character 1
   DC2 :CONSTANT CHARACTER:= dc2;      -- Device Control Character 2
   DC3 :CONSTANT CHARACTER:= dc3;      -- Device Control Character 3
```

```
DC4 :CONSTANT CHARACTER:= dc4;     -- Device Control Character 4
NAK :CONSTANT CHARACTER:= nak;     -- Negative Acknowledgement
SYN :CONSTANT CHARACTER:= syn;     -- Synchronous Idle
ETB :CONSTANT CHARACTER:= etb;     -- End of Transmission Block

CAN :CONSTANT CHARACTER:= can;     -- Cancel
EM  :CONSTANT CHARACTER:= em ;     -- End of Medium
SUB :CONSTANT CHARACTER:= sub;     -- Substitute Character
ESC :CONSTANT CHARACTER:= esc;     -- Escape

FS  :CONSTANT CHARACTER:= fs ;     -- File Separator
GS  :CONSTANT CHARACTER:= gs ;     -- Group Separator
RS  :CONSTANT CHARACTER:= rs ;     -- Record Separator
US  :CONSTANT CHARACTER:= us ;     -- Unit Separator

DEL :CONSTANT CHARACTER:= del;     -- Delete


-- Other characters:


EXCLAM      : CONSTANT CHARACTER := '!' ;
QUOTATION   : CONSTANT CHARACTER := '"' ;
SHARP       : CONSTANT CHARACTER := '#' ;
DOLLAR      : CONSTANT CHARACTER := '$' ;
PERCENT     : CONSTANT CHARACTER := '%' ;
AMPERSAND   : CONSTANT CHARACTER := '&' ;
COLON       : CONSTANT CHARACTER := ':' ;
SEMICOLON   : CONSTANT CHARACTER := ';' ;
QUERY       : CONSTANT CHARACTER := '?' ;

AT_SIGN     : CONSTANT CHARACTER := '@' ;
L_BRACKET   : CONSTANT CHARACTER := '[' ;
BACK_SLASH  : CONSTANT CHARACTER := '\' ;
R_BRACKET   : CONSTANT CHARACTER := ']' ;

CIRCUMFLEX  : CONSTANT CHARACTER := '^' ;
UNDERLINE   : CONSTANT CHARACTER := '_' ;
GRAVE       : CONSTANT CHARACTER := '`' ;

L_BRACE     : CONSTANT CHARACTER := '{' ;
BAR         : CONSTANT CHARACTER := '|' ;
R_BRACE     : CONSTANT CHARACTER := '}' ;
TILDE       : CONSTANT CHARACTER := '~' ;


-- Lower case letter

LC_A        : CONSTANT CHARACTER := 'a' ;

LC_Z        : CONSTANT CHARACTER := 'z' ;


END ASCII;
```

```
-- Predefined subtypes:

SUBTYPE NATURAL  IS INTEGER RANGE 0 .. INTEGER'LAST;
SUBTYPE POSITIVE IS INTEGER RANGE 1 .. INTEGER'LAST;



-- The predefined string type:

TYPE STRING IS ARRAY(POSITIVE RANGE <>) OF CHARACTER;



PRAGMA PACK(STRING);

    -- Packing  means  that gaps between the storage areas allocated
    -- to consecutive components should be minimized.



    -- The predefined operators for string type are as follows:

    -- FUNCTION "="   (LEFT,RIGHT:STRING) RETURN BOOLEAN;
    -- FUNCTION "/="  (LEFT,RIGHT:STRING) RETURN BOOLEAN;
    -- FUNCTION "<"   (LEFT,RIGHT:STRING) RETURN BOOLEAN;
    -- FUNCTION "<="  (LEFT,RIGHT:STRING) RETURN BOOLEAN;
    -- FUNCTION ">"   (LEFT,RIGHT:STRING) RETURN BOOLEAN;
    -- FUNCTION ">="  (LEFT,RIGHT:STRING) RETURN BOOLEAN;


    -- In addition the relational operators  for equality =, inequa-
    -- lity /=   are predefined  for any type  that  is not limited.
    -- The other relational operators for ordering   <,  <=,  >,  >=
    -- are  predefined for  any not limited scalar type  and any not
    -- limited one-dimensional array type whose  components are of a
    -- discrete type.The operands must be of the same type or of the
    -- array component type.  The result type is the predefined type
    -- boolean.   For the result of a relation between two real ope-
    -- rands, consider for each operand the model interval;  the re-
    -- sult  can be any value obtained  by applying the mathematical
    -- comparison to values arbitrarily chosen  in the corresponding
    -- operand model intervals.  The safe numbers of a real type are
    -- defined as a superset of the model numbers  (see FLOAT   and
    -- P'SAFE_EMAX,  P'SAFE_LARGE,  P'SAFE_SMALL in appendix A.2.A).
```

```
-- FUNCTION "&"  (LEFT:STRING    ;RIGHT:STRING    ) RETURN STRING;
-- FUNCTION "&"  (LEFT:STRING    ;RIGHT:CHARACTER) RETURN STRING;
-- FUNCTION "&"  (LEFT:CHARACTER;RIGHT:STRING    ) RETURN STRING;
-- FUNCTION "&"  (LEFT:CHARACTER;RIGHT:CHARACTER) RETURN STRING;
```

```
-- In addition the catenation operators & are predefined for any
-- one-dimensional array type that is not limited.  The operands
-- must  be  of  the same array type   or of the component type.
-- If  both operands  are one-dimensional arrays,  the result of
-- the catenation is a one-dimensional array whose length is the
-- sum of the lengths of its operands, and whose components com-
-- prise the components of the left operand followed by the com-
-- ponents of the right operand. The lower bound  of this result
-- is the lower bound of the left operand,  unless the left ope-
-- rand is a null array, in which case the result of the catena-
-- tion is the right operand. If either operand is of the compo-
-- nent type of an array type,  the result of the catenation is
-- given by the above rules,   using in place of this operand an
-- array  having this operand  as its only component  and having
-- the lower bound of the index subtype of the array type as its
-- lower bound.
```

```
-- The predefined type duration:
```

```
TYPE DURATION IS DELTA implementation_defined
              RANGE implementation_defined;
```

```
-- Any implementation of the type DURATION  must allow represen-
-- tation  of durations  (both positive  and negative)  up to at
-- least  86400  (one day, expressed  in seconds);  the smallest
-- representable duration, DURATION'SMALL (see A.2.A),  must not
-- be greater than twenty milliseconds (whenever possible, a va-
-- lue  not  greater than fifty microseconds  should be chosen).
-- Note  that  DURATION'SMALL  need not  correspond to the basic
-- clock cycle,  the named number  SYSTEM.TICK  (see A.2.D). The
-- predefined  operators for the type  DURATION  are the same as
-- for any fixed point type.
```

```
-- The predefined menbership tests IN, NOT IN :
```

```
-- The membership tests IN, NOT IN are predefined for all types.
-- The result type is the predefined type BOOLEAN. For a member-
-- ship test with a range, the simple expression and the  bounds
-- of the range must be of the same scalar type;for a membership
-- test with a type mark, the type of the simple expression must
-- the base type of the type mark. The evaluation of the member-
-- ship  test  IN  yields  the result  TRUE  if the value of the
-- simple expression is within the given range, or if this value
-- belongs to the subtype denoted by the given type mark; other-
-- wise this evaluation yields the result FALSE.   NOT IN   gives
-- the complementary  result of  IN.  The  result of a real type
-- membership test  is defined  in terms of comparisons (see re-
-- lational operators above) of the operand value with the lower
-- and upper bounds of the given range or type mark.
```

```
    -- The predefined exceptions:

  CONSTRAINT_ERROR : EXCEPTION;

    -- This exception is raised in any of the following situations:
    -- upon an attempt to violate a range constraint,  an index con-
    -- straint, or a discriminant constraint;  upon an attempt to use
    -- a record component that does  not exist  for the current dis-
    -- criminant values; and upon an attempt  to use selected compo-
    -- nent, an index component, a slice,  or an attribute,  of an ob-
    -- ject designated by an access value,  if the object does not
    -- exist because the access value is null.

  NUMERIC_ERROR    : EXCEPTION;

    -- This exception is raised by the execution of a predefined nu-
    -- meric operation that cannot deliver  a correct result (within
    -- the declared numeric type);   this includes  the case where an
    -- implementation uses a predefined numeric operation for the
    -- execution, evaluation,  or elaboration of some construct.
    -- The value of the attribute  MACHINE_OVERFLOWS (see appendix
    -- A.2.A) indicates whether the target machine raises NUMERIC_
    -- ERROR in overflow situations. An implementation is not al-
    -- lowed to raise NUMERIC_ERROR when the result interval is  safe

  PROGRAM_ERROR    : EXCEPTION;

    -- This exception is raised upon an attempt  to call a subpro-
    -- gram, to activate a task,  or to elaborate a generic instanti-
    -- ation, if the body of the corresponding unit has not yet been
    -- elaborated. This exception is also raised  if the end of a
    -- function is reached;   or during the execution  of a selective
    -- wait that has no else part,  if this execution determines that
    -- all alternatives are closed. Finally,  depending on the imple-
    -- mentation, this exception may be raised  upon an attempt to
    -- execute an action that is erroneous,  and for incorrect order
    -- dependences.

  STORAGE_ERROR    : EXCEPTION;

    -- This exception is raised  in any of the following situations:
    -- when the dynamic storage allocated to a task is exceeded;  du-
    -- ring the evaluation of an allocator,  if the space available
    -- for the collection of allocated objects is exhausted;  or du-
    -- ring the elaboration of a declarative item,  or during the
    -- execution of a subprogram call,  if storage is not sufficient.

  TASKING_ERROR    : EXCEPTION;

    -- This exception is raised when exceptions arise during inter-
    -- task communication.

    -- Note: The pragma SUPPRESS (see  appendix A.2.B) can be used
    -- to give permission to omit checks corresponding to situations
    -- in which the exceptions above are raised.


END STANDARD;
```

A.2.D   The Predefined Impl. Dep. Package SYSTEM

This annex first outlines the specification of the implementation defined library package SYSTEM which includes the definitions of certain configuration-dependent characteristics. The complete specification of the package SYSTEM is implementation-dependent and must be given in Appendix F.

The visible part of the package SYSTEM must contain at least the following declarations:

```
PACKAGE SYSTEM IS

TYPE ADDRESS IS implementation-defined;
TYPE NAME    IS implementation-defined;

SYSTEM_NAME :CONSTANT NAME:=implementation_defined;
STORAGE_UNIT:CONSTANT      :=implementation_defined;
MEMORY_SIZE :CONSTANT      :=implementation_defined;


-- System-Dependent Named Numbers:

MIN_INT      :CONSTANT      :=implementation_defined;

-- The  smallest  (most negative) value of all predefined integer
-- types.

MAX_INT      :CONSTANT      :=implementation_defined;

-- The  largest  (most positive)  value of all predefined integer
-- types.

MAX_DIGITS   :CONSTANT      :=implementation_defined;

-- The  largest value allowed for the number of significant deci-
-- mal digits in a floating point constraint.

MAX_MANTISSA:CONSTANT       :=implementation_defined;

-- The  largest  possible number of binary digits in the mantissa
-- of model numbers of a fixed point subtype.

FINE_DELTA   :CONSTANT      :=implementation_defined;

-- The  smallest  delta  allowed in a fixed point constraint that
-- has the range constraint -1.0..1.0 .

TICK         :CONSTANT      :=implementation_defined;

-- The basis clock period, in seconds.

-- The numbers  FINE_DELTA and  TICK are of the type  'UNIVERSAL_
-- REAL'; the others of the type 'UNIVERSAL_INTEGER'.
```

-- Other System-Dependent Declarations:

SUBTYPE PRIORITY IS INTEGER RANGE implementation_defined;

...

END SYSTEM;

An alternative form of the package SYSTEM, with given values for
any of SYSTEM_NAME, STORAGE_UNIT, and MEMORY_SIZE,
can be obtained by means of the corresponding pragmas (see Appendix A.2.B). These pragmas are only allowed at the start of a com-
pilation, before the first compilation unit (if any) of the compi-
lation. The compilation of any of these pragmas causes an implicit recompilation of the package SYSTEM. Consequently any compi-
lation unit that names SYSTEM in its context clause becomes ob-
solete after this implicit recompilation. An implementation may
impose further limitations on the use of these pragmas. For
example, an implementation may allow them only at the start of the
first compilation, when creating a new program library.

A.2.E Predefined Library Generic
Procedure UNCHECKED_DEALLOCATION and
Function UNCHECKED_CONVERSION

This first annex describes the specification of the predefined generic library procedure UNCHECKED_DEALLOCATION. Unchecked storage deallocation of an object designated by a value of an access type is achieved by a call of a procedure that is obtained by instantiation of this generic procedure.

```
GENERIC

TYPE OBJECT IS LIMITED PRIVATE;
TYPE NAME   IS ACCESS  OBJECT ;

PROCEDURE UNCHECKED_DEALLOCATION (X:IN OUT NAME);
```

This second annex describes the specification of the predefined generic library procedure UNCHECKED_CONVERSION. An unchecked type conversion can be achieved by a call of a function that is obtained by instantiation of this generic function.

```
GENERIC

TYPE SOURCE IS LIMITED PRIVATE;
TYPE TARGET IS LIMITED PRIVATE;

FUNCTION UNCHECKED_CONVERSION (S:SOURCE) RETURN TARGET;
```

A.2.F   Implementation predefined Characteristics

The Ada language definition allows for certain machine-dependences in a controlled manner. No machine-dependent syntax or semantic extensions or restrictions are allowed. The only allowed implementation-dependendences correspond to implementation-dependent pragmas and attributes, certain machine-dependent conventions as mentioned in chapter 13 of the Reference Manual (83a), and certain allowed restrictions on representation clauses.

The reference manual of each Ada implementation must include an appendix (called Appendix F) that describes all implementation-dependent characteristics.

The appendix F for a given implementation must list in particular:

(1) The form, allowed places, and effect of every implementation-dependent pragma.

(2) The name and type of every implementation-dependent attribute.

(3) The specification of the package SYSTEM (A.2.D).

(4) The list of all restrictions on representation clauses.

(5) The conventions used for any implementation-generated name denoting implementation-dependent components.

(6) The interpretation of expressions that appear in address clauses, including those for interrupts.

(7) Any restriction on unchecked conversions.

(8) Any implementation-dependent characteristics of the input-output packages (A.2.G/H).

A.2.G   Gen.Pred.Libr. Packages for INPUT/OUTPUT

This annex describes the specifications of the predefined Input-Output library packages.

The library package   IO_EXCEPTIONS defines the exceptions for input-output.

The generic library packages   SEQUENTIAL_IO and   DIRECT_IO define input-output operations applicable to files containing elements of a generic type.

Finally the library package   LOW_LEVEL_IO is provided for the control of peripheral devices.

Additional operations for text input-output are supplied in the predefined package TEXT_IO (see A.2.H).

```
-------------------------------------------------------------

--     I  O  _   E   X   C   E   P   T   I   O   N   S     --

-------------------------------------------------------------


PACKAGE IO_EXCEPTIONS IS


  STATUS_ERROR  : EXCEPTION;

     -- This exception is raised by  an  attempt  to  operate  upon  a  file
     -- that is not open and by an  attempt  to  open  a  file  that  is  al-
     -- ready open.


  MODE_ERROR    : EXCEPTION;

     -- This  exception is raised by an  attempt  to  read  from,   or  test
     -- for  the  end of a file whose current mode is    OUT_FILE,    and
     -- also  by  an attempt to write to  a  file  whose  current  mode  is
     -- IN_FILE .
```

```
NAME_ERROR      : EXCEPTION;

    -- This  exception  is raised by a call of   CREATE  or    OPEN  if
    -- the string  given for the parameter   NAME  does  not  allow  the
    -- identification  of  an external file.  For example,   this  excep-
    -- tion is raised  if  the  string  is  improper,   or,   alternatively,
    -- if either none or  more  than  one  external  file  corresponds  to
    -- the string.



USE_ERROR       : EXCEPTION;

    -- This exception  is  raised  if  an  operation  is  attempted  that  is
    -- not    possible   for   reasons  that  depend  on  characteristics  of
    -- the  external file.   For  example,   this  exception  is  raised  by
    -- by the procedure   CREATE , among other circumstances,  if  the
    -- given mode is   OUT_FILE but the form specifies  an  input  only
    -- device, if  the   parameter   FORM  specifies  invalid  access
    -- rights,  or  if  an  external  file  with  the  given  name  already
    -- exists and overwriting is not allowed.



DEVICE_ERROR  : EXCEPTION;

    -- This   exception  is  raised  if  an  input-output  operation  cannot
    -- be  completed because of a  malfunction  of  the  underlying  sys-
    -- tem.



END_ERROR       : EXCEPTION;

    -- This  exception  is  raised  by  an  attempt  to  skip  (read  past)
    -- the end of a file.



DATA_ERROR      : EXCEPTION;

    -- This  exception  may be raised by the procedure    READ  if  the
    -- element read cannot be  interpreted  as  a  value  of  the  required
    -- type.



LAYOUT_ERROR  : EXCEPTION;

    -- See TEXT_IO


END IO_EXCEPTIONS;
```

--   S   E   Q   U   E   N   T   I   A   L   _   I   O   --

WITH IO_EXCEPTIONS;

GENERIC

  TYPE ELEMENT_TYPE IS PRIVATE;

-- In order to define sequential input-output for a given element
-- type, an instantiation of this generic unit, with the given
-- type as actual parameter, must be declared.

PACKAGE SEQUENTIAL_IO IS

  TYPE FILE_TYPE IS LIMITED PRIVATE;

-- An external file can be anything external to the program that
-- can produce a value to be read or receive a value to be writ-
-- ten. The term 'file' is always used to refer to an object of
-- FILE_TYPE; the term 'external file' is used otherwise.

  TYPE FILE_MODE IS (IN_FILE,   -- only reading
                      OUT_FILE);   -- only writing

-- An open file has a current access mode.The mode can be changed.

-- File management:

  PROCEDURE CREATE (FILE : IN OUT FILE_TYPE;
                     MODE : IN   FILE_MODE := OUT_FILE;
                     NAME : IN   STRING   := "";
                     FORM : IN   STRING   := ""   );

-- Establishes a new external file, with the given name and
-- form, and associates this external file with the given file.
-- The given file is left open. The current mode of the given
-- file is set to the given access mode. A null string for NAME
-- specifies an external file that is not accessible after the
-- completition of the main program (a temporary file). A null
-- string for   FORM specifies the use of the default options of
-- the implementation for the external file.

```
PROCEDURE OPEN     (FILE : IN OUT FILE_TYPE;
                    MODE : IN     FILE_MODE;
                    NAME : IN     STRING   := "";
                    FORM : IN     STRING   := "");
```

-- Associates the given file with an existing external file ha-
-- ving the given name and form, and sets the current mode of
-- the given file to the given mode.The given file is left open

```
PROCEDURE CLOSE    (FILE : IN OUT FILE_TYPE);
```

-- Severs the association between the given file and its associ-
-- ated external file. The given file is left closed.

```
PROCEDURE DELETE   (FILE : IN OUT FILE_TYPE);
```

-- Deletes the external file associated with the given file. The
-- given file is closed, and the external file ceased to exist.

```
PROCEDURE RESET    (FILE : IN OUT FILE_TYPE);
```

-- Resets the given file so that reading from or writing to its
-- elements can be restarted from the beginning of the file.

```
PROCEDURE RESET    (FILE : IN OUT FILE_TYPE;
                    MODE : IN     FILE_MODE);
```

-- If a MODE parameter is supplied,the current mode of the given
-- file is set to the given mode.

```
FUNCTION  MODE     (FILE : IN     FILE_TYPE) RETURN FILE_MODE;
```

-- Returns the current access mode of the given file.

```
FUNCTION  NAME     (FILE : IN     FILE_TYPE) RETURN STRING;
```

-- Returns a string which uniquely identifies the external file
-- currently associated with the given file (and may be thus be
-- used in an OPEN operation). If an environment allows alterna-
-- tive specifications of the name (for example, abbreviations),
-- the string returned by the function should correspond to a
-- full specification of the name.

```
FUNCTION  FORM     (FILE : IN     FILE_TYPE) RETURN STRING;
```

-- Returns the form string for the external file currently asso-
-- ciated with the given file. If an environment allows alterna-
-- tive specifications of the form (for example, abbreviations
-- using default options), the string returned by the function
-- should correspond to a full specification (that is, it should
-- indicate explicitely all options selected, including default
-- options).

```
FUNCTION  IS_OPEN     (FILE : IN  FILE_TYPE) RETURN BOOLEAN;

-- Returns   TRUE if the file is open (that is, if it is associa-
-- ted with an external file), otherwise returns false.


-- Input and output operations:

PROCEDURE READ         (FILE : IN  FILE_TYPE;
                        ITEM : OUT ELEMENT_TYPE);

-- Operates on a file of mode IN_FILE. Reads an element from the
-- given file, and returns the value of this element in the ITEM
-- parameter.


PROCEDURE WRITE        (FILE : IN  FILE_TYPE;
                        ITEM : IN  ELEMENT_TYPE);

-- Operates on a file of mode OUT_FILE. Writes the value of ITEM
-- to the given file.


FUNCTION END_OF_FILE (FILE : IN  FILE_TYPE) RETURN BOOLEAN;

-- Operates  on a file of mode IN_FILE. Returns   TRUE if no more
-- elements  can  be read from the given file; otherwise returns
-- FALSE.


-- Renaming the exceptions of the package IO_EXCEPTIONS:

STATUS_ERROR : EXCEPTIONS RENAMES IO_EXCEPTIONS.STATUS_ERROR;

MODE_ERROR   : EXCEPTIONS RENAMES IO_EXCEPTIONS.MODE_ERROR;

NAME_ERROR   : EXCEPTIONS RENAMES IO_EXCEPTIONS.NAME_ERROR;

USE_ERROR    : EXCEPTIONS RENAMES IO_EXCEPTIONS.USE_ERROR;

DEVICE_ERROR : EXCEPTIONS RENAMES IO_EXCEPTIONS.DEVICE_ERROR;

END_ERROR    : EXCEPTIONS RENAMES IO_EXCEPTIONS.END_ERROR;

DATA_ERROR   : EXCEPTIONS RENAMES IO_EXCEPTIONS.DATA_ERROR;


PRIVATE

-- implementation-dependent


END SEQUENTIAL_IO;
```

```
------------------------------------------------------------
--              D · I  R  E  C  T  _  I  O             --
------------------------------------------------------------


GENERIC

  TYPE ELEMENT_TYPE IS PRIVATE;



PACKAGE DIRECT_IO IS

   TYPE    FILE_TYPE       IS LIMITED PRIVATE;

   TYPE    FILE_MODE       IS (   IN_FILE,    -- only          reading
                               INOUT_FILE,    -- reading and writing
                                OUT_FILE);    -- only          writing

   TYPE    COUNT           IS RANGE 0 .. implementation_defined;

   SUBTYPE POSITIVE_COUNT IS COUNT RANGE 1..COUNT'LAST;



   -- File management:
   PROCEDURE CREATE (FILE : IN OUT FILE_TYPE;
                     MODE : IN     FILE_MODE := INOUT_FILE;
                     NAME : IN     STRING := "";
                     FORM : IN     STRING := ""             );


   PROCEDURE OPEN   (FILE : IN OUT FILE_TYPE;
                     MODE : IN     FILE_MODE;
                     NAME :        STRING;
                     FORM :        STRING := "");


   PROCEDURE CLOSE  (FILE : IN OUT FILE_TYPE);


   PROCEDURE DELETE (FILE : IN OUT FILE_TYPE);
```

```
PROCEDURE RESET  (FILE : IN OUT FILE_TYPE;
                  MODE : IN     FILE_MODE);

PROCEDURE RESET  (FILE : IN OUT FILE_TYPE);
```

-- Resets the curent index to one .

```
FUNCTION MODE     (FILE :          FILE_TYPE) RETURN FILE_MODE;


FUNCTION NAME     (FILE :          FILE_TYPE) RETURN STRING;


FUNCTION FORM     (FILE :          FILE_TYPE) RETURN STRING;


FUNCTION IS_OPEN (FILE : IN       FILE_TYPE) RETURN BOOLEAN;
```

-- Input and output operations:

```
PROCEDURE READ    (FILE : IN      FILE_TYPE;
                   ITEM : OUT      ELEMENT_TYPE;
                   FROM :          POSITIVE_COUNT);


PROCEDURE READ    (FILE : IN      FILE_TYPE;
                   ITEM : OUT      ELEMENT_TYPE);
```

-- Operates on a file of mode IN_FILE or INOUT_FILE. In the case
-- of the first form, sets the current index of the given file
-- to the index value given by the parameter FROM. Then(for both
-- forms) returns, in the parameter ITEM, the value of the ele-
-- ment whose position in the given file is specified by the
-- current index of the file; finally, increases the current in-
-- dex by one.

```
PROCEDURE WRITE   (FILE : IN      FILE_TYPE;
                   ITEM : OUT      ELEMENT_TYPE;
                   TO   :          POSITIVE_COUNT);

PROCEDURE WRITE   (FILE : IN      FILE_TYPE;
                   ITEM : OUT      ELEMENT_TYPE);
```

-- Operates on a file of mode INOUT_FILE or OUT_FILE.In the case
-- of the first form, sets the index of the given file to the
-- index value given by the parameter TO. Then (for both forms)
-- gives the value of the parameter   ITEM to the element whose
-- position in the given file is specified by the current index
-- of the file; finally, increases the current index by one.

```
PROCEDURE SET_INDEX  (FILE : IN FILE_TYPE;
                      TO   : IN POSITIVE_COUNT);

-- Operates on a file of any mode. Sets the current index of the
-- given  file  to the  given index value  (which may exceed the
-- current size of the file).

FUNCTION INDEX          (FILE : IN FILE_TYPE) RETURN
                                             POSITIVE_COUNT;

-- Operates on a file of any mode.  Returns the current index of
-- the given file.

FUNCTION SIZE           (FILE : IN FILE_TYPE) RETURN COUNT;

-- Operates  on a file of any mode.  Returns the current size of
-- the external file that is associated with the given file. The
-- size of a created file is implementation dependent.

FUNCTION END_OF_FILE (FILE : IN FILE_TYPE) RETURN BOOLEAN;

-- Operates on a file of mode   IN_FILE  or   INOUT_FILE. Returns
-- TRUE   if  the current index exceeds the size of the external
-- file; otherwise returns FALSE.



-- Renaming the exceptions of the package IO_EXCEPTIONS :

STATUS_ERROR : EXCEPTIONS RENAMES IO_EXCEPTIONS.STATUS_ERROR;

MODE_ERROR   : EXCEPTIONS RENAMES IO_EXCEPTIONS.MODE_ERROR;

NAME_ERROR   : EXCEPTIONS RENAMES IO_EXCEPTIONS.NAME_ERROR;

USE_ERROR    : EXCEPTIONS RENAMES IO_EXCEPTIONS.USE_ERROR;

DEVICE_ERROR : EXCEPTIONS RENAMES IO_EXCEPTIONS.DEVICE_ERROR;

END_ERROR    : EXCEPTIONS RENAMES IO_EXCEPTIONS.END_ERROR;

DATA_ERROR   : EXCEPTIONS RENAMES IO_EXCEPTIONS.DATA_ERROR;



PRIVATE

-- implementation-dependent



END DIRECT_IO;
```

```ada
--------------------------------------------------------------
--        L   O   W   _   L   E   V   E   L   _   I   O        --
--------------------------------------------------------------


PACKAGE LOW_LEVEL_IO IS



    -- A low level input-output operation is an operation acting  on
    -- a physical device.


    TYPE DEVICE IS 'PREDEFINED'; -- implementation defined

    TYPE DATA   IS 'PREDEFINED'; -- implementation defined



    -- declarations of overloaded procedures for these types:

    -- The bodies of the procedures SEND_CONTROL and RECEIVE_CONTROL
    -- for  various  devices  can  be  supplied  in  the body of the
    -- package  LOW_LEVEL_IO. These procedure bodies may  be written
    -- with code statements.



    PROCEDURE SEND_CONTROL    (DEVICE :         'DEVICE_TYPE';
                               DATA   : IN OUT 'DATA_TYPE'   );


    -- May be used to send control information to a physical device.



    PROCEDURE RECEIVE_CONTROL (DEVICE :         'DEVICE_TYPE';
                               DATA   : IN OUT 'DATA_TYPE'   );


    -- May  be used to monitor the execution of an input-output ope-
    -- ration by requesting information from the physical device.



END LOW_LEVEL_IO;
```

A.2.H   The predefined Library Package TEXT_IO

This   annex   describes   the   specification   of   the   predefined   library
package   TEXT_IO,   which provides   facilities   for   input   and   output
in human - readable form.   Each file   is   written   sequentially,   as   a
sequence   of   characters   grouped into   lines,   and   as   a   sequence   of
lines   grouped into pages.   TEXT_IO   containes   the   subpackages
INTEGER_IO , FLOAT_IO , FIXED_IO and ENUMERATION_IO.

```
WITH IO_EXCEPTIONS;

PACKAGE TEXT_IO IS

TYPE     FILE_TYPE        IS          LIMITED PRIVATE;
TYPE     FILE_MODE        IS          (IN_FILE, OUT_FILE);
TYPE     COUNT            IS          RANGE 0..implementation_defined;
SUBTYPE POSITIVE_COUNT IS COUNT    RANGE 1..              COUNT'LAST;
SUBTYPE FIELD            IS INTEGER RANGE 0..implementation_defined;
SUBTYPE NUMBER_BASE      IS INTEGER RANGE 2..                    16;
TYPE     TYPE_SET         IS          (LOWER_CASE, UPPER_CASE);

   UNBOUNDED : CONSTANT COUNT :=0; -- line and page length

   -- File Management:

   PROCEDURE CREATE   (FILE : IN OUT FILE_TYPE;
                       MODE : IN     FILE_MODE := OUT_FILE;
                       NAME : IN     STRING    := "";
                       FORM : IN     STRING    := "");

   PROCEDURE OPEN     (FILE : IN OUT FILE_TYPE;
                       MODE : IN     FILE_MODE;
                       NAME : IN     STRING;
                       FORM : IN     STRING := "");
   PROCEDURE CLOSE    (FILE : IN OUT FILE_TYPE);

   PROCEDURE DELETE   (FILE : IN OUT FILE_TYPE);

   PROCEDURE RESET    (FILE : IN OUT FILE_TYPE;
                       MODE : IN     FILE_MODE);
   PROCEDURE RESET    (FILE : IN OUT FILE_TYPE);

   FUNCTION  MODE     (FILE : IN     FILE_TYPE) RETURN FILE_MODE;
   FUNCTION  NAME     (FILE : IN     FILE_TYPE) RETURN STRING;
   FUNCTION  FORM     (FILE : IN     FILE_TYPE) RETURN STRING;
   FUNCTION  IS_OPEN  (FILE : IN     FILE_TYPE) RETURN BOOLEAN;

   -- Control of default input and output files:

   PROCEDURE        SET_INPUT  (FILE : IN  FILE_TYPE);
   PROCEDURE        SET_OUTPUT (FILE : IN  FILE_TYPE);

   FUNCTION  STANDARD_INPUT                    RETURN FILE_TYPE;
   FUNCTION  STANDARD_OUTPUT                   RETURN FILE_TYPE;
   FUNCTION  CURRENT_INPUT                     RETURN FILE_TYPE;
   FUNCTION  CURRENT_OUTPUT                    RETURN FILE_TYPE;
```

```
-- Specification of line and page lengths:

PROCEDURE SET_LINE_LENGTH (FILE : IN FILE_TYPE;
                           TO   : IN COUNT     );
PROCEDURE SET_LINE_LENGTH (TO   : IN COUNT     );

PROCEDURE SET_PAGE_LENGTH (FILE : IN FILE_TYPE;
                           TO   : IN COUNT     );
PROCEDURE SET_PAGE_LENGTH (TO   : IN COUNT     );

FUNCTION  LINE_LENGTH     (FILE : IN FILE_TYPE) RETURN COUNT;
FUNCTION  LINE_LENGTH                           RETURN COUNT;

FUNCTION  PAGE_LENGTH     (FILE : IN FILE_TYPE) RETURN COUNT;
FUNCTION  PAGE_LENGTH                           RETURN COUNT;


-- Column, Line, and Page Control:

PROCEDURE NEW_LINE     (FILE    : IN FILE_TYPE;
                        SPACING : IN POSITIVE_COUNT :=1);
PROCEDURE NEW_LINE     (SPACING : IN POSITIVE_COUNT :=1);

PROCEDURE SKIP_LINE    (FILE    : IN FILE_TYPE;
                        SPACING : IN POSITIVE_COUNT :=1);
PROCEDURE SKIP_LINE    (SPACING : IN POSITIVE_COUNT :=1);

FUNCTION  END_OF_LINE (FILE     : IN FILE_TYPE) RETURN BOOLEAN;
FUNCTION  END_OF_LINE                           RETURN BOOLEAN;

PROCEDURE NEW_PAGE     (FILE     : IN FILE_TYPE);
PROCEDURE NEW_PAGE

PROCEDURE SKIP_PAGE    (FILE     : IN FILE_TYPE);
PROCEDURE SKIP_PAGE

FUNCTION  END_OF_PAGE (FILE     : IN FILE_TYPE) RETURN BOOLEAN;
FUNCTION  END_OF_PAGE                           RETURN BOOLEAN;

FUNCTION  END_OF_FILE (FILE     : IN FILE_TYPE) RETURN BOOLEAN;
FUNCTION  END_OF_FILE                           RETURN BOOLEAN;

PROCEDURE SET_COL  (FILE : IN FILE_TYPE;
                    TO   : IN POSITVE_COUNT);
PROCEDURE SET_COL  (TO   : IN POSITVE_COUNT);

PROCEDURE SET_LINE (FILE : IN FILE_TYPE;
                    TO   : IN POSITVE_COUNT);
PROCEDURE SET_LINE (TO   : IN POSITVE_COUNT);

FUNCTION  COL        (FILE : IN FILE_TYPE) RETURN POSITIVE_COUNT;
FUNCTION  COL                              RETURN POSITIVE_COUNT;

FUNCTION  LINE       (FILE : IN FILE_TYPE) RETURN POSITIVE_COUNT;
FUNCTION  LINE                             RETURN POSITIVE_COUNT;

FUNCTION  PAGE       (FILE : IN FILE_TYPE) RETURN POSITIVE_COUNT;
FUNCTION  PAGE                             RETURN POSITIVE_COUNT;
```

```
-- Character Input-Output:

PROCEDURE GET        (FILE : IN  FILE_TYPE;
                      ITEM : OUT CHARACTER);
PROCEDURE GET        (ITEM : OUT CHARACTER);

PROCEDURE PUT        (FILE : IN  FILE_TYPE;
                      ITEM : IN  CHARACTER);
PROCEDURE PUT        (ITEM : IN  CHARACTER);

-- String Input-Output:

PROCEDURE GET        (FILE : IN  FILE_TYPE;
                      ITEM : OUT STRING    );
PROCEDURE GET        (ITEM : OUT STRING    );

PROCEDURE PUT        (FILE : IN  FILE_TYPE;
                      ITEM : IN  STRING    );
PROCEDURE PUT        (ITEM : IN  STRING    );

PROCEDURE GET_LINE (FILE : IN  FILE_TYPE;
                    ITEM : OUT STRING;
                    LAST : OUT NATURAL   );
PROCEDURE GET_LINE (ITEM : OUT STRING;
                    LAST : OUT NATURAL   );

PROCEDURE PUT_LINE (FILE : IN  FILE_TYPE;
                    ITEM : IN  STRING    );
PROCEDURE PUT_LINE (ITEM : IN  STRING    );


-- Generic package for Input-Output of Integer Types:

GENERIC
    TYPE NUM IS RANGE <>;

PACKAGE INTEGER_IO IS

    DEFAULT_WIDTH          :      FIELD       := NUM'WIDTH;
    DEFAULT_BASE           :      NUMBER_BASE := 10;

    PROCEDURE GET (FILE  : IN  FILE_TYPE;
                   ITEM  : OUT NUM;
                   WIDTH : IN  FIELD        :=0);
    PROCEDURE GET (ITEM  : OUT NUM;
                   WIDTH : IN  FIELD        :=0);

    PROCEDURE PUT (FILE  : IN  FILE_TYPE;
                   ITEM  : IN  NUM;
                   WIDTH : IN  FIELD        := DEFAULT_WIDTH;
                   BASE  : IN  NUMBER_BASE := DEFAULT_BASE );
    PROCEDURE PUT (ITEM  : IN  NUM;
                   WIDTH : IN  FIELD        := DEFAULT_WIDTH;
                   BASE  : IN  NUMBER_BASE := DEFAULT_BASE );

    PROCEDURE GET (FROM  : IN  STRING;
                   ITEM  : OUT NUM;
                   LAST  : OUT POSITVE);
```

```
      PROCEDURE PUT(TO  : OUT STRING;
                    ITEM: IN  NUM;
                    BASE: IN  NUMBER_BASE := DEFAULT_BASE);

END INTEGER_IO;


- Generic packages for Input-Output of Real Types:

GENERIC
   TYPE NUM IS DIGITS <>;

PACKAGE FLOAT_IO IS

   DEFAULT_FORE          :        FIELD := 2;
   DEFAULT_AFT           :        FIELD := NUM'DIGITS-1;
   DEFAULT_EXP           :        FIELD := 3;

   PROCEDURE GET (FILE  : IN  FILE_TYPE;
                  ITEM  : OUT NUM;
                  WIDTH : IN  FIELD := 0);
   PROCEDURE GET (ITEM  : OUT NUM;
                  WIDTH : IN  FIELD := 0);

   PROCEDURE PUT (FILE  : IN  FILE_TYPE;
                  ITEM  : IN  NUM;
                  FORE  : IN  FIELD := DEFAULT_FORE;
                  AFT   : IN  FIELD := DEFAULT_AFT;
                  EXP   : IN  FIELD := DEFAULT_EXP );
   PROCEDURE PUT (ITEM  : IN  NUM;
                  FORE  : IN  FIELD := DEFAULT_FORE;
                  AFT   : IN  FIELD := DEFAULT_AFT;
                  EXP   : IN  FIELD := DEFAULT_EXP );

   PROCEDURE GET (FROM  : IN  STRING;
                  ITEM  : OUT NUM;
                  LAST  : OUT POSITIVE);
   PROCEDURE PUT (TO    : OUT STRING;
                  ITEM  : IN  NUM;
                  AFT   : IN  FIELD := DEFAULT_AFT;
                  EXP   : IN  FIELD := DEFAULT_EXP );

END FLOAT_IO;

GENERIC
   TYPE NUM IS DELTA <>;

PACKAGE FIXED_IO IS

   DEFAULT_FORE          :        FIELD := NUM'FORE;
   DEFAULT_AFT           :        FIELD := NUM'AFT;
   DEFAULT_EXP           :        FIELD := 0;

   PROCEDURE GET (FILE  : IN  FILE_TYPE;
                  ITEM  : OUT NUM;
                  WIDTH : IN  FIELD := 0);
   PROCEDURE GET (ITEM  : OUT NUM;
                  WIDTH : IN  FIELD := 0);
```

```
        PROCEDURE PUT (FILE  : IN  FILE_TYPE;
                       ITEM  : IN  NUM;
                       AFT   : IN  FIELD := DEFAULT_AFT;
                       EXP   : IN  FIELD := DEFAULT_EXP );
        PROCEDURE PUT (ITEM  : IN  NUM;
                       FORE  : IN  FIELD := DEFAULT_FORE;
                       AFT   : IN  FIELD := DEFAULT_AFT;
                       EXP   : IN  FIELD := DEFAULT_EXP );

        PROCEDURE GET (FROM  : IN  STRING;
                       ITEM  : OUT NUM;
                       LAST  : OUT POSITIVE);
        PROCEDURE PUT (TO    : OUT STRING;
                       ITEM  : IN  NUM;
                       AFT   : IN  FIELD := DEFAULT_AFT;
                       EXP   : IN  FIELD  := DEFAULT_EXP);


    END FIXED_IO;



    - Generic package for Input-Output of Enumeration Types:

    GENERIC

        TYPE ENUM IS (<>);

    PACKAGE ENUMERATION_IO IS

        DEFAULT_WIDTH          :       FIELD    := 0;
        DEFAULT_SETTING        :       TYPE_SET := UPPER_CASE;

        PROCEDURE GET (FILE  : IN  FILE_TYPE;
                       ITEM  : OUT ENUM      );
        PROCEDURE GET (ITEM  : OUT ENUM      );

        PROCEDURE PUT (FILE  : IN  FILE_TYPE;
                       ITEM  : IN  ENUM;
                       WIDTH : IN  FIELD    := DEFAULT_WIDTH
                       SET   : IN  TYPE_SET := DEFAULT_SETTING);
        PROCEDURE PUT (ITEM  : IN  ENUM;
                       WIDTH : IN  FIELD    := DEFAULT_WIDTH;
                       SET   : IN  TYPE_SET := DEFAULT_SETTING);

        PROCEDURE GET (FROM  : IN  STRING;
                       ITEM  : OUT ENUM;
                       LAST  : OUT POSITIVE);

        PROCEDURE PUT (TO    : OUT STRING;
                       ITEM  : IN  ENUM;
                       SET   : IN  TYPE_SET := DEFAULT_SETTING);


    END  ENUMERATION_IO;
```

```
-- Renaming the exceptions of the package IO_EXCEPTIONS :


STATUS_ERROR : EXCEPTION RENAMES IO_EXCEPTIONS.STATUS_ERROR;

MODE_ERROR   : EXCEPTION RENAMES IO_EXCEPTIONS.MODE_ERROR;

-- In the case of  TEXT_IO, the exception   MODE_ERROR is raised
-- by specifying a file whose current mode is OUT_FILE in a call
-- of  SET_INPUT,  SKIP_LINE,  END_OF_LINE,   SKIP_PAGE, or END_
-- OF_PAGE;  and by specifying a file whose current mode is  IN_
-- FILE  in a call of  SET_OUTPUT,  SET_LINE_LENGTH,  SET_PAGE_
-- LENGTH, LINE_LENGTH, PAGE_LENGTH, NEW_LINE, or NEW_PAGE.


NAME_ERROR   : EXCEPTION RENAMES IO_EXCEPTIONS.NAME_ERROR;


USE_ERROR    : EXCEPTION RENAMES IO_EXCEPTIONS.USE_ERROR;


DEVICE_ERROR : EXCEPTION RENAMES IO_EXCEPTIONS.DEVICE_ERROR;


END_ERROR    : EXCEPTION RENAMES IO_EXCEPTIONS.END_ERROR;


DATA_ERROR   : EXCEPTION RENAMES IO_EXCEPTIONS.DATA_ERROR;

-- In the case of TEXT_IO, the exception DATA_ERROR is also rai-
-- sed by  GET  if the input character sequence fails to satisfy
-- the  required syntax,  or if the  value input does not belong
-- to the range of the required type or subtype.


LAYOUT_ERROR : EXCEPTION RENAMES IO_EXCEPTIONS.LAYOUT_ERROR;

-- In the case of TEXT_IO, the exception  LAYOUT_ERROR is raised
-- by  COL,  LINE, or  PAGE if the value returned exceeds COUNT_
-- LAST. It  is  also  raised on output by an attempt to set co-
-- lumn  or  line numbers in excess of specified maximum line or
-- page  lengths,  respectively (excluding the unbounded cases).
-- It  is further raised by an attempt to  PUT too many charac-
-- ters to a string.



PRIVATE


-- implementation-dependent



END TEXT_IO;
```

A.2.I   The Predefined Library Package CALENDAR

This annex describes the specification of the predefined library
package   CALENDAR, in which the definition of the implementation
dependent private type TIME is provided.

```
PACKAGE CALENDAR IS

TYPE TIME IS PRIVATE;

SUBTYPE  YEAR_NUMBER   IS INTEGER  RANGE  1901.. 2099  ;
SUBTYPE MONTH_NUMBER   IS INTEGER  RANGE     1..   12  ;
SUBTYPE   DAY_NUMBER   IS INTEGER  RANGE     1..   31  ;
SUBTYPE   DAY_DURATION IS DURATION RANGE   0.0..86_400.0;

-- The Type DURATION is predefined in the Package STANDARD
-- (A.2.C). 86_400 is one day expressed in seconds.


FUNCTION CLOCK RETURN TIME;

-- The function  CLOCK returns the current value of  TIME at the
-- time it is called.


FUNCTION YEAR    (DATE:TIME) RETURN  YEAR_NUMBER  ;
FUNCTION MONTH   (DATE:TIME) RETURN MONTH_NUMBER  ;
FUNCTION DAY     (DATE:TIME) RETURN   DAY_NUMBER  ;
FUNCTION SECONDS (DATE:TIME) RETURN   DAY_DURATION;

-- The functions  YEAR, MONTH, DAY, SECONDS return the correspon-
-- ding values for a given value of the type TIME.


PROCEDURE SPLIT  (DATE   :IN        TIME      ;
                  YEAR   :OUT  YEAR_NUMBER    ;
                  MONTH  :OUT MONTH_NUMBER    ;
                  DAY    :OUT   DAY_NUMBER    ;
                  SECONDS:OUT   DAY_DURATION);

-- The function  SPLIT returns all four corresponding values for a
-- given value of the type TIME.


FUNCTION TIME_OF (YEAR   :      YEAR_NUMBER  ;
                  MONTH  :     MONTH_NUMBER  ;
                  DAY    :       DAY_NUMBER  ;
                  SECONDS:      DAY_DURATION:=0.0) RETURN TIME;

-- Conversely,  the function TIME_OF combines  a  year number, a
-- month number,  a day number, and duration, into a value of type
-- TIME.
```

```
FUNCTION "+" (LEFT       :TIME     ;RIGHT:DURATION) RETURN TIME     ;
FUNCTION "+" (LEFT       :DURATION;RIGHT:TIME    ) RETURN TIME     ;
FUNCTION "-" (LEFT       :TIME     ;RIGHT:DURATION) RETURN TIME     ;
FUNCTION "-" (LEFT       :TIME     ;RIGHT:TIME    ) RETURN DURATION;

FUNCTION "<" (LEFT,RIGHT:TIME                     ) RETURN BOOLEAN ;
FUNCTION "<="(LEFT,RIGHT:TIME                     ) RETURN BOOLEAN ;
FUNCTION ">" (LEFT,RIGHT:TIME                     ) RETURN BOOLEAN ;
FUNCTION ">="(LEFT,RIGHT:TIME                     ) RETURN BOOLEAN ;


-- The predefined exception:

TIME_ERROR : EXCEPTION;

-- This exception is raised by the function  TIME_OF if the actual
-- parameters  do  not  form a proper date. This exception is also
-- raised by the operators "+" and "-" if, for the given oparands,
-- these operands cannot return a date whose year number is in the
-- range of the corresponding subtype, or if the operator "-" can-
-- not return a result that is in the range of the type  DURATION.


PRIVATE

 -- implementation-dependent

END CALENDAR;
```

A.2.J   Impl. Pred. Library Package MACHINE_CODE

This annex outlines the specification of the predefined library package MACHINE_CODE, in which the implementation defined base type of the type mark of a code statement is declared.

```
PACKAGE MACHINE_CODE IS

 TYPE base_type IS

  RECORD

   -- implementation defined

  END RECORD;

END MACHINE_CODE;
```

An implementation is not required to provide such a package.

A.3   NON-STANDARD-BIBLIOTHEK

A.3.1   The Libr. Package TEXT_HANDLER (Ada Proposal)

This annex describes the specification of a simple text handling library package   TEXT_HANDLER, which is proposed in the Ada Reference Manual 7.6 .

Each text object has a maximum length, which must be given when the object is declared, and a current value,   which is a string of some length between zero and the maximum. The maximum possible length of a text object is an implementation-defined constant.

```
PACKAGE TEXT_HANDLER IS

MAXIMUM:CONSTANT:=SOME_VALUE; -- implementation-defined

SUBTYPE INDEX                     IS INTEGER RANGE 0..MAXIMUM;

TYPE TEXT(MAXIMUM_LENGTH:INDEX) IS LIMITED PRIVATE;


FUNCTION LENGTH  (T:TEXT                          ) RETURN INDEX;

FUNCTION VALUE   (T:TEXT                          ) RETURN STRING;

FUNCTION EMPTY   (T:TEXT                          ) RETURN BOOLEAN;


FUNCTION TO_TEXT (S:STRING    ;MAX  :INDEX    ) RETURN TEXT;
FUNCTION TO_TEXT (C:CHARACTER;MAX  :INDEX    ) RETURN TEXT;
                               -- maximum length MAX
FUNCTION TO_TEXT (S:STRING                    ) RETURN TEXT;
FUNCTION TO_TEXT (C:CHARACTER                 ) RETURN TEXT;
                               -- maximum length S'LENGTH

FUNCTION "&"  (LEFT:TEXT       ;RIGHT:TEXT      ) RETURN TEXT;
FUNCTION "&"  (LEFT:TEXT       ;RIGHT:STRING    ) RETURN TEXT;
FUNCTION "&"  (LEFT:STRING     ;RIGHT:TEXT      ) RETURN TEXT;
FUNCTION "&"  (LEFT:TEXT       ;RIGHT:CHARACTER) RETURN TEXT;
FUNCTION "&"  (LEFT:CHARACTER;RIGHT:TEXT      ) RETURN TEXT;


FUNCTION "="  (LEFT:TEXT       ;RIGHT:TEXT      ) RETURN BOOLEAN;

FUNCTION "<"  (LEFT:TEXT       ;RIGHT:TEXT      ) RETURN BOOLEAN;

FUNCTION "<=" (LEFT:TEXT       ;RIGHT:TEXT      ) RETURN BOOLEAN;

FUNCTION ">"  (LEFT:TEXT       ;RIGHT:TEXT      ) RETURN BOOLEAN;

FUNCTION ">=" (LEFT:TEXT       ;RIGHT:TEXT      ) RETURN BOOLEAN;
```

```
PROCEDURE SET   (OBJECT:IN OUT  TEXT       ;VALUE   :IN TEXT     );
PROCEDURE SET   (OBJECT:IN OUT  TEXT       ;VALUE   :IN STRING   );
PROCEDURE SET   (OBJECT:IN OUT  TEXT       ;VALUE   :IN CHARACTER);


PROCEDURE APPEND(TAIL  :IN        TEXT      ;TO       :IN OUT TEXT );
PROCEDURE APPEND(TAIL  :IN        STRING    ;TO       :IN OUT TEXT );
PROCEDURE APPEND(TAIL  :IN        CHARACTER;TO        :IN OUT TEXT );


PROCEDURE AMEND (OBJECT:IN OUT TEXT     ;BY        :IN TEXT
                                        ;POSITION:IN INDEX    );
PROCEDURE AMEND (OBJECT:IN OUT TEXT     ;BY        :IN STRING
                                        ;POSITION:IN INDEX     );
PROCEDURE AMEND (OBJECT:IN OUT TEXT     ;BY        :IN CHARACTER
                                        ;POSITION:IN INDEX     );
-- amend replaces part of the object by the given text, string,
-- or character, starting at the given position in the object


FUNCTION LOCATE (FRAGMENT:TEXT      ;WITHIN:TEXT) RETURN INDEX;
FUNCTION LOCATE (FRAGMENT:STRING    ;WITHIN:TEXT) RETURN INDEX;
FUNCTION LOCATE (FRAGMENT:CHARACTER;WITHIN:TEXT) RETURN INDEX;
-- all return 0 if the fragment is not located


PRIVATE
 TYPE TEXT(MAXIMUM_LENGTH:INDEX) IS
  RECORD
   POS  :INDEX:=0;
   VALUE:STRING(1..MAXIMUM_LENGTH);
  END RECORD;


END TEXT_HANDLER;
```

A.3.2 The Library Package Texter (Feldmann)

This annex describes the specification of the simple text handling
library package Texter. A TEXT t has access to an OBJECT, which
is a list of LINKed characters. Thus TEXT t is of variable length
and no maximum length must be given when TEXT t is declared.

```
------------------------------------- Texter ----------------------------------
--    Texter,   Package for handling  text  of variable length  --
--              Harry Feldmann, All rights reserved, Oct.15.90   --
-------------------------------------------------------------------------------

PACKAGE Texter IS

    -- Type text, access to an object of linked characters:

    TYPE        OBJECT   IS PRIVATE       ;
    TYPE        TEXT     IS ACCESS OBJECT;

    -- Attributes:

    FUNCTION   Length  (T              :TEXT) RETURN NATURAL;
    --                                           Length(txt(""))=0
    FUNCTION   Pos     (T              :TEXT) RETURN NATURAL;
    --                                           Pos     (txt(""))=0
    FUNCTION   End_of  (T              :TEXT) RETURN BOOLEAN;
    --      Pos(t)=0 or Pos(t)=Length(t)+1 <--> End_of(t      )=true
    --                                           End_of(txt(""))=true


    -- Explicite positioning of text to 0..Length+1 :

    PROCEDURE Abs_Pos (Not_Null    :IN OUT TEXT
      ;                 Absolute    :       NATURAL:=1);
    PROCEDURE Rel_Pos (Not_Null    :IN OUT TEXT
      ;                 Relative    :       INTEGER:=1);

    -- Conversion, a new text or string or character from maintext,
    --          no implicite positioning of maintext:
    FUNCTION   Txt     (S           :    STRING   ) RETURN TEXT;
    --                                           Txt("")=null
    FUNCTION   Txt     (C           :    CHARACTER) RETURN TEXT;
    FUNCTION   Str     (T           :    TEXT
      ;                 Pos         :    POSITIVE
      ;                 Width       :    NATURAL  ) RETURN STRING;
    --                            Str(Txt(""),p,w)="", Str(t,p,0)  =""
    FUNCTION   Str     (T           :    TEXT
      ;                 Width       :    NATURAL  ) RETURN STRING;
    --                                      Str(t,w)=Str(t,Pos(t),w)
    FUNCTION   Str     (T           :    TEXT     ) RETURN STRING;
    --                                      Str(t)=Str(t,1,Length(t))
    FUNCTION   Chr     (Not_Null    :    TEXT
      ;                 Pos         :    POSITIVE ) RETURN CHARACTER;
    FUNCTION   Chr     (Not_End     :    TEXT     ) RETURN CHARACTER;
    --                                      Chr(t)=Chr(t,Pos(t))

    -- Subtext, a new text with a copy of the wanted substring,
    --          no implicite positioning of maintext:
```

```
FUNCTION  Sub      (Main      :       TEXT
     ;             Pos        :       POSITIVE
     ;             Width      :       NATURAL) RETURN TEXT;
  --                          Sub(t,p,w)  =   Txt(Str(t,p,w))
FUNCTION  Sub      (Main      :       TEXT
     ;             Width      :       NATURAL) RETURN TEXT;
  --                          Sub(t,w)    =   Sub(t,Pos(t),w)
FUNCTION  Sub      (Main      :       TEXT   ) RETURN TEXT;
  --                          Sub(t)=Txt(Str(t,1,Length(t)))
FUNCTION  Pos      (Main
                   First_Sub  :       TEXT   ) RETURN NATURAL;
  -- Pos(Txt(""),t)=0,Pos(t,Txt(""))=0, s not Sub(t)<->Pos(t,s)=0

  -- Editing text, to/fro maintext in the current position,
  --            with implicite positioning of maintext:
PROCEDURE Ins_Edit(Main_Not_End:IN OUT TEXT
     ;             Insert_Left  :      TEXT        );
PROCEDURE App_Edit(Main_Not_End:IN OUT TEXT
     ;             Append_Right:       TEXT        );
PROCEDURE Put_Edit(Main_Not_End:IN OUT TEXT
     ;             Put_Here    :       TEXT        );
PROCEDURE Get_Edit(Main_Not_End:IN OUT TEXT
     ;             Get_Here    :   OUT TEXT
     ;             Width       :       NATURAL:=1);
PROCEDURE Del_Edit(Main_Not_End:IN OUT TEXT
     ;             Width       :       NATURAL:=1);
  --                          Abs_Pos(t);Del_Edit(t,Length(t)); --> t=null

  -- Stripping, delete left and/or multiple and/or right blanks,
  --            implicite new-text-like positioning:
FUNCTION  Strip    (T         :       TEXT
     ;             Left       :       BOOLEAN:=TRUE
     ;             Multi      :       BOOLEAN:=TRUE
     ;             Right      :       BOOLEAN:=TRUE) RETURN TEXT;
  --                                  Strip(Txt(""))=null

  -- Operation catenation, a new text t1+t2 :
FUNCTION  "+"      (Left,Right :       TEXT) RETURN TEXT;
  --                                  Txt("")+Txt("")=null

  -- Input/Output, <Get/Put-Debug:Str=..,Len=..,Chr=..,Pos=..> :
Debug                         :       BOOLEAN :=FALSE ;
PROCEDURE Get      (T         :IN OUT TEXT
     ;             Width      :       POSITIVE:=1    );
PROCEDURE Put      (T         :       TEXT           );

PRIVATE
  TYPE LINK;TYPE ACCESS_LINK IS ACCESS LINK;TYPE LINK IS RECORD
       Val              : CHARACTER  ;
       Pre,Suc          : ACCESS_LINK;
  END RECORD;
  TYPE OBJECT IS RECORD
       Length           : POSITIVE  ;       -- number of  links
       Pos              : NATURAL   ;       -- 0<=Pos<=Length+1
       First,Next,Last  : ACCESS_LINK;      -- Pos numbers Next
  END RECORD;

END Texter;
```

Text-Konzept-Vergleich: STRING, Text_Handler, Texter

Das Ada-Standard-Paket STANDARD (A.2.C) vereinbart den Text-Typ STRING (1.9) als unconstrained ARRAY (5) mit Text-Operatoren =, /=, <, <=, >, >= (Relationen) und & (Katenation). STRING-Parameter in Unterprogrammen können mit strings beliebiger Länge aufgerufen werden.

Im nachfolgenden Beispiel wird die Potenzmenge - d.h.die Menge aller Teilmengen - einer Alphabetmenge in lexikographischer Reihenfolge aufgezählt. Die in der Element-Anzahl variablen Teilmengen gehen als Parameter Menge:STRING in die rekursive Druckprozedur Put ein.

```
-------------------------------- PotMenge --------------------------------
--            PotenzMenge einer endlichen Menge                 --
--       lexikographische Ordnung, 0<=n<=26 Elemente a,..,z      --
--------------------------------------------------------------------------

WITH text_io;USE text_io;

PROCEDURE PotMenge IS
    PACKAGE I_io IS NEW integer_io(INTEGER);USE I_io;
    N    :NATURAL RANGE 0..26;
    Last:CHARACTER;

    PROCEDURE Put(Menge:STRING;Element:CHARACTER) IS
        Menge1:STRING(1..1);
    BEGIN Menge1(1):=Element;
        put(",("&Menge&Menge1&")");
        IF Element<Last THEN
            Put(   Menge&Menge1&",",CHARACTER'SUCC(Element));
            Put(   Menge          ,CHARACTER'SUCC(Element));
        END IF;
    END Put;

BEGIN put("N (0..26):");get(N);Last:=CHARACTER'VAL(96+N);

    put("(()");IF N>0 THEN Put("",'a');END IF;put(')');

END PotMenge;
```

Input	Output
3	N (0..26): ((),(a),(a,b),(a,b,c),(a,c),(b),(b,c),(c)))

Das im Reference-Manual für Ada (83a) vorgeschlagenen Ada-Paket Text_Handler (A.3.1) vereinbart den Text-Typ TEXT als Verbund mit einem STRING vorzugebender Maximallänge Maximum_Length und mit Text-Funktionen =, /=, <, <=, >, >= (Relationen) und & (Katenation) sowie Text-Editier/Konvertierungs-Unterprogrammen.

Der Autor hält Text-Konzepte mit fest vorzugebender Maximallänge für nicht empfehlenswert und bietet an Stelle von Text_Handler ein eigenes Paket Texter für Text flexibler Länge an.

Das Paket Texter enthält wie Text_Handler eine Text-Funktion + (Katenation) sowie Text-Editier/Konvertierungs-Unterprogramme. Anders als bei Text_Handler sind in Texter die Ein/Ausgabe-Prozeduren Get/Put direkt für TEXT verfügbar, die Relationen =, /=, <, <=, >, >= jedoch nur indirekt über die vorhandenen Konvertierungs-Unterprogramme als STRING-Relationen. Für TEXT-Vergleich =, /= gibt es, wie in SIMULA, zwei verschiedene Möglichkeiten: den ACCESS-Vergleich, z.B. X=Y, sowie den STRING-Vergleich, z.B. Str(X)=Str(Y). Es es möglich, daß zwei Texte X, Y auf verschiedene Objekte zeigen, d.h. X/=Y, und doch zufällig den gleichen string beschreiben, d.h. Str(X)=Str(Y). Nur beim NULL-Text gilt X=NULL und zugleich Str(X)=Str(NULL).

Das folgende Programm KonsSchr zeigt, daß nichtnur arabische und hebräische, sondern auch deutsche Texte in linksläufiger Konsonantenschrift lesbar sind.

```
-------------------------------- KonsSchr --------------------------------
--              Konsonanten-Schrift, linkslaeufig                       --
--------------------------------------------------------------------------

WITH Texter;USE Texter;

PROCEDURE KonsSchr IS
   Satz,Zeichen:TEXT;

BEGIN
   LOOP Get(Zeichen);
      IF Pos(Txt("AEIOU"),Zeichen)=0 THEN

         Satz:=Zeichen+Satz;

      END IF;
      EXIT WHEN Str(Zeichen)=".";
   END LOOP;Put(Satz);

END KonsSchr;
```

Input	Output
FESTGEMAUERT IN DER ERDEN.	.NDR RD N TRMGTSF

Die TEXT-Variable Satz wird als ACCESS-Variable implizit mit Null initialisiert (6.1) .

Effektiver als die wiederholte Verwendung der Katenation Satz:=Zeichen+Satz; , bei der jeweils der Satz neu kopiert werden muß, wäre die Verwendung der Editier-Prozeduren Abs_Pos(Satz); , Ins_Edit(Satz,Zeichen); , bei denen nur jeweils das Zeichen vorn in den Satz auf Position 1 eingeschoben (englisch insert) wird.

A.3.3   The Library Package Numeric (Feldmann)

This annex describes the specification of a small library package Numeric, which contains numerical types, constants and functions:

```
-------------------------------- Numeric ---------------------------------
--    Numeric, Package with some often used Numerical Functions   --
--              Harry Feldmann. All rights reserved , Jun.15.90    --
--------------------------------------------------------------------------

PACKAGE Numeric IS

    -- Numerical types:

    SUBTYPE           ARC IS FLOAT;
    SUBTYPE NONEG_FLOAT IS FLOAT RANGE        0.0  ..FLOAT'LAST;
    SUBTYPE   POS_FLOAT IS FLOAT RANGE FLOAT'SMALL..FLOAT'LAST;

    -- Numerical constants:

    Pi          :CONSTANT FLOAT:=3.14159_26535_8979;
    E           :CONSTANT FLOAT:=2.71828_18284_5905;

    -- Rounding up (impl.dep. =INTEGER(X)), Truncation of Mantissa,
    --     Entier-beginnig (next integer less or equal) , Mantissa :

    FUNCTION Round (X  : FLOAT) RETURN INTEGER; -- Round( 0.5)= 1
    FUNCTION Trunc (X  : FLOAT) RETURN INTEGER; -- Trunc(-1.9)=-1
    FUNCTION Ent   (X  : FLOAT) RETURN INTEGER; -- Ent  (-1.9)=-2
    FUNCTION Mant  (X  : FLOAT) RETURN   FLOAT; -- Mant (-1.9)=-0.9

    -- Minimum, medium, maximum:

    FUNCTION Min  (X,Y:     INTEGER ) RETURN     INTEGER;
    FUNCTION Min  (X,Y:       FLOAT ) RETURN       FLOAT;
    FUNCTION Med  (X,Y:     INTEGER ) RETURN     INTEGER;
    FUNCTION Med  (X,Y:       FLOAT ) RETURN       FLOAT;
    FUNCTION Max  (X,Y:     INTEGER ) RETURN     INTEGER;
    FUNCTION Max  (X,Y:       FLOAT ) RETURN       FLOAT;

    -- Numerical functions:

    FUNCTION Sqrt  (X  :NONEG_FLOAT ) RETURN NONEG_FLOAT;

    FUNCTION Log   (X  :  POS_FLOAT ) RETURN       FLOAT;
    FUNCTION Ln    (X  :  POS_FLOAT ) RETURN       FLOAT;
    FUNCTION Exp   (X  :       FLOAT ) RETURN  POS_FLOAT;

    FUNCTION Sin   (X  :         ARC ) RETURN       FLOAT;
    FUNCTION Cos   (X  :         ARC ) RETURN       FLOAT;
    FUNCTION Tan   (X  :         ARC ) RETURN       FLOAT;
    FUNCTION ArcTan(X  :       FLOAT ) RETURN         ARC;

END Numeric;
```

A.3.4   The Library Package Random (Feldmann)

This annex describes the specification of a small library package Random which containes probability types and pseudo-random functions.

```
--------------------------- Random ---------------------------------
--   Random , Package with some often used  Random  Functions    --
--           Harry Feldmann. All rights reserved,   Jun.15.90    --
--------------------------------------------------------------------

WITH Numeric;USE Numeric;

PACKAGE Random IS

    -- Probability types:

    SUBTYPE PROB  IS FLOAT            RANGE   0.0..1.0;
    TYPE     PROBS IS ARRAY(INTEGER RANGE<>) OF PROB;

    -- Sum :

    FUNCTION Sum       (F    :       PROBS     ) RETURN NONEG_FLOAT ;

    -- Random values with uniform distribution:

    FUNCTION Rand      (FIRST :    FLOAT:=0.0
        ;                 LENGTH:POS_FLOAT:=1.0 ) RETURN          FLOAT ;
    FUNCTION Draw                               RETURN       BOOLEAN ;
    FUNCTION Roul      (FIRST :  INTEGER:= 0
        ;                 LENGTH: POSITIVE:=37  ) RETURN        INTEGER ;

    -- Random values with user-defined distribution:

    FUNCTION Draw      (P    :      PROB      ) RETURN       BOOLEAN ;
    FUNCTION Roul      (Hist :      PROBS     ) RETURN       INTEGER ;
    Sum_not_1                     : EXCEPTION     ; -- raised in Roul

    -- Random values Pois_Come with Poisson  distribution , and
    -- corresponding nExp_Wait with negativeExponent-ial distr:

    FUNCTION Pois_Come(Rate   :  POS_FLOAT:=1.0) RETURN      NATURAL ;
    FUNCTION nExp_Wait(Rate   :  POS_FLOAT:=1.0) RETURN NONEG_FLOAT;

    -- Random values with Gauss (normal) distribution:

    FUNCTION Norm_Rand(Mean  :      FLOAT:=0.0
        ;                 Devia :NONEG_FLOAT:=1.0) RETURN        FLOAT ;

END Random;
```

A.3.5 The Library Package HistoGrm (Feldmann)

This annex describes the specification of a small library package HistoGrm which contains histogram types and functions and procedures for dot-plot.

```
---------------------------- HistoGrm ----------------------------
--   HistoGrm, Package  for  Histogram-Handling   and   DotPlot   --
--               Harry Feldmann. All rights reserved , Jun.15.90   --
------------------------------------------------------------------

WITH Numeric;USE Numeric;

PACKAGE HistoGrm IS


    -- Histogram types, type DOTS for Dot_Plot :

    TYPE       BOOLEANS IS ARRAY(INTEGER RANGE<>)OF        BOOLEAN;
    TYPE       INTEGERS IS ARRAY(INTEGER RANGE<>)OF        INTEGER;
    TYPE       NATURALS IS ARRAY(INTEGER RANGE<>)OF        NATURAL;
    TYPE      POSITIVES IS ARRAY(INTEGER RANGE<>)OF       POSITIVE;
    TYPE         FLOATS IS ARRAY(INTEGER RANGE<>)OF          FLOAT;
    TYPE NONEG_FLOATS IS ARRAY(INTEGER RANGE<>)OF NONEG_FLOAT;
    TYPE     POS_FLOATS IS ARRAY(INTEGER RANGE<>)OF      POS_FLOAT;
    TYPE           DOTS IS ARRAY(INTEGER RANGE<>)OF      CHARACTER;


    -- Conversion Ints, Ents and Flos,    Ints((false,true))=(0,1) ,
    --                   Ents((0.8,1.2))=(Ent(0.8),Ent(1.2))=(0,1) :

    FUNCTION    Ints(F:                   BOOLEANS) RETURN  INTEGERS;
    FUNCTION    Ints(F:                     STRING) RETURN  INTEGERS;
    FUNCTION    Ints(F:                   NATURALS) RETURN  INTEGERS;
    FUNCTION    Ints(F:                  POSITIVES) RETURN  INTEGERS;
    FUNCTION    Ints(F:                     FLOATS) RETURN  INTEGERS;
    FUNCTION    Ents(F:                     FLOATS) RETURN  INTEGERS;

    FUNCTION    Flos(F:                   INTEGERS) RETURN    FLOATS;
    FUNCTION    Flos(F:               NONEG_FLOATS) RETURN    FLOATS;
    FUNCTION    Flos(F:                 POS_FLOATS) RETURN    FLOATS;


    -- Functions with overall-evaluation:

    FUNCTION   Sum (F:                   INTEGERS) RETURN INTEGER ;
    FUNCTION   Sum (F:                     FLOATS) RETURN   FLOAT ;

    FUNCTION   Min (F:                   INTEGERS) RETURN INTEGER ;
    FUNCTION   Min (F:                     FLOATS) RETURN   FLOAT ;
    FUNCTION   Med (F:                   INTEGERS) RETURN INTEGER ;
    FUNCTION   Med (F:                     FLOATS) RETURN   FLOAT ;
    FUNCTION   Max (F:                   INTEGERS) RETURN INTEGER ;
    FUNCTION   Max (F:                     FLOATS) RETURN   FLOAT ;
```

```
  -- Search, if Sought not in F then  Pos(F,Sought)=F'FIRST-1 :

  FUNCTION  Pos (F:   STRING;Sought:CHARACTER ) RETURN NATURAL ;
  FUNCTION  Pos (F:INTEGERS;Sought:  INTEGER ) RETURN INTEGER ;
  FUNCTION  Pos (F:  FLOATS;Sought:    FLOAT ) RETURN INTEGER ;


  -- Operations with evaluation-by-components :

  FUNCTION "Abs"(F:   FLOATS                     ) RETURN
                                            NONEG_FLOATS;
  FUNCTION  "+" (F:   FLOATS;Summand    :FLOAT ) RETURN    FLOATS;
  FUNCTION  "-" (F:   FLOATS;Subtractor:FLOAT ) RETURN    FLOATS;
  FUNCTION  "*" (F:   FLOATS;Factor     :FLOAT ) RETURN    FLOATS;
  FUNCTION  "/" (F:   FLOATS;Divisor    :FLOAT ) RETURN    FLOATS;

  FUNCTION "**" (F:   FLOATS;Exponent :NATURAL) RETURN    FLOATS;

  FUNCTION  "+" (F1,F2:                 FLOATS) RETURN    FLOATS;
  FUNCTION  "-" (F1,F2:                 FLOATS) RETURN    FLOATS;
  FUNCTION  "*" (F1,F2:                 FLOATS) RETURN    FLOATS;
  FUNCTION  "/" (F1,F2:                 FLOATS) RETURN    FLOATS;


  -- Procedure for plotting F(x), x=X_Scale*i, i in F'RANGE ,
  --     F has dot '*' or optionally dots D, D'RANGE=F'RANGE :

  PROCEDURE Dot_Plot(F:FLOATS        ; X_Scale:POS_FLOAT:=1.0;
     X_Fore:POSITIVE:=             2;
     X_Aft :NATURAL :=FLOAT'DIGITS-1; X_Exp  :NATURAL  :=3  ;
     F_Fore:POSITIVE:=             2;
     F_Aft :NATURAL :=FLOAT'DIGITS-1; F_Exp  :NATURAL  :=3  );
  PROCEDURE Dot_Plot(F:FLOATS;D:DOTS; X_Scale:POS_FLOAT:=1.0;
     X_Fore:POSITIVE:=             2;
     X_Aft :NATURAL :=FLOAT'DIGITS-1; X_Exp  :NATURAL  :=3  ;
     F_Fore:POSITIVE:=             2;
     F_Aft :NATURAL :=FLOAT'DIGITS-1; F_Exp  :NATURAL  :=3  );
  RangFD_NotEq:EXCEPTION; -- raised in Dot_Plot, states null


END HistoGrm;
```

A.3.6   The Library Package HistoTst (Feldmann)

This annex describes the specification of a small library package HistoTst which contains procedures for histogram sorting, functions for correlation, chisquare random testing and procedures for (multiple) bar-plot.

```
----------------------------------- HistoTst -----------------------------
-- HistoTst, Package for Histogram-Sorting/Testing and Bar_Plot --
--          Harry Feldmann . All rights reserved  , Mar.03.90 --
--------------------------------------------------------------------------

WITH Numeric,Random,HistoGrm;USE Numeric,Random,HistoGrm;

PACKAGE HistoTst IS

    -- Type WORDS for Bar_Plot :

    TYPE WORDS IS
    ARRAY(INTEGER RANGE<>,POSITIVE RANGE<>) OF CHARACTER;

    -- Conversion Flos :

    FUNCTION  Flos      (F:              PROBS)     RETURN     FLOATS;


    -- Frequency Freq(y), y=F(x),x in F'RANGE,y in Min(F)..Max(F):

    FUNCTION  Freq      (F:          INTEGERS)     RETURN  NATURALS;
    FUNCTION  Frep      (F:          INTEGERS)     RETURN     PROBS;


    -- Sorting F, sorting F1 with corresponding permutation of F2,
    -- Ranking F, ranking F1 with corresponding permutation of F2,
    --     ranking includes sorting, F(F'FIRST+i-1) has rank i  and
    --     tied group members F(i)=..=F(j) have midrank  Med(i,j) :

    PROCEDURE Sort      (F    :IN OUT FLOATS); -- binary Shell-Sort
    PROCEDURE Sort      (F1,F2:IN OUT FLOATS);
    PROCEDURE Rank      (F    :IN OUT FLOATS);
    PROCEDURE Rank      (F1,F2:IN OUT FLOATS);


    -- Covariance  Cov(F1,F2) = Med( (F1-Med(F1))*(F2-Med(F2)) )  :

    FUNCTION  Cov       (F1,F2:          FLOATS)     RETURN     FLOAT ;


    -- Procedures  for  plotting  '#'  or  optionally  dots D  for
    --     given pairs (F1,F2) , mean '%' for multiple F2     and
    --     least square dot '*' for missing F2 ,   D'RANGE=F1'RANGE :

    PROCEDURE 1Sq_Plot  (F1,F2:      INTEGERS                    );
    PROCEDURE 1Sq_Plot  (F1,F2:      INTEGERS ;      D:DOTS      );

    RangFD_NotEq:EXCEPTION; -- raised in 1Sq_Plot, states null
```

```
-- Correlation for uniform-weighted measurings, Pearson's
--     Pea_Corr(F1,F2) = Cov(F1,F2)/Sqrt(Cov(F1,F1)*Cov(F2,F2)),
--                                absolute value of result <=1.0 :

FUNCTION  Pea_Corr  (F1,F2:        FLOATS)       RETURN    FLOAT ;

-- Correlation for rankable valuations,
--     Spearman's rank-correlation Spe_Corr, using Pea_Corr     ,
--     Kendall 's rank-correlation Ken_Corr, using Tau-formula ,
--                                absolute value of result <=1.0 :

FUNCTION  Spe_Corr  (F1,F2:        FLOATS)       RETURN    FLOAT ;
FUNCTION  Ken_Corr  (F1,F2:        FLOATS)       RETURN    FLOAT ;


-- Chisqare-test for uniform-distributed-random frequencies :

FUNCTION  ChiSq_Test(Obsv:        NATURALS
    ;                  Expc:      POS_FLOATS
    ;                  PeYa:  NONEG_FLOAT:=0.0) RETURN      PROB ;
--                    Pearson correction =0.0
--                       Yates correction =0.5

Sums_NotEq:EXCEPTION;-- raised in ChiSq_Test, return 0.0
Expc_Less5:EXCEPTION;-- raised in ChiSq_Test, return 0.0


-- Procedures for plotting F(x), x=X_Scale*i, i in F'RANGE ,
--    x has values and optionally words W, W'RANGE=F'RANGE :

PROCEDURE Bar_Plot(F:FLOATS;                  X_Scale:POS_FLOAT:=1.0;
    X_Fore:POSITIVE:=            2;
    X_Aft :NATURAL :=FLOAT'DIGITS-1;          X_Exp  :NATURAL  :=3  ;
    F_Fore:POSITIVE:=            2;
    F_Aft :NATURAL :=FLOAT'DIGITS-1;          F_Exp  :NATURAL  :=3 );

PROCEDURE Bar_Plot(F:FLOATS;W:WORDS;          X_Scale:POS_FLOAT:=1.0;
    X_Fore:POSITIVE:=            2;
    X_Aft :NATURAL :=FLOAT'DIGITS-1;          X_Exp  :NATURAL  :=3  ;
    F_Fore:POSITIVE:=            2;
    F_Aft :NATURAL :=FLOAT'DIGITS-1;          F_Exp  :NATURAL  :=3 );

PROCEDURE Bar_Plot(F1,F2:FLOATS;              X_Scale:POS_FLOAT:=1.0;
    X_Fore:POSITIVE:=            2;
    X_Aft :NATURAL :=FLOAT'DIGITS-1;          X_Exp  :NATURAL  :=3  ;
    F_Fore:POSITIVE:=            2;
    F_Aft :NATURAL :=FLOAT'DIGITS-1;          F_Exp  :NATURAL  :=3 );

PROCEDURE Bar_Plot(F1,F2:FLOATS;W:WORDS;X_Scale:POS_FLOAT:=1.0;
    X_Fore:POSITIVE:=            2;
    X_Aft :NATURAL :=FLOAT'DIGITS-1;          X_Exp  :NATURAL  :=3  ;
    F_Fore:POSITIVE:=            2;
    F_Aft :NATURAL :=FLOAT'DIGITS-1;          F_Exp  :NATURAL  :=3 );

RangFW_NotEq:EXCEPTION; -- raised in Bar_Plot, states null


END HistoTst;
```

A.3.7   The Generic Library Package Transit (Feldmann)

This annex describes the specification of a generic library package Transit for statisical supervision of transit of individuals through parallel stations, which containes types for individ and station, a procedure for putting an individ 'On' a station, an automatic protocol and procedures for dia(gram)-plot of stations.

An individ I can be transitted from one station to another station S by calling the procedure On(I, S). All transits are protocolled automatically. Statistical results are updated automatically and can be print-plotted in form of station-diagrams by calling the procedure Dia_Plot(S).

Transit must be instantiated with the actual generic parameters Population (number of individs), Transition (number of statitions) and Format (for Dia_Plot). The configuration of the station-model is given implicitely by On-calls, see examples ParShops (Jobs in Parallel Shops) and EpidInf (Epidemic Infection) (10).

An implementation-independent nonreal-timing is defined by the Functions Time_Lapse(T), for adding noneg_float T to the internal Transit_Time, and Time_Delay(D), for delaying noneg_float D in the internal Transit_TIME. The Function Time asks for Transit_Time .

```
------------------------------------- Transit ---------------------------------
--    Transit, generic Package for statistical Supervising of --
--             Transit of Individuals through parallel Stations, --
--             with formatted Dia_Plot for diagrams of Stations. --
--             Harry Feldmann, all rights reserved , Oct.25.1989 --
-------------------------------------------------------------------------------

WITH Numeric;USE Numeric;


GENERIC
    Population:POSITIVE; -- Number of Individs
    Transition:POSITIVE; -- Number of Stations
    Format    :POSITIVE; -- RANGE 6..16:Protocol,Dia_Plot


PACKAGE Transit IS

    -- Format defines Float-max Fma  and  Natural-max Nma :
    --                                              <Format>
    Fma:CONSTANT FLOAT   :=10.0**(Format-3)-0.01; -- 9...9.99,   out
    Nma:CONSTANT NATURAL:=NATURAL(Min(            -- 9......9,   out
        FLOAT(NATURAL'LAST),10.0**Format-1.0));
```

```
-- Types for Individuals and Stations:


TYPE IND;TYPE     AC_IND IS ACCESS                          IND;
TYPE              AR_AC_IND IS ARRAY(POSITIVE RANGE<>) OF AC_IND;
TYPE STA;TYPE     AC_STA IS ACCESS                          STA;
TYPE              AR_AC_STA IS ARRAY(NATURAL  RANGE<>) OF AC_STA;



TYPE IND IS RECORD
    Protocol  :BOOLEAN:=TRUE;               -- Protocol       ,in out
    Name:STRING(1..12):="       Indivd"; -- Name          ,in out
    Value1    :INTEGER:=0   ;               -- Value1         ,in out
    Value2    :FLOAT  :=0.0;                -- Value2         ,in out
    Activity  :NATURAL:=Nma;                -- Action-Limit   ,in out
    Number    :POSITIVE;                    -- numeration     ,   out
    Action    :NATURAL:=0;                  -- Number of Ons  ,   out
    Time      :FLOAT  :=0.0;                -- last Action    ,   out
    Station   :AC_STA;                      -- of IND         ,   out
    PRED,SUCC :AC_IND;                      -- of IND         ,   out
END RECORD;


TYPE STA IS RECORD
    Protocol  :BOOLEAN:=TRUE;               -- Protocol       ,in out
    Name:STRING(1..12):="      Station"; -- Name           ,in out
    Value1    :INTEGER:=0   ;               -- Value1         ,in out
    Value2    :FLOAT  :=0.0;                -- Value2         ,in out
    Capacity  :NATURAL:=Population;         -- Content-Limit  ,in out
    Number    :NATURAL;                     -- numeration     ,   out
    Content   :NATURAL:=0;                  -- Number of INDs     out
    Time      :FLOAT  :=0.0;                -- last 'Content>0'   out
    FIRST,LAST:AC_IND;                      -- of STA         ,   out
    --  Time         WaitingTime    Content                 ,   out
    Tmi:FLOAT:=0.0;Wmi:FLOAT:=Fma;Cmi:NATURAL:=Nma      -- minimum
    ;              Wme:FLOAT:=0.0;Cme:NATURAL:=  0;     --  medium
    Tma:FLOAT:=0.0;Wma:FLOAT:=0.0;Cma:NATURAL:=  0;     -- maximum
    Tid:FLOAT:=0.0;                         -- idle in (Tmi,Tma)
    Ton:FLOAT:=Fma                          -- first 'Content>0'
    ;                             Con:NATURAL:=  0    --On total
    ;                             Cex:NATURAL:=  0    --ex total
    ;                             CI0:FLOAT  :=0.0    --integral
    ;                             CI1:FLOAT  :=0.0;   --integral
END RECORD;



-- Individuals, Stations and Predicates Empty, Full:

Individ:AR_AC_IND(1..Population );
Station:AR_AC_STA(0..Transition+1);
Source :   AC_STA RENAMES Station(0            );
Sink   :   AC_STA RENAMES Station(Transition+1);


FUNCTION Empty(S:AC_STA) RETURN BOOLEAN;    -- Content=0
FUNCTION Full (S:AC_STA) RETURN BOOLEAN;    -- Content=Capacity
```

```
-- Function Time for getting non-real (!) Transit_Time,
--     initially 0.0 ,  and Procedures for Time-slicing:

FUNCTION  Time          RETURN    NONEG_FLOAT ;
PROCEDURE Time_Lapse(Time_DIFF:NONEG_FLOAT);
PROCEDURE Time_Delay(Time_DIFF:NONEG_FLOAT);
PROCEDURE Time_Abort                        ;


-- Procedure for setting Individ I On Station S
--     with (Long_)Protocol,
--     initially all Individuals are set On Source:

PROCEDURE On (I:AC_IND;S:AC_STA);

AC_IND_NULL  :EXCEPTION;          -- raised in On
AC_STA_NULL  :EXCEPTION;          -- raised in On
Action_Limit :EXCEPTION;          -- raised in On
Content_Limit:EXCEPTION;          -- raised in On
Long_Protocol:BOOLEAN:=FALSE;


-- Procedures for Plotting a hoizontal Station-Diagram-Row
--     with (Long_)Diagrams-Statistics :

PROCEDURE Dia_Plot(S1              :    AC_STA);
PROCEDURE Dia_Plot(S1,S2           :    AC_STA);
PROCEDURE Dia_Plot(S1,S2,S3        :    AC_STA);
PROCEDURE Dia_Plot(S1,S2,S3,S4     :    AC_STA);
PROCEDURE Dia_Plot(S1,S2,S3,S4,S5:    AC_STA);
PROCEDURE Dia_Plot(SS            :AR_AC_STA);

Long_Diagrams:BOOLEAN:=FALSE;


-- Procedures P and Dia_Plot-parameters Pp for Diagram-Arrows,
--     Plotting A(^),I(!),V(v),W(est),N(orth),S(outh),E(ast):

PROCEDURE  O ;Op:AC_STA; --    b l a n k s
PROCEDURE  A ;           --    blanks ^ blanks
PROCEDURE  I ;Ip:AC_STA; --    blanks ! blanks
PROCEDURE  V ;           --    blanks V blanks
PROCEDURE  WN ;          --    -------' blanks
PROCEDURE  WS ;          --    -------, blanks
PROCEDURE  NE;           --    blanks '-------
PROCEDURE  SE;           --    blanks ;-------
PROCEDURE  WX ;          --    -------* blanks
PROCEDURE  XE;           --    blanks *-------
PROCEDURE  WXE;          --    -------*-------
PROCEDURE  WE ;          --    --------------


-- Statistical Restart,new Time Interval,new Protocol Head:

PROCEDURE Protocol_Restart;


END Transit;
```

Übg   ÜBUNGSAUFGABEN

Die Übungsaufgaben sind nach dem internationalen ACM-Index
A,..,X geordnet, mit ihrem jeweiligen Schwierigkeitsgrad l=leicht,
m=mittel, s=schwer, ss=sehr-schwer gekennzeichnet und mit Hinwei-
sen (vgl. Skript) auf ähnliche Aufgaben im Skript versehen. Außerdem wird im Literaturverzeichnis eine Auswahl von Aufgabensamm-
lungen mit programmierten Lösungsalgorithmen genannt.

Der Leser möge sich aus der Vielzahl der Aufgaben die ihn be-
sonders interessierenden Aufgaben heraussuchen oder besser noch,
Varianten oder eigene Aufgaben daraus selbst entwickeln, und dann
Lösungsalgorithmen programmieren.

Arithmetik

m A1   "Römische Zahlen", d.h. Konvertierung

a/b) einer natürlichen Zahl vom Dezimalsystem ins stellenfreie
     (bzw. nicht stellenfreie) römische Zahlsystem, z.B. 9 in
     VIIII oder IIIIV oder IIVII (bzw. IX), oder

c/d) einer nat. Zahl vom stellenfreien (bzw.nicht stellenfreien)
     römischen Zahlsystem ins Dezimalsystem.

m A1   "Arabische Zahlen", d.h. Konvertierung

   a) einer nat. Zahl vom Dezimal-System in ein beliebiges
      k-Ziffern Stellensystem (k ungleich 10) oder
   b) einer nat. Zahl von einem beliebigen k-Ziffern-Stellen-
      system (k ungleich 10) ins Dezimalsystem oder
s c) einer nat. Zahl von einem beliebigen k1-Ziffern-Stellen-
      system über das Dezimalsystem in ein beliebiges k2-Ziffern-
      Stellensystem.

m A1   "Wiederholte Quersumme" einer nat. Zahl, z.B. WQS(789)=6,
       etwa mit Funktionen zehner(n), einer(n), quer(n), mehr(n).

       Bestimme zu n nat. Zahlen :
m A1   das "kleinste gemeinsame Vielfache" oder/und
m A1   den "größten gemeinsamen Teiler" (vgl. Skript).

l A1   "Primzahlvorkommen" (vgl. Skript), d.h.

   a) Tabelle der Anzahl k(n) der Primzahlen
      2,3,5,7,11,13,17,19,...,n , n < 500 , oder
   b) Tabelle der Anzahl k2(n) der Primzahlzwillinge
      (2,3),(3,5),(5,7),(11,13),(17,19),...,(n,n+2), n<1000 .

l A1   "Primzahlteppich" (vgl. Skript),

   a) Primzahl-Vorkommen < 5 000 notiert mit "P" für
      "Primzahl" und mit "." für "keine Primzahl",
      nur für ungerade Zahlen, oder

b) Primzahlzwilling-Vorkommen < 10 000 notiert mit "Z" für "Primzahlzwilling" und mit "." für "kein Primzahlzwilling".

m A1   Tabelle der "Pythagoräischen Zahlentripel" < 100.

Polynome

m C2   "Newton'sches Iterationsverfahren" (vgl.Skript), d.h.
$x(n+1):=x(n)-f(x(n))/f'(x(n))$, $n=0,1,2,\ldots$, $f'(x(n))/=0$,

   a) Berechnung der n-ten Wurzel aus a (n>=2 ganz, a reell),
$f(x)=x$ hoch n - a, $f'(x)=n * x$ hoch (n-1), oder
   b) Bestimmung einer Nullstelle einer beliebigen reellen Fkt.,
$f(x)$, $f'(x)$ gegebene Unterprogramme.

m C2   Lösung der reellen "quadratischen Gleichung":

   a) $x*x + p*x + q = 0$ (Normalform, komplexe Lösungen) oder
   b) $a*x*x + b*x + c = 0$ (Allg. Form, $a=0,b=0$ berücksichtigen).

s C2   Lösung der "kubischen Gleichung" in allgemeiner Form
(Cardani'sche Formel).

Differentiation/Integration

m D1 "Numerische Integration":
   a) nach Simpson oder
s b) nach einer höheren Formel, z.B. nach Romberg.

  D2   "Numerische Lösung gewöhnlicher Differentialgleichungen":
m a) mit gegebenen Anfangswerten nach Runge Kutta oder
s b) nach einem höheren Verfahren, z.B. predictor-corrector.

s D3   " Numerische Lösung partieller Differentialgleichungen"
mit gegebenen Randwerten nach einem Differenzenverfahren.

Interpolation/Approximation/Analyse

s E2   "Kurven-Interpolation", z.B. durch kubische Splines.

s E2   "Fourier-Analyse" einer periodischen, stückweise monotonen,
stückweise stetigen Funktion f mit $f(x)=f(x+w)$,

```
                    unendl
f(x) = a0/2 + SUMME (ak*cos(k*w0*x)+bk*sin(k*w0*x)) .
                    k=1
```

Bestimmung der ersten 5 Koeffizienten ak,bk (k=1,...,5).

Matrizen, Vektoren, lineare Systeme

m F1   Bestimmung des "Winkels zwischen zwei Vektoren"
       (allgemein für Dimension n).

l F1   "Prüfung ganzzahliger Matrizen" A,B auf

   a) AA'=A'A   (Transponierte A'), d.h. "A normal"   oder
   b) AA'=E   (Einheitsmatrix E), d.h. "A orthogonal" oder
   c) AB=BA   , d.h. "A,B kommutativ".

s F3   Berechnung der "Determinante einer quadrat. reell. Matrix":

   a) durch Entwicklung nach Zeilen oder Spalten oder
   b) durch Transformierung auf Dreiecksform (z.B.nach Gauß) oder
   c) nach Formel det(a1,...,an)=SUMME sign(p1,...,pn) a1p1..anpn
       wobei über alle Permutationen (p1,...,pn) der Ziffern
       (f1,...fn) zu numerieren ist.

s F4   Lösung eines "linearen Gleichungssystems":

   a) nach Gauß oder
   b) nach einem Verfahren mit Pivot-Suche oder
   c) nach einem Iterationsverfahren (z.B. Einzelschritt-Verf.)

Statistik/Wahrscheinlichkeit

m G1   Berechnung von Mittelwert, mittlerer Streuung sx,sy und
       "Korrelationskoeffizient" r aus (x1,...,xn) , (y1,...,yn) :

$$\bar{x} = 1/n * \text{SUMME}_{k=1}^{n} \ x_k \ , \ sx = \text{Wurzel}(1/(n-1)*\text{SUMME}_{k=1}^{n} (x_k-\bar{x})\text{hoch } 2),$$

$$r = 1/((n-1)*sx*sy) * \text{SUMME}_{k=1}^{n} (x_k-\bar{x})*(y_k-\bar{y}) \qquad (n>=2).$$

m G1   Ermittlung der "Häufigkeit von Zeichen" (vgl. Skript) in
       Texten (häufigste Buchstaben in Deutsch "enristdha") oder
       "Häufigkeit von Zeichenfolgen", z.B. au,ei,eu,ie .

m G1   "Fußballmeisterschaft", d.h. jeder Verein spielt gegen je-
       den anderen genau einmal; ein Sieg gibt 2 Punkte, ein Un-
       entschieden 1 Punkt; bei Punktgleichheit entscheiden die
       Tordifferenzen aller geschossenen und erhaltenen Tore;
       sind auch die gleich so ergeben sich gleiche Plazierungen.

s G1   "Sitzverteilung", d.h.

   a) d'Hondt'sches Höchstzahlverfahren oder
   b) andere Verfahren zur Auszählung von Sitzverteilungen aus
       Stimmmverteilungen

m G3   Eigene "Statistische Tests" für ggf. eigenen Zufallszahlen-
       Generator (vgl. Skript).

m G5   Pseudozufälliges (RANDOM vgl.Skript) Fortbewegen in einem
       ebenen Gitternetz:

a) "Zufallsweg", jeweils zu einem der 4 (8) Nachbarpunkte oder

b) "Stadtbummel", wie a), jedoch nicht zu bereits vorher besuchten Nachbarpunkten.

s G5 "Roulette-System", d.h. man simuliere eine systematische Spielweise (z.B. Setzen fortlaufend auf Rot mit Verdoppeln; Neuanfang nach Gewinn oder bei Verluststrähne) und bestimme den "Verdienst" pro Stunde in Abhängigkeit von der mittleren Spieldauer, vom Einsatzlimit und vom Anfangskapital (ohne Anspruch auf sichere statistische Aussage).

s G5 "Monte Carlo Methode" d.h.

a) z.B. Bestimmung von pi/4 durch Bildung von Zufallszahlenpaaren $(0,0) < = (a,b) < = (1,1)$ und Division durch Anzahl günstiger Fälle $f(a,b) = a*a+b*b-1 < = 0$ (im Viertelkreis) durch Anzahl aller Fälle (im Quadrat) oder

b) andere Flächenbestimmungen, z.B. $f(a,b) = a*a*a-a*b+b*b*b$.

Permutation/Kombination

m G6 "Geldbetrag-Varianten", d.h. Auszahlungsmöglichkeiten eines bel. Geldbetrags in Scheinen und Münzen.

m G6 "Siebzehn-und-Vier", d.h.

a) Aufzählung aller Skat-Karten-Kombinationen deren Werte in der Summe 21 ergeben.

ss b) Reales Spiel mit Zufallszahlengenerator und Menu-Abfrage.

s G6 "Cliquenbildung", d.h. gegeben ist eine Menge von (z.B. 20) Personen, von denen jede Person eine gewisse Anzahl von anderen Personen näher kennt.Gesucht sind alle Teilmengen von Personen, in denen jede Person jede andere näher kennt.

m G6 "Codierungsvergleich" , d.h. Prüfung zweier Ketten natürlicher Zahlen darauf, ob sie (verschiedene) Codierungen der Art "jedes Zeichen aus dem Zeichenvorrat entspricht genau einer Zahl aus einer Teilmenge der nat.Zahlen"sein könnten.

s G6 Bestimmung der "lexikographisch nächsten Permutation" (z.B. Backtracking, vgl. Skript).

s G6 "Potenzmenge" d.h. Aufzählung (z.B. Backtracking, vgl. Skript) aller Teilmengen

a) einer endlichen Menge oder
b) einer aufzählbar unendlichen Menge.

s G6 "Diagonalverfahren", d.h. Aufzählen von 500 Elementen der Menge $N*N = <1,2,3,...>*<1,2,3,...> = <(1,1),(2,1),(1,2),...>$ (auch Formel existiert).

Operations Research/Optimierung/Spiele/Simulations-Modelle

    H1   "Optimierungsaufgaben":

s a)   lineare Optimierung mit Simplex-Verfahren,
ss b)   sonstige Optimierung, Anwendungen auf Netze, Graphen etc.

ssH2 Simulation paralleler Prozesse (vgl. Skript) .

    a) "Hindernis-Rennen", mit Pferden (Transit-Individuen) und
       Rennbahn-Hindernis-Strecken (Transit-Stationen), z.B. nach
       Muster des englischen Grand-National.
    b) "Kapazitätsplanung", z.B. Produzenten/Konsumenten, Häfen/
       Schiffe
    c) "Fabrik", z.B. Hochofen, Zeitungsdruck, Automobilwerk.
    d) "Absatzprognose" bei unterschiedlichem Konsumentenverhalten
    e) "Verkehrsnetz", z.B. Kreuzung mit Ampeln, Fahrstuhl, Zoll-
       Station, Fähre.

l H3 "Pfänderspiel", d.h. Ausdrucken der nat. Zahlen von 1 bis
      100 ohne Zahlen, die 7 als Ziffer enthalten oder durch 7
      teilbar sind.

    H3 Skat-"Karten Vorsortieren", so

l a) daß sie geordnet aufgeblättert (Drucker) werden oder
s b) wie a), jedoch wird immer eine Karte aufgedeckt und eine
      unter den Stapel geschoben.

m H3 "Abzählspiel", d.h. von n Personen wird durch Abzählen jede
      m-te ausgeschieden (und nicht mehr mitgerechnet). Welche
      bleibt übrig ?

ssH3 Minimax-Methode (vgl. Skript) :

    a) "Schach" , Bewertungen, Zug-Verzweigungen.
    b) "Reversi", Bewertungen, Zug-Verzweigungen.

    H4 Backtracking-Algorithmen (vgl. Skript) :

s a) "Labyrinth", d.h. suche alle Wege vom Start zum Ziel.
    b) "Travelling Salesman (Rundreise-Problem)", d.h. suche die
      kürzeste Rundreise durch n Städte ($n < = 10$).
    c) "Ziege-Wolf-Kohlkopf" Fährtransport-Problem.
    d) "8-Königinnen-Problem",d.h. plaziere 8 Königinnen auf einem
      Schachbrett so, daß sie sich nicht gegenseitig bedrohen.
    e) "Springer-Rundreise" auf einem (kleineren 6*6) Schachbrett.

    H4 "Verpackungsproblem", d.h.

m a) Bestimme für ein Paket die benötigte Länge Packpapier (ab-
      hängig von Papierbreite) u. die benötigte Länge Packschnur.
ss b) Packe eine gegebene Menge von Gegenständen (vereinfacht
      2-dimensional, vereinfacht Quadrate) in möglichst wenige
      (vereinfacht einen) gegebene Kartons (vereinfacht Quadrat).

ss H4 Sonstige "Puzzle"-Spiele.

Ausgabe/Graphik

m J0   "Print-Plot" mit Tastatur-Zeichen (ggf. Datei-Verarbeitung)

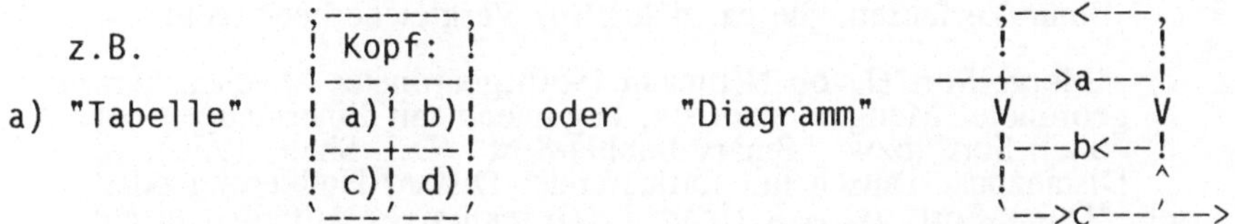

```
                     ;---------;                        ;---<---;
        z.B.         ! Kopf:   !                        !       !
                     !---;---- !               ---+-->a---!
    a) "Tabelle"     ! a)! b)!      oder    "Diagramm"   V       V
                     !---+--- !                        !---b<--!
                     ! c)! d)!                          !       ^
                     '---'--- '                        '-->c---'-->
```

b) "Kurvendarstellung", z.B. gegeben als Unterprogramm oder
c) "Vergrößerung", "Dehnschrift" (jede Spalte doppelt) oder
   "Kursivschrift" von Buchstaben als Punktmatrizen oder
d) "Firmenwappen" im Briefkopf

s J0   "Stammbaum Zeichnen" (Baumstruktur, vgl.Skript), z.B:
       Eingabe:

```
            Meier,Inge  ,10,
            Meier,Hans  ,40,Vater  von Meier,Inge  ,10
            Meier,Klaus ,70,Vater  von Meier,Hans  ,40
            Lang ,Rita  ,65,Mutter von Meier,Hans  ,40
            Kurz ,Hanne ,35,Mutter von Meier,Inge  ,10
            Voss ,Carmen,60,Mutter von Kurz ,Hanne ,35
       Ausgabe:
         Meier,Inge  ,10-,->Meier,Hans  ,40-,->Meier,Klaus ,70
                      !                       '->Lang ,Rita  ,65
                      '->Kurz ,Hanne ,35-,
                                          '->Voss ,Carmen,60
```

   J0   "Menu-Technik", d.h. Ablaufsteuerung,
m a) mit einfachen Abfragen und einfachen Ausdrucken oder
s b) mit hierarchisch tief gestaffelten Abfragen und Print-Plot-
      Ausdrucken (s.oben).

   J0   "Window-Technik", d.h. Fenster-Technik,
s a) mit einfachem Fenster in Print-Plot-Darstellung oder
ss b) mit mehrfach überlappenden Fenstern, maschinenabhängig.

   J6   "Graphik",d.h. Zeichnen (Display-HardCopy,Drucker,Plotter),
        maschinenabhängig,
m a) einfache Darstellungen oder
s b) aufwendige Darstellungen (z.B. Kurvenschaaren,Schatten,3D)

Datenverarbeitung

l M1   Einrichten von Dateien (Ausgabe siehe oben) z.B. mit

   a) "Plausibilitätskontrolle" für Eingabedaten, oder
   b) "Formattierung" von Eingabedaten.

   M1   Sortieren (von n Elementen, vgl. Skript):

m   Elementar-Verfahren, die ca. n*n Vergleiche benötigen:

a) "Sortieren durch Minimum/Maximum-Suche " (vgl. g,h) oder
b) "Sortieren durch Nachbar/Vorgänger-Tausch" (vgl. d,e) oder

s   Binär-Verfahren, die ca. n*log2(n) Vergleiche benötigen:

c) "Merge-Sort"(J.von Neumann,1950),geordnetes Mischen bereits
    geordneter Mengen, rekursiv, beginnend mit Einermengen oder
d) "Shell-Sort" bzw. "Binary-Bubble-Sort" (D.L.Shell, 1950),
    Distanzpaar-Tausch mit fortlaufender Distanz-Halbierung oder
e) "Quick-Sort" (C.A.R.Hoare,1960),rekursives Aufteilen in ein
    mittleres (oder mehrere gleiche mittlere), in kleinere und
    in größere Elemente, endend mit Einermengen oder
f) "Bin-Sort" bzw."Heap-Sort" (J.Williams, 1964), rekursiver
    Aufbau eines geordneten binären Baums, anschließend
    Traversierung des Baums oder
g) "stellenweises Sortieren" beginnend mit Einerstelle oder

m   Hash-Verfahren, die nur ca. n Vergleiche benötigen,z.B.:

h) "Sortieren durch Spreizung" (benötigt i.a. viel Speicher),
    d.h. ordnungstreue Abbildung auf ein endliches ganzzahli-
    ges Intervall und Auszählen der Häufigkeiten.

ssM1   "Dateien Sortieren",
    a) sequentielle Dateien, insbes. Index-freie Verfahren c,f
    b) direkte Dateien, insbesondere Index-Verfahren d,e

M1   Suchen (eines bestimmten aus n Elementen, vgl. Skipt), z.B.

     Elementar-Verfahren, die ca. n Vergleiche benötigen:

l a) "Durchsuchen", oder
m b) "Verknüpftes Suchen", d.h. Suchen mit vorgegebenen
       Deskriptor-Verknüpfungen, z.B. "blond und weiblich", oder
m c) "KFZ-Suche", d.h. Aufsuchen aller registrierten Kraftfahr-
       zeuge, deren Nummer mit einer unvollständig erkannten
       KFZ-Nummer übereinstimmt.

m   Binär-Verfahren, die nur ca. log2(n) Vergleiche benötigen:

d) "Heiß oder Kalt", d.h. binäres Suchen eines Elements in
    einer geordneten Menge, z.B. lexikalische Suche.

s M1   "In Dateien Suchen",
    a) sequentielle Dateien, insbes. Elementar-Verfahren a ,
    b) direkte Dateien, insbesondere Binär-Verfahren d .

Logik/Symbolik

s R1 Formel-Manipulation (vgl. Skript, Baumstrukturen):

a) Konvertierung von Formeln aus Infix-Notation, d.h. normaler
    Notation, z.B. (a+b)*c , in Präfix-Notation, d.h. polnische
    "Lukasiewicz-Notation", z.B. *+abc, oder

b) sonstige Formel-Manipulationen wie z.B. Differenzieren,
Integrieren, algebraische Umformungen.

Spezielle Funktionen

m S3   100-stellige "Fakultät"-Tabelle f(n)=n! (n nat. Zahl,
$f = 10^{90}*f9 + 10^{80}*f8 + ... + 10^{10}*f1 + f0$, array aus 10 Zahlen).

m S3   Binomialkoeffizienten n ueber k als "Pascal'sches Dreieck"

m S21 "Umfang einer Ellipse" mit den Hauptachsen a,b.

Geologisch/Astronomische Anwendungen

l T3   "Kalender" (vgl. Skript):

   a) Tabelle der Datumszahlen und der zugehörigen Wochentage.
m b) Bestimmung des Datums des Osterfestes.

Ingenieurwissenschaftliche Anwendungen

l T4   "Bremsweg" eines Kraftfahrzeuges als Tabelle in Abhängigkeit von der Geschwindigkeit und der Bremsbeschleunigung.

m T4   "Fahrplan" eines Verkehrsmittels.

m T4   "Verfolgungsfahrt", d.h. nach welcher Zeit überholt Fahrer
A (Geschwindigkeit a) den Fahrer B (Geschwindigkeit b),wenn
sie mit 1/2 Runde (Länge R) Abstand gleichzeitig starten?

s T4   "Sicherheitsabstand", d.h. auf einem Polizeifoto sind die
Bildabstände vom Hinterrad des hinteren Fahrzeuges bis zu
seinem Vorderrad, bis zum Hinterrad des vorderen Fahrzeugs
und bis zum perspektivischen Fluchtpunkt messbar. Wie groß
war der Originalabstand vom Vorderrad des hinteren Fahrzeuges bis zum Hinterrad des vorderen Fahrzeugs, wenn der Ori-
ginal-Radabstand des hinteren Fahrzeuges bekannt ist?

Kommerzielle Anwendungen

   T5   "Netto - Gehalt " , Berechnung aus dem Bruttogehalt, oder
"Einkommensteuer" , Berechnung aus dem Einkommen   ,

l a) nach vereinfachter Formel,
s b) realistisch nach gesetzlicher Steuertabelle etc.

l T5   "Abschreibungsplan" bis zur Amortisation, degressiv/linear.

l T5   "Geldbetrag-Auszahlung", d.h. Auszahlen eines beliebigen
Geldbetrages mit möglichst wenig Scheinen und Münzen.

1 T5   "Kapitalvermehrung", A Anfangskapital, p % Zinsen, n Jahre,

a) Tabelle des Endkapitals E(p,n) (p=2,3,4,5,6, n=1,2,..,20)
     für A=1000 DM, oder
b) Tabelle des nötigen Anfangskapitals A(p) (p=0.5,1.0,..20.0)
     für ein Endkapital E=1000 DM nach 20 Jahren, oder
c) Tabelle des heutigen Endkapitals E(p) (p=0.1,0.2,...,?) für
     einen Pfennig angelegt im Jahre 0 (innerh.einf.Genauigkeit)

1 T5   "Darlehen", d.h. Rückzahlung mit festen

a) % Zinsen und % Tilgung
b) % Zinsen und Annuität (=Zinsbetrag+Tilgungsbetrag)

1 T5   "Ausgabe-Kurs" bestimmt

a) Effektivzins eines Darlehens
b) Rendite eines Wertpapiers

T5   "Aktien-Spekulation", d.h.

m a) Nachträgliche Bestimmung des besten Einkaufs- und Verkaufs-
       tags und des Gewinns für eine Aktie oder
s b) Erprobung eines vereinfachten Aktien-Spekulationsprogramms.
ss c) Erprobung eines Spekulationsprogramms mit realen Aktien-
       Kursen, -Dividenden , mit Makler-Courtage , -Provision ,
       -Spesen und mit Börsen-Umsatzsteuer.

s T5   "Aktien-Dividende/Steuer" , d.h. Dividenden-Berechnung mit
       Versteuerung bei Aktien - Gesellschaft und Versteuerung/
       Erstattung beim Aktionär.

T5   "Address-Datei" oder "Vereinsliste" oder "Speise-Karte",d.h

m a) Aktualisierung (Zugänge, Abgänge) der Datei , mit einfacher
       Ausgabe, oder
s b) wie a), jedoch mit "Plausibilitätskontrollen" (siehe dort)
       und mit Ausgabe in "Tabelle"nform (siehe dort).
ss c) wie a), jedoch mit Statistik (z.B. Lebensalter, Mitglieds-
       dauer), mit Beitrags-"Rechnungsstellung" (siehe dort), mit
       komfortabler Ausgabe in "Tabelle"nform (siehe dort).

T5   "Rechnungsstellung" (vgl. Skript) z.B.

m a) Rechnungsstellung mit z.B. Materialwert-Datei und/oder
       Arbeitswert-Datei oder
s b) wie b), jedoch mit "Address-Datei" und Ausgabe als
       "Tabelle" (siehe dort).

m T5   "KFZ-Verbrauchsabrechnung" aus Fahrt/Instandhaltungskosten.

T5   "Umsätze und Provisionen", z.B.

m a) Umsatz- und Provisions-Berechnung mit Umsatz-Datei und/oder
       Provisions-Datei und einfacher Ausgabe, oder
s b) wie a), jedoch z.B. Unterteilung in Vertriebsgebiete , Ver-
       gleich zum Vorjahrsergebnis, mit Vertreter-"Address-Datei"
       (siehe dort) und Ausgabe als "Tabelle" (siehe dort).

T5 "Lagerhaltung",

s a) mit Artikel- und Bestell- Datei und ggf. weiteren Dateien, zur Abwicklung der Kunden-Bestellungen und zur rechtzeitigen Nachbestellung beim Lieferanten.

ss b) wie a), jedoch mit Kosten-Minimisierung.

T5 "Auftragsabwicklung", z.B.

m a) einfache Direkt-Abwicklung mit Artikel-Datei, oder

s b) einfache turnusmäßige Abwicklung mit Artikel- und Bestell-Datei, mit Protokoll als "Tabelle", mit Kunden - "Address-Datei" und Kunden-"Rechnungsstellung" (siehe dort).

ss c) wie b), jedoch zusätzlich mit "Lagerhaltung", mit "Address-Datei"en für Lieferanten und Vertreter und mit Protokoll-Datei für die "Bilanz" (siehe dort).

T5 "Bilanz", z.B.

s a) Übungs-Modell mit "Auftragsabwicklung", "Umsätzen und Provisionen" (siehe dort) , turnusmäßige Bilanzierung, oder

ss b) realistisches Firmen-Modell.

T5 "Firmen-Gruppe" als Netzwerk (aus Teilbäumen, vgl.Skript) ,

m a) Aktualisierung (Zugänge, Abgänge) eines einfachen Firmen-Filialen-Baums, mit einfacher Ausgabe, oder

s b) wie a), jedoch echtes Netzwerk (Knoten mit mehreren Vorgängern) und Darstellung als Verweis-"Tabelle" (siehe dort) .

Industrielle Anwendungen

s T6 "Rohstoff-Bestellung", d.h. gegeben sind Matrizen für die Übergänge Rohstoff->Zwischenprodukt und Zwischenprodukt-> Endprodukt sowie die gewünschten Endprodukt-Mengen, gesucht sind die erforderlichen Rohstoff-Mengen .

s T6 "Elektrisches Widerstandsnetz", d.h. Berechnung der Verbindungsströme und der Knoten-Potentiale in einem ebenen , überschneidungsfreien Netz (vorgegebene Spannung und per Potentiometer voreingestellte Verbraucherstrom-Abflüsse).

ssT6 "Roboter",d.h. möglichst geradlinige Führung eines Roboters im Raum vom Punkt P1 zum Punkt P2 durch eine Folge von DREH(i,j,k) - Befehlen (i,j,k aus -1 Grad, 0 Grad, 1 Grad); mit drei Gelenken und drei Arm-Teilen, d.h. eine horizontal drehbarer (i) senkrecht stehender Fuß , ein daran vertikal drehbarer (j) Arm, ein daran vertikal (k) drehbarer Finger.

m T6 "Leuchtziffern", d.h. Anzeige von Ziffern mittels Leuchtelementen (z.B. 7 in Form einer Acht angeordnete Leuchtstäbe oder 15 oder 35 in Form eines Rechtecks angeordnete Leuchtpunkte). Man gebe die "lesbaren" Varianten vor und bestimme jeweils die Mindestanzahl verschiedener Leuchtelemente zwischen den Zahlen (Hamming-Abstand).

Mathematische Anwendungen

T7   "Magische Quadrate" aus Zahlen 1,2,...,n*n (vgl. Skript)

s a) für beliebiges n ungerade (z.B. nach de la Loube're) oder
ss b) für spezielles n gerade (z.B. für n=6)

l T7   "n-Eck":

a) Berechnung der Fläche oder
b) Bestimmung des Schwerpunktes oder
m c) Prüfung auf Konvexität oder
m d) Prüfung, ob ein Punkt enthalten ist.

Biologische Anwendungen

m T9   Vermehrung von (Kaninchen-) Paaren,z.B.: Ein Paar wird nach
einer Zeiteinheit fruchtbar und gebiert dann nach jeder
folgenden Zeiteingheit ein neues Paar, d.h. (vgl. Skript)

Tabelle der "Fibonaccizahlen" f(1) , ... , f(40) ,
f(0)=0 , f(1)=1 . f(n)=f(n-2)+f(n-1) (n=2,3,4,...)

m T9   "Life" (Conway 1967), d.h. Individuen (notiert als"*") in
einem ebenen Gitternetz (Leerzeichen ".") mit je 8 Nachbarpunkten werden geboren genau dann, wenn 3 Nachbarindividuen existieren, und überleben genau dann, wenn 2 oder 3
Nachbarindividuen existieren . (ggf. Ränder links-rechts,
oben-unten identifizieren , d.h. Torus = Reifen-Fläche) .

Textverarbeitung, Dokumentation, Präsentation

l X0   Text-Manipulation (als String,File,Baum, vgl. Skript) z.B.

a) "Revert" (Umdrehen), rechtsläufigen Text linksläufig lesen,
b) "Deutsche Umlaute",AE,OE,UE,SS wird Ä,Ö,Ü,ß oder umgekehrt,
s c) "Justify" (Randausgleich) , d.h. gleichverteilt Zwischenraum in den Text einfügen, oder
m d) "Squash" (Zusammendrücken), d.h. aus dem Text äußeren Leer-
raum und innere Mehrfach-Zwischenräume eliminieren.
e) "Konsonantenschrift", d.h. Vokale eliminieren.
f) "Morsen", d.h. Text wird Morse-Schrift oder umgekehrt.
m g) "Standardbrief" mit aktuell einsetzbaren Textparametern .
s h) "Silbentrennung" nach heuristischen Regeln, z.B.
Dop-pel-kon-sonan-t oder Be-stand-teil.

ssX0   "Schlüsselwort-Index", d.h. Durchsuchen von m gegebenen
(Titel-) Sätzen nach n gegebenen (Schlüssel-) Worten und
Ausdrucken der Sätze (ggf. mehrfach) so,daß lexikographisch
geordnet in der Mitte der Zeile das jeweilige Schlüsselwort
steht und links und rechts anschließend die linken und
rechten Restteile des Satzes (soweit in die Zeile passend).

Lit   LITERATURVERZEICHNIS

Lit.1   Lehrbücher

(83a) American National Standards Institute: "The Programming
       Language Ada, Reference Manual",
       ANSI/MIL-STD-1815 A-1983,
       Lecture Notes in Computer Science 155,
       Springer:Berlin, Heidelberg, 331 S., 1983
       ISBN 3-540-12328-8

(83b) Olsen, E.W., Whitehill, J.B.: "Ada for Programmers",
       Prentice Hall: Reston Virginia, 310 pp, 1983
       ISBN 0-8359-0149-1

(84a) Barnes, J.,   G., P.: "Programmieren in Ada" (deutsche Übers.)
       Carl Hanser: München, 2.Aufl., 368 S., 1984

(84b) Schwald, A.:   "Ada, Eine Einführung",
       BI-HTB, Bd.611, Bibliographisches Institut:
       Mannheim,Wien,Zürich, 248 S., 1984

(84c) Young, S. :   "An Introduction to Ada",
       Wiley, 2nd Edition, 1983

(87a) Goos,G.,   Persch,G., Uhl,J.: "Programmiermethodik mit Ada",
       Springer: Berlin, Heidelberg, 160 S., 1987
       ISBN 3-540-17536-9

(87b) Luker, P.,A.,   :"Good Programming Practice in Ada",
       Blackwell: Oxford, London, 320 pp., 1987
       ISBN 0-632-01746-5

(88a) Dawes, J.:   "The Professional Programmers Guide to Ada" ,
       Pitman: London, 217 pp., 1988
       ISBN 0-273-02821-9

(88b) Kunick,A.:   "Einführung in die Programmiersprache Ada
       mit Übungsaufgaben und Lösungen",
       Bibliograph.Inst.: Mannheim, 171 S., 1988
       ISBN 3-411-03187-5

(89a) Baumgarten,U.: "Ada, Eine Einführung",
       Addison-Wesley, 1989
       ISBN 3-89319-134-8

(89b) Meridian: "AdaStudent", full Ada-Compiler and Debugger,
       max. 2 WITH, for DOS-Systems, min. 640 K,
       Vertrieb GSE, München, Tel. 089/921008-0,
       DM 150,- zzgl. Versand/Verpackung, Aug. 1989

(91) Nagl, M.:   "Ada, eine Einführung in d i e Programmier-
       sprache der Softwaretechnik", 3.verbes.Aufl.,
       Vieweg: Wiesbaden, 341 S., 1991
       ISBN 3-528-23347-8

Lit.2   Anwendungen

(84a) Cherry: "Ada Programming Structures with an Introduc-
                      tion to Structured Concurrent Programming",
                      Prentice Hall, 1984

(84b) McDermid, J., Ripken, K. (Editors): "Life Cycle Support in
                      the Ada Environment",
                      Cambridge Univ. Press: Cambridge, London,
                      Ada Companion Series, 259 pp., 1984

(84c) Nissen, J.C.,   Wallis, P.J.L. (Editors): "Portability and
                      Style in Ada",
                      Cambridge Univ. Press: Cambridge, London,
                      Ada Companion Series, 214 pp., 1984

(84d) Schwald, A. (Hrsg.): "Vorschlag: Deutsche Ada-Terminologie",
                      Ges.f.Math.u. Dat.Verarb.m.b.H., St.Augustin,
                      Arbeitspapier No. 108, 32 S., Okt. 1984

(85a) Ausnit,C.,   Cohen,N., Goodenough, J., Sterling,E.: "Ada in
                      Practice", Professional Computing,
                      Springer: Berlin, Heidelberg, 195 pp., 1985

(85b) Burns, A.:   "Concurrent Programming in Ada"
                      Cambridge Univ. Press: Cambridge, London,
                      Ada Companion Series, c.250 pp., 1985

(85c) Tedd, M., Crespi-Reghizzi, S., Natali, A.: "Ada for Multi-
                      microprocessors",
                      Cambridge Univ. Press: Cambridge, London,
                      Ada Companion Series, 218 pp., 1985

(86) Ford, B., Kok, J., Rogers, M.W. :"Scientific Ada", with
                      guidelines for modular scientic libraries,
                      Cambridge Univ. Press: Cambridge, London,
                      Ada Companion Series, 388 pp., 1986
                      ISBN 0-521-33258-3

(88a) Feldmann, H.: "Transit, an Ada-Package for Multitasking,
                      with an Application to Airport-Simulation ",
                      in Heilbrunner, S. (Ed.): "Ada in Industry",
                      Cambridge Univ. Press: Cambridge, London,
                      Ada Companion Series, pp. 116-129, 1988
                      ISBN 0-521-36347-0

(88b) Zöbel, D., Hogenkamp, H.: "Konzepte der parallelen
                      Programmierung", u.a. aus Modula, Ada, Occam,
                      Teubner: Stuttgart, 235 S., 1988
                      ISBN 3-519-02486-1

(89) Feldmann, H.: "CtoAda - Ein trojanisches Ada-Pferd in C",
                      in Haug, M. (Ed.): "Tagungsunterlagen zum
                      4. Deutschen Ada-Anwendercongress (München)",
                      Vertrieb GSE, München, Tel. 089/921008-0,
                      12 Seiten, 5.-6.April 1989

Ind ALPHABETISCHER INDEX

Dieser Index enthält alphabetisch geordnet die im Skript verwendeten Begriffe in Deutsch und Englisch.

Die englischen Bezeichnungen sind die Original-Bezeichnungen aus dem "Reference Manual for the Ada Programming Language"(1983). Die deutschen Bezeichnungen orientieren sich an dem "Vorschlag für eine deutsche Ada-Terminologie (GMD)" (1984).

Es wird nur auf die wichtigsten Vorkommen der Begriffe im Skript verwiesen. Die Hinweise beziehen sich auf die Abschnitte der Kapitel, z.B. 2.2.1 (Typvereinbarung), auf den Anhang, z.B. A.1 (eigenes Syntax-Diagramm), z.B. (A.1) (implizit in Syntaxdiagrammen), auf Übg (Übungsaufgaben) oder auf Lit (Literaturverzeichnis).

Einführung in die Programmiersprache C++

von Falko Bause und Wolfgang Tölle

2. Auflage 1989. VIII, 171 Seiten. Kartoniert.
ISBN 3-528-14689-3

Inhalt: Einführendes Beispiel – Typen, Konstanten, Operatoren, Ausdrücke – Anweisungen – Funktionen – Structures – Klassen – Abgeleitete Klassen – Operator Overloading – Ein/Ausgabe – Aufgaben – Musterlösungen.

Dieses Buch wendet sich an alle, die die Programmiersprache C, insbesondere deren Erweiterung C++, kennenlernen und effizient einsetzen wollen. Sowohl die Grundlagen der C-Programmierung als auch die besonderen Features, die C++ bereitstellt (Konzept der Klassen, objektorientierte Programmierung, abgeleitete Klassen, Operator Overloading), werden schrittweise und vollständig erarbeitet. Das Buch ist aus Vorlesungen hervorgegangen, die die Autoren an der Universität Dortmund gehalten haben.

Verlag Vieweg · Postfach 58 29 · D-6200 Wiesbaden